Heide Meyer
mit Silke Kettelhake

Mutter Corsage

Enthüllungen einer Dessous-Verkäuferin

Knaur Taschenbuch Verlag

Besuchen Sie uns im Internet:
www.knaur.de

FSC
www.fsc.org
MIX
Papier aus verantwortungsvollen Quellen
FSC® C083411

Originalausgabe Dezember 2012
Knaur Taschenbuch

Redaktion: Ariane Novel
Umschlaggestaltung: ZERO Werbeagentur, München
Umschlagabbildung: FinePic®, München
Illustrationen im Text: Gisela Rüger
Abbildungen: Privatarchiv Autorin
Satz: Adobe InDesign im Verlag
Druck und Bindung: CPI – Clausen & Bosse, Leck
Printed in Germany
ISBN 978-3-426-78516-4

2 4 5 3 1

Inhalt

Vorwort

Mein Geschäft habe ich geliebt. 120 000 Frauen mit ihren Wünschen und mit ihren Unsicherheiten sind durch meine Hände gegangen: Oberweite wie Unterlippe, dick, dünn, mollig, hängend, straff. Kaum eine wusste, dass sie bisher den falschen BH getragen hatte. Der einfach nicht saß. Zwickte. Da quoll was raus, was nicht raus sollte. Da rutschte was. Im Rücken Rötungen. Und unterm Arm schwitzen. Das geht doch nicht! Kaum eine hat diese 75 B oder C, entweder der Cup passt nicht, die Träger hängen oder der ganze BH sitzt plötzlich unterm Kinn. In den Siebzigern, in den Achtzigern trugen die meisten Frauen gar keinen. Bis sie zu mir kamen, zu Heide Meyer, zur »Lady M«, im Herzen von Berlin-Wilmersdorf. Und hier fanden sie sich wieder, als Frauen, als richtige Frauen, die stolz sind auf sich und ihren Körper.

In der Kabine mit den dezent beleuchteten Spiegeln gibt es keine Lügen. Wenn ich so sachte hinter den Vorhang gehe, dann sehe ich sofort, an der Körperhaltung, an den Augen, wo das Problem liegt: Die Frau findet sich nicht schön. Wie kann ich ihr helfen? Ich will ja helfen, und ich kann es. Haben Sie einen Wunsch, meine Liebe, wissen Sie Ihre Größe? Ich will Sie ja nicht entmündigen, zu Anfang sollen Sie schon diese selbstbestimmte Kundin bleiben, als die sie gekommen sind … vielleicht fühlen Sie sich nicht so gut in Ihrem ersten

Set, dann bringe ich Ihnen schnell etwas anderes, das zu Ihrem Typ passt. Ich merke doch sofort, ob Sie drauf anspringen!

Wenn Sie mir sagen, wir sind schon so lange verheiratet, seufze ich einmal tief in meine Oberweite. Das alte Eheleben retten? Oftmals ist es dann schon zu spät. Warum auch musste immer diese hautfarbene Funktionswäsche reichen? In der Kabine kommt schon mal die Frage, schüchtern oft, vielleicht ein Paar Strapse? Ich zeige Ihnen was, natürlich nicht gleich die ganz harte Nummer – die haben wir sowieso nicht vorrätig – schwarz und rot unterlegt, mit ein wenig Spitze. Dann gucken wir mal, wie Sie sich fühlen. Sie müssen sich gut fühlen, denn genau dann bringen Sie auch was rüber! Ich merke gleich, ob die Frauen damit zurechtkommen, aber oft wissen sie gar nicht, wie sie sich fühlen wollen. Sie merken es erst, wenn sie es anhaben: Dass sie toll aussehen! Dann komme ich und habe noch etwas Neues für sie. Das sind so Gespräche, die fangen ganz langsam an.

Heiraten wollte ich nicht, ich war ja viel zu sehr auf Job aus! Heiraten, das hat doch Zeit! Es war für mich nicht wichtig. Ich werde dir nicht die Knöppe annähen, und ich werde dir nicht jeden Morgen die Eier im Glas liefern – das bin ich einfach nicht. Sicherlich hat ihn das gereizt. Wir haben darüber nie gesprochen, dass ich eigentlich nicht heiraten wollte.
Dennoch weiß ich endlich: Ich bin dort oben auch schon längst angekommen! Ich war immer diejenige, die das Geld zu vergeben hatte. Nicht umgekehrt! Ich war die Geschäftsfrau. Heute weiß ich ja, der Mann ist nicht der Starke, aber der Schein muss gewahrt bleiben. Da kommt mir die Wut. Auf das, was sich die Frauen selbst auferlegen.

Mein Lebenselixier ist: Ich will die Frauen schöner machen. Das ist meine Leidenschaft. Ich kann gar nicht anders. Ein Büstenhalter ist Magie. Besinnen Sie sich in einer schwierigen Diskussion mit einem Geschäftspartner einmal auf Ihren neuen Büstenhalter. Wie der sitzt. Wie der Sie hebt. Wie Sie sich fühlen. Halten Sie kurz inne. Und Sie haben das Match gewonnen. Ich möchte das Beste für Ihren Körper. Sie haben nur einen. Gehen Sie sorgsam mit ihm um.

Mit diesem Buch erzähle ich meine Lebensgeschichte, die Geschichte einer Frau, die in einer Zeit Karriere machte, als für sie ein Leben zwischen Küche und Kindern vorgesehen war. Gleichzeitig beschreibt der Wandel von einschnürenden Miederwaren zur modernen Dessous-Welt einen gesellschaftlichen Bogen von über fünfzig Jahren.

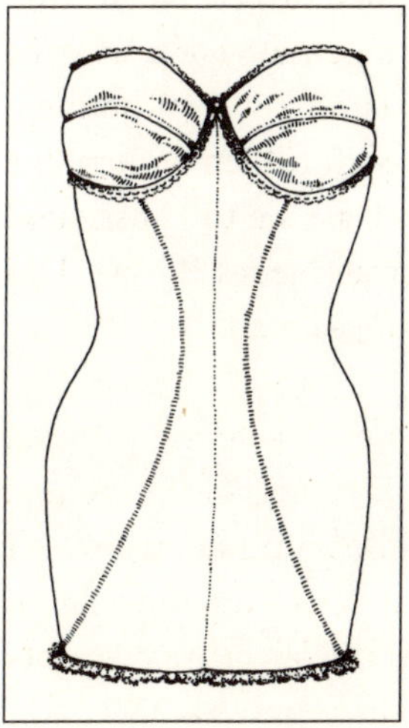

An dieser Stelle ein Hoch auf die Pariser Korsettmacherin Hermine Cadolle, die 1889 die Schere ans Korsett ansetzte, dieses in zwei Teile teilte und damit ihr »Büstenkorsettchen« patentieren ließ. Die Geschichte der Miederwaren ist eben auch Emanzipationsgeschichte!

Endlich leben

Die Straße, in der wir wieder wohnen sollten, hatte keinen Namen mehr. Jeder Mensch braucht seine Straße. Wo er groß geworden ist, von der er sich entfernt. Es war Ende Juli 1945, die Ruinen klafften wie schwarze offene Münder in den verrußten Straßen, Schlünde, aus denen Menschen krabbelten und ungläubig in die Frühlingssonne blinzelten. Ein Hügelland aus Backstein, darunter die Verschütteten, darüber nur die Sterne. Was sich noch rührte, waren die Ratten. Der Krieg war aus, und wir konnten wieder zurück nach Berlin, in die Stadt, die es nicht mehr gab. Überall an den Häuserwänden mit Kreide gekritzelte, verzweifelte Suchmeldungen an Überlebende, mit der Mitteilung des neuen Zufluchtsortes vor den Bomben.

Wir waren zurück in Reinickendorf und konnten im Haus meines Urgroßvaters, der während der Inflation Ende der Zwanziger viel zu billig verkaufen musste, in der Brienzer Straße zur Miete unterkommen. Zwei Zimmer zu ebener Erde, darüber drei Stockwerke, die schwere Eingangstür in der zerschossenen Gründerzeitfassade schloss nicht mehr. Die Mutter meiner Mutter hatte hier den Krieg überlebt. Mein Vater war tot, gefallen, ich kenne ihn nur vom Foto. Ein ganz junger Mann in Uniform, den Blick in eine nationalsozialistische Zukunft gerichtet. Die knallblauen Augen habe ich von ihm. 1945 war ich zwei Jahre alt, meine Schwester Karin wurde sechs. Meine Mutter, die Irmgard, hat alles geschafft. Immer. »Geht nicht, gibt's nicht«, sagte sie oft, warf dabei den Kopf in den Nacken und lachte ihr kleines, kurzes Lachen, das immer so siegesgewiss klang. Meine Mutter, Irmgard Globig, verheiratete Gerber, verheiratete Bruse, habe ich sehr geliebt. Sie war immer schick angezogen, immer auf Stil bedacht. Auf den Bildern von damals trägt sie Kostüm und passenden Hut, mit einem Wonneproppen auf dem Arm, der Segelohren hat und ein schiefes Grinsen und aussieht wie ein kleiner Junge. Das bin ich. Ein Familienfoto gibt es nicht.

Am 23. Juni 1943 hat meine Mutter mich geboren. Die Stadt brannte. Überall Rauch, überall schwarze Wolken, die Sirenen hörten nicht auf, Alarm zu geben. Detonationen, kurz wie ein Augenblinzeln, die schwarzen Dunstmassen, die Häuser, die mit einem rollenden Ruck zusammenfallen. Ein Wumms, den keiner je vergisst. Irmgard schaffte es irgendwie inmitten des Infernos in die Räume der Weddinger Heilsarmee. Nichts war geschützt, nicht ihr Leben, nicht meins, nicht das meiner Schwester Karin. Irmgard lag in den letzten Presswehen, an diesem Morgen, der kein richtiger Morgen war, weil es wegen des Feuers und der Rußwolken nicht mehr hell werden wollte. Es gab keinen Arzt, keinen Kinderarzt, keinen Gynäkologen. Nur die warmen wissenden Hände der Hebamme. Ich hätte gut und gerne auch im Bunker oder im Hauskeller zur Welt kommen können. Noch heute ist bei mir dieses Gefühl da, an Silvester, wenn die Feuerwerkskörper im Hof knallen. Die reine Angst. Überall brannte es, und mit dem Löschen kam niemand mehr hinterher. Nach dem Debakel von Stalingrad glaubte kaum einer noch an den Endsieg, und da half es meiner Mut-

ter auch nicht, dass Goebbels in seiner Rede vom 18. Februar 1943 im Sportpalast sagte, dass aus der Bedrängtheit der Situation die nötigen Folgerungen zu ziehen seien. Goebbels war sich zu der Zeit sicher, dass wir Deutschen gewappnet seien gegen Schwäche und Anfälligkeit.
Im September 1943, als kaum noch Züge gingen, sich die Massen der Flüchtenden in Richtung der Bahnhöfe in den dicken Wintermänteln schoben und nur noch Frauen mit Kindern die Stadt verlassen durften, ist meine Mutter mit ihren zwei kleinen Mädchen nach Ilmenau geflüchtet, nach Thüringen, schon fast in Bayern. Ein furchtbares Gedränge am Bahnhof, wen nimmt der Zug noch mit? Wohin fährt er überhaupt? Weg, nur weg von den gespenstischen Fackeln der brennenden Häuser, der vielen, vielen verlorenen Zuhause. Ich selbst kann mich daran gar nicht erinnern, mit meinen paar Monaten, die ich auf der Welt war.

Wie sie uns da durchbrachte? Wir kamen auf der Silberfuchsfarm des Mannes meiner Tante Betti aus Eberswalde bei Berlin unter. Karin, die sich ja gerne schmückte, konnte später keinen Pelz tragen, weil sie sich so vor dem Fiepen und Scharren der eingesperrten Tiere fürchtete und ekelte. Mit dem Winteranfang, nur vier Monate nach meiner Geburt, erkrankte ich an einer Gehirnhautentzündung. Ich bekam hohes Fieber und lag apathisch in meinem improvisierten Bettchen. Meine Mutter hatte schreckliche Angst um mein Leben. Es war unmöglich, einen Arzt zu bekommen. Alle Ärzte waren im Städtischen Krankenhaus in vollem Einsatz, das als Reservelazarett diente und längst völlig überfüllt mit Soldaten war, die auf den Gängen lagen und denen keiner helfen konnte. Schon wenn Mutter nur die Tür öffnete, um nach mir zu sehen, begann ich zu schreien, so

wie nur die Kleinen schreien können, wenn sie diese durch Mark und Bein gellende Angst um ihr Leben haben und am Schreien zu ersticken drohen. Nach einem Telefonanruf kam endlich ein Arzt, der sich um ihr Kind kümmern konnte, um ihr Kleinstes, ihren Sonnenschein, wie die Hebamme mich inmitten des Infernos taufte. Im Dezember dann erreichte Irmgard mit wochenlanger Verspätung die Nachricht, dass ihr Mann, unser Vater, gefallen ist.
Überhaupt, es war wie ein Wunder, dass wir gleich im Juni 1945 zurück nach Berlin konnten. Meine Mutter, Kriegswitwe mit zwei kleinen Kindern, hockte mit uns im Inneren eines Güterwaggons. Wir konnten nicht hinaussehen und mussten in den Ewigkeiten des Wartens verharren, bis die Lokomotive nach unzählbaren, unvorhersehbaren Stationen wieder anruckte. Wie viele sind elendig verreckt auf den Flüchtlingstrecks, an der Front, in den KZs, es war ja die Zeit des großen Sterbens, in die ich hineingeboren wurde. In Angst, Hunger und Verzweiflung hatte uns das »Tausendjährige Reich« gestürzt. Ganz Deutschland war eine Ruinenlandschaft, zerstörte Hoffnungen, zerstörte Träume, zerstörte Seelen. Alle standen doch vor dem Nichts, den Trümmern ihrer Existenzen und mussten, jeder für sich, neu beginnen. Zurück in Berlin kam der Sommer. Und mit ihm die Lebenslust. So viel Elend, so viel verpasst, so viel Jugend, die gelebt werden wollte. Meine Mutter ging tanzen, wir blieben bei Oma. Irmgard zog allein los, ins »Kastanienwäldchen« in der zerbombten Residenzstraße, in Reinickendorf. Die Straße war wieder freigeräumt und halbwegs passierbar. Straßenbahnschienen ragten wie wirres Gedärm in der Mitte zwischen den Fahrdämmen auf. Zwischen den Trümmerhaufen duckte sich das kleine Haus ebenerdig unter seinem zusammengeflickten Dach. Von außen erschien

das »Café Kastanienwäldchen« eher als eine typische Berliner Eckkneipe. Später ging ich abends dorthin mit dem Syphon zum Bier holen. Im »Kastanienwäldchen« wurde im Innenhof und im Saal getanzt, und zwar nonstop! Deshalb ging meine Mutter dorthin, jedes Wochenende meist schon nachmittags wegen der Ausgangssperre, die die Besatzungsmächte ab 18 Uhr verhängten. Die Kapelle spielte Jazz und Swing, als wenn nichts geschehen wäre und niemals mehr etwas Schlimmes geschehen könnte. Die Luft war elektrisch geladen. »Summertime« von Ira und George Gershwin war der Sommerhit, den meine Mutter immer summte, manchmal sang sie ihn auch, obwohl sie kein Englisch konnte. Sie hatte eine wunderbare Stimme: »Summertime and the livin' is easy; Fish are jumpin' and the cotton is high«.

Im Sommer darauf kam Karl-Heinz aus dem Krieg, der Zug spuckte ihn aus am Bahnhof Zoo, er kam aus Russland, hatte die Zehen und die Finger erfroren, kein Gefühl war mehr darin. Er irrte durch die Stadt, ließ sich treiben, vielleicht war er, mit sechs Jahren Krieg in den Knochen, ein wenig auf der Suche nach Warmherzigkeit, nach Obdach. Abenteuer und Irrsinn hatte er genug erlebt. Gerade fünfundzwanzig Jahre war er alt, als der Krieg endlich aus war, wie meine Mutter. Karl-Heinz war Flieger, wurde abgeschossen, er war kein Held mehr. Vielleicht gefiel genau das meiner Mutter, und aus Karl-Heinz wurde Peter. Ihr Peter, weil sie das so wollte. Den Namen Karl-Heinz mochte sie nicht. Geheiratet haben sie anstandsweise nach einem guten Vierteljahr am Samstag, dem 21. Dezember 1946. Meine Mutter wollte keine »Onkelehe«, wie es sie so viele in diesen Jahren gab. Wir hatten keinen Onkel Peter. Wir hatten einen Papa. Das war damals eine Zeit, in der die Menschen ganz andere Pro-

bleme als heute hatten. Viele kehrten aus dem Krieg mit seelischen und gesundheitlichen Leiden zurück, die sie ein Leben lang quälten.
Dann kam das Weihnachten im ersten Nachkriegswinter, eine Weihnachtsgans kostete 1400 Reichsmark. Ein Stück Seife 40 Mark. Ein Paar Schuhe kosteten 1000 Mark. Das war das Weihnachten, vor dem meine Mutter verhaftet wurde wegen Walddiebstahls. Sie fuhr raus mit einer Säge in der Handtasche, um für uns ein Bäumchen zu fällen. Zu meinen ersten Erinnerungen gehören Abende, an denen bei uns zu Hause, in dem kleinen Wohnzimmer, getanzt wurde und getrunken. Das Leben stand auf Neustart. In den Westen zu gehen und Berlin zu verlassen, das kam für das junge Ehepaar Gerber nicht in Frage. Obwohl wir drei Straßen weiter Wasser holen mussten, die Eimer herschleppten, in denen das Wasser über Nacht eingefroren war, der Strom wurde uns auch regelmäßig gesperrt. Und uns Kindern wurden nachts eben die Wintermützen aufgesetzt, vom Kopf her kühlt der Körper am meisten aus. Heute, fast sechzig Jahre später, gehe ich im Winter ganz bewusst und ganz unvernünftig sehr leicht angezogen nach draußen. Ich will die Kälte wieder spüren, die sich bis ins Mark frisst.

Meine Mutter war eine wunderbare Frau. Sie stand immer schon auf eigenen Füßen und verdiente ihr eigenes Geld. Sie hatte Kontoristin gelernt, im Rechnen war sie unschlagbar, und sie führte mir jahrelang in meinem Geschäft, der »Lady M«, die Bücher. In der Familie hatte sie stets das Sagen. Sie hat alle Entscheidungen getroffen, und sie hat alle Probleme gelöst. Ich liebte sie, sie war mir ein wirkliches Vorbild, das natürlich nicht exemplarisch daherkam. Sie war einfach eine starke Frau, und das wusste auch ihr neuer Mann, der sie deshalb liebte und verehrte. Das war ungewöhnlich für diese Zeit, in der Frauen, nachdem sie die Kriegszeit allein überstanden und die Männer in den Fabriken und den Büros ersetzt hatten, plötzlich wieder wie Minderjährige behandelt wurden. Manchmal aber standen doch die Wände des Schweigens zwischen ihnen, zu unterschiedlich waren die Erfahrungen, die die Männer und Frauen auf der Flucht und im Krieg hatten machen müssen. Vielleicht waren auch die Erwartungen an das andere Geschlecht recht hoch. Es gab ja kaum noch Familien, Männer und Frauen lebten durch den Krieg jahrelang in grundverschiedenen Welten. Irmchen, wie Peter sie nannte, ließ sich trotz der Koseform nicht verniedlichen, sie war sachlich, pragmatisch, sie war anders. Sie hat gearbeitet und sie hat gelebt: Die Kerzen angezündet, es gibt ja wieder welche, das Grammophon aufgezogen, das letzte Stück Holz, die letzten Kohlen in den Ofen geworfen und losgetanzt! Meine Eltern haben das Leben gefeiert. Wir leben noch, wir leben wieder. Die heimkehrenden Soldaten, die von den Massakern im Osten wussten, schwiegen. Daran, dass die Nachbarn mit dem gelben Kennzeichen am Mantelrevers aus ihren Häusern getrieben wurden und in die Züge gepfercht durch das ganze Reich rollten, wollte sich niemand mehr erinnern.

Es war wie ein Triumph, wir können lachen, wir sind zusammen, wir haben uns gefunden und wollen vergessen, auch wenn einem im Monat gerade mal sechs Zigaretten zustanden und die immerwährende Unterernährung einen schwindeln ließ. Eine deutsche Fluppe kostete damals auf dem Schwarzen Markt drei Reichsmark, eine »Ami-Zigarette« sieben Reichsmark. Ein Pfund Butter hatte den Gegenwert von 200 Zigaretten. 20 Grad Minus, am Fenster Eisblumen und die Schlafdecke steif vor Frost von unseren

Atemwolken. Das alles konnte ihren Optimismus nicht erschüttern. Wie lange hielt die Euphorie des Neuanfangs?

Für Peter war es ein Nachhausekommen. Nach den Erlebnissen des Krieges wollte er endlich Ordnung und Orientierung. Mit einem Mal hatte er Familie und eine neue Heimat gefunden, in der Stadt, die von allen Seiten verschlossen war, die zum Spielball der Weltmächte wurde. Nur ein Schienenstrang verband sie noch mit dem Westen.
Peter Gerber war mein Vater, Stiefvater sage ich nicht gern. Er war für uns da, hat mit uns gespielt, ging mit uns Schlittschuhlaufen auf dem Schäfersee, brachte mir das Schwimmen bei im von Mutter selbstgestrickten, juckenden Badeanzug, der entsetzlich hing, wenn ich aus dem Wasser kam. Er rodelte mit uns die für uns so riesigen Hügel der Rehberge hinunter und brachte uns nach Hause, blau gefroren bis auf die Knochen, zog uns die nassen Strickhosen aus, wenn wir wie ums Überleben ringend den großen Kachelofen mit beiden Armen, um ein wenig Wärme bibbernd, umfassten. Peter war liebevoll und manchmal versuchsweise dominant in seiner Vaterrolle. Und wir waren so fies und sagten Dinge wie: »Du bist nicht unser Vater, du hast uns gar nichts zu sagen.«
Meine Mutter ging arbeiten und kam abends erst um sieben Uhr heim. Noch weitere Kinder bekommen, das wollte sie nicht, und ihr gelang es immer, genau ihre fruchtbaren, gefährlichen Tage auszurechnen. Irmgard war eine der wenigen Frauen, die selbständig waren und handelten, die nicht ihr Dasein der schützenden Hand eines Mannes zu verdanken hatten. Sie wurde niemals krank, legte jeden Morgen Make-up auf, trug Schuhe mit schmalen Absätzen und nicht diese Keilabsätze wie die Trümmerfrauen mit den Haarkno-

ten und den schmutzigen Kitteln. Die Brennschere meiner Mutter, mit der sie ihre schulterlangen Haare in Wellen auf Kinnhöhe verkürzte, höre ich heute noch. Jeden Morgen ließ sie sie vor dem Spiegel im Schlafzimmer klappern, wenn sie die Schere wieder in die Emailschüssel mit der Spiritustablette versenkte. Spiritustabletten machten einfach alles sauber. Meine Mutter brachte immer Geld ins Haus, und sie hat die Familie geführt. Einmal im Jahr etwa versuchte Peter zu rebellieren, als müsste er sich beweisen, dass doch er der Mann ist. Sein Irmchen lächelte und zerwuschelte ihm die Haare. In meinen Augen schrumpfte das Mannsein auf nützliche Dinge zusammen: Steckdosen reparieren, mit einem Stab in verstopften Abflussrohren stochern, die Kohlen, wenn welche da waren, aus dem Keller nach oben schleppen …

Vielleicht holte Peter mit uns ein Stück Kindheit nach. 1937, da war er siebzehn, als er entschied, Soldat zu werden. Eigentlich wollte er Bäcker werden, die Lehre musste er aber aufgrund einer Mehlallergie abbrechen. Das Mehl ließ ihn husten, der Mehlstaub fraß Geschwüre in seine Hände und Unterarme. Für Volk und Vaterland sich aufzuopfern, das schien ihm normal, und er sprach den Eid auf Adolf Hitler, den Obersten Befehlshaber der Wehrmacht, um »jederzeit für diesen Eid mein Leben einzusetzen«. Er wollte etwas werden in der Wehrmacht. Die Fliegeruniform galt als die schickste. Trotz Plakaten, die die Straßen säumten, mit den Aufrufen: »26 Millionen Tote klagen an! In Nürnberg wird abgerechnet!«, interessierten sich die Deutschen vor allem für ihr eigenes Fortkommen. Der Krieg schien so weit weg. Die unvorstellbaren Verbrechen verloren sich außerhalb der eigenen Sichtweisen. Die ersten Urteile über die Nazigrößen und ihre Schuld am Tod von Millionen von Menschen wurden am 1. Oktober 1946 gesprochen. Mein Vater besprach dieses Thema nie mit uns, auch verfolgte er es nicht weiter. Das war tabu bei uns zu Hause, obwohl meine Schwester diese Gespräche immer wieder anfing. Darüber redete man nicht. Dieses Abblocken meines Vaters und die immer bohrenden, stichelnden Fragen meiner Schwester gaben mir in der Heftigkeit ihres Zusammenpralls zu denken.

Nur dieses Lied blieb bei Peter: »Flieger, grüß' mir die Sonne! Grüß' mir die Sterne und grüß' mir den Mond! Dein Leben, das ist ein Schweben durch die Ferne, die keiner bewohnt!« Das war unser Kinderlied, immer lauter werdend und im holterdiepolter Sprechgesang: »Schneller und immer schneller rast der Propeller, wie dir's grad gefällt!« Im normalen Arbeitsleben konnte Peter nur schwer wieder Fuß fassen. Also hatte er ein paar »Elternjahre« für uns! Später, nach der Anstellung bei Telefunken, ging er zum Suchdienst des Roten Kreuzes und kümmerte sich um die Vermissten und die Spätheimkehrer. Er selbst war über ein Jahr in Gefangenschaft. Die Erinnerung an den Krieg ließ ihn durch seine Arbeit ein Leben lang nicht mehr los.

Irmchen fing in einer Lebensmittelverteilerstelle an und brachte wahre Schätze nach Hause: Persipan, einen Marzipanersatzstoff, den sie immer gut versteckte. Ich war es, die das Persipan doch immer fand. Heimlich, schnell – da war es, die Verheißung der Glückseligkeit, in knisterndes Butterbrotpapier gewickelt, unter der Kochnische, im Dunkel des Mantels an der übervollen Garderobe, die als Kleiderschrank dienen musste. Hastig schob ich mir das Päck-

chen in den Ärmel. Dann der erste Bissen, als ob die Sonne aufginge, die Süße breitete sich wie eine sanfte rosafarbene Wolke im Mund aus, schnell noch zwei Bissen, und alle. Weg. Heiß vor Scham und in Angst vor meiner Schwester Karin, der Petze, in Angst vor der Entdeckung der unumstößlichen Wahrheit, so stand ich da. Meine Mutter wollte doch Schnecken mit Persipan-Füllung für uns alle backen. Und ich habe es wieder und wieder getan. Gesucht. Gegessen. Und immer wieder diese Scham.
Vor dem Weihnachtsmann, der mit seiner Rute kommt und die mich vertrimmt, wie alle, die nicht artig waren und zu viel naschten, vor ihm fürchtete ich mich wahnsinnig. Das war wirkliche, grundlegende, nicht abzuschüttelnde, panische Angst. Was der wusste! Was ich gegessen hatte! Dann kam er, er musste ja kommen, wir warteten ja auf ihn, ich zitternd, dann klingelte er an der Tür, stand bei uns zu Hause im Wohnraum. Er war es, der Mann mit der Maske, darunter ein weißer Bart und in der Hand die große Rute aus abgestorbenen Zweigen, die er drohend auf und nieder schwang. Irgendwann kam er nicht mehr, und das entspannte die Familie sehr, dass Weihnachten ohne meine Schreikrämpfe ablaufen konnte. Weihnachten war unser großes Fest. Es gab Bratäpfel und all die guten Sachen – wie meine Mutter die bloß organisieren konnte! Die ganze Familie kam zusammen, das heißt: Die Frauen kamen zusammen. Mein Vater war natürlich auch dabei. Einmal im Jahr durfte er sich groß aufplustern, unser Hahn im Korb! Meine Großmutter, meine Urgroßmutter aus Pankow kamen und meine Großtante, die wir Tante Betti nannten, reiste an mit einer großzügigen Kuchenauswahl im Gepäck aus Eberswalde. Die blieb 'ne Nummer für sich, ein richtiger Drachen mit gewaltigem Vorbau. Zu uns Kindern war sie immer lieb. Vor dem Krieg führte sie ein Konditorei-

unternehmen mit Ausschank und Gartenwirtschaft. Sie hatte so sechzig, siebzig Angestellte. Tante Betti war Geschäftsfrau, Unternehmerin – dass sie einmal einen Mann hatte, der auf seiner Silberfuchsfarm geblieben war, erwähnte sie nie. Nach dem Krieg eröffnete sie neu und verkaufte an die russischen Soldaten, die ihre Mädchen ausführten. Das Leben geht weiter! Das war ihr Motto. Die Tante Betti imponierte mir. Sie rauchte, und trinken konnte sie auch. Damals wurde einfach auch mehr getrunken, wenn es einen Anlass gab, als heute, in diesen verweichlichten und gesundheitsliebenden Zeiten. Weihnachten, da drifteten wir vom Mittagessen mit einem schönen Schnaps ins Kaffeetrinken, danach ein Spaziergang um den Schäfersee, die Nachbarn grüßten freundlich, man kannte sich untereinander, man half sich aus, und dann schon wieder Abendbrot. Essen, das war für mich der Himmel. Schlecht wurde mir nie. Auch nicht, als ich einmal den Frankfurter Kranz aufaß. Der Kuchen war ja schon angeschnitten, also nahm ich mir den Rest. So etwas gab es eben nur einmal im Jahr.

Wir Kinder hatten kein eigenes Zimmer und wurden deshalb im Zimmer der Eltern schlafen gelegt; wenn die Eltern ins Bett wollten, trugen sie uns schlafend hinüber auf die Couch. Noch heute höre ich das mächtige, irgendwie beruhigend-vertraute Brummen der Versorgerflugzeuge der Luftbrücke, die die rasch auf zweieinhalb Kilometer ausgebaute Landebahn in Tempelhof anflogen, um Berlins Versorgung aus der Luft aufrechtzuerhalten. Manchmal brachte Mutter ein CARE-Paket mit nach Hause. In den Lebensmittelpaketen fanden wir gepresstes Fleisch in komischen Dosen, darauf stand »Corned Beef«. Wir wunderten uns über die Konsistenz, und es schmeckte auch etwas zäh. Aber

natürlich war es besser als die übliche Pampe. Immer wieder hörten wir die Eltern diskutieren. »Es ist zwecklos zu bleiben. Alle packen ihre Koffer«, sagte Peter immer wieder. Von meiner Mutter kam nur ihr schlichtes: »Nein, wir bleiben.«
Meistens gingen wir früh zu Bett, um den Hunger nicht mehr so zu spüren. Meine Freundin Bettina, die mit mir zur Schule ging, kam aus reichem Hause und musste ihre Eltern siezen. Niemals hätte ich mit ihr tauschen wollen. Meine Eltern waren meine Eltern, so! Sie waren da, und sie liebten uns. Sie blieben sie selbst. Sie nahmen sich ernst und uns Kinder nicht allzu ernst. Meine Kindheit war glücklich; ich lege mich nicht auf die Couch und erzähle dem Psycho-Onkel, dass ich ein Schlüsselkind war und keinen Gute-Nacht-Kuss bekam.

»Dicke Tonne, fette Qualle, Fettmops, wie siehst du denn aus!« Frühmorgens, mittags nach der Schule. Jeden Tag. Kinder sind grausam. Die Wut wuchs in mir. Ich aß eben gern! Ich war ein dralles kleines Mädchen mit vielen sperrigen blonden Haaren, die sich nur schwer in etwas abstehende Zöpfe flechten ließen, wie bei Pippi Langstrumpf. Meine Schwester dagegen wollte wirken mit ihren langen schwarzen Haaren – und sie war zierlich wie eine Ballerina, darauf bildete sie sich gehörig etwas ein. Stibitzte unserer Mutter mit elf Jahren ihren einzigen Lippenstift. Hinter ihr waren schon früh die Jungs her. Die interessierten mich aber nicht. Mich interessierte nur, wie ich ihnen mit meinen Holzlatschen so gegen das Schienbein treten konnte, dass die Hänseleien aufhörten. Blaue Flecken bekamen sie, und sie hörten auf. Unser Peter sagte nur: »Wenn du noch mal von der Schule kommst und heulst, kriegst du von mir noch eine hinterher!« Und wenn der Vater dich nicht mehr schlägt, dann schlägt dich das Leben. Mutter musste in die Schule kommen. Sie kam nicht nur deshalb. Dann war da noch die Geschichte mit der Lehrerin, die mich drängte, beim Ausflug nicht hintenan zu spazieren, der ich sagte, eine alte Frau sei doch kein D-Zug. Wir durften niemals frech sein, wer über die Stränge schlug, bekam einen Klaps. Mit der rechten, der linken Hand, manchmal ins Gesicht. Wenn Mutter in die Schule kam, dann wollte sie die Wahrheit wissen. Für mich aber gab es nur eins: die oder ich. Wenn man ein bisschen rundlich ist und nicht der Norm entspricht – ich konnte, ich musste mich wehren und mir Respekt verschaffen, aber getroffen haben mich die Hänseleien doch.

Später arbeitete meine Mutter bei der AEG in Reinickendorf. Meine Haare machte sie mir jeden Tag, frühmorgens, dafür nahm sie sich immer die Zeit. Nach der Schule ging ich mit meiner Blechdose in die AEG-Kantine und konnte mir mein Mittagessen abholen. Dann kam ich zurück in die stille Wohnung, machte das Radio an. Das hatten wir, weil Peter bei Telefunken arbeitete, und ich setzte mich an den Tisch. Nur weil die Mutter arbeitet, werden die Kinder doch nicht zwangsläufig vernachlässigt. Ich und Karin gehörten zu den vielen Schlüsselkindern zu der Zeit. Das war ganz normal, und wir waren stolz auf den Schlüssel um den Hals. Hauptsache, einer in der Familie hatte Arbeit. Das war eben erst mal unsere Mutter. Kurze Zeit nach mir kam meine große Schwester, die immer diese spitzen Kusslippen übte, nach Hause. Ich aß das Kantinenessen, sie die Reste von gestern. Dann stand sie wieder auf, ein Buch auf dem Kopf, und übte gehen. Dass das Buch nicht hinunterfällt. Und der Busen mit der Haltung eben schöner wird. Sie tat so geheimnisvoll.

Ein schöner Busen, das war wie ein Verkaufsargument, dass einen einer heiratet. Vom Fleck weg! Und reich! Das hatte Karin im Sinn. Aber dann stritten wir uns wieder ums Programm, Musik oder Nachrichten, wir einigten uns meist auf AFN. Der amerikanische Radiosender brachte ununterbrochen Ella Fitzgerald, Louis Armstrong, Fats Waller. Swing! Das Radio war unser ganzer Stolz. Wir hatten als eine der ersten Familien später einen Fernseher, so dass wir 1954 bei der Fußballweltmeisterschaft mitfiebern konnten. Peter hatte auch ein Fahrradradio, das hatte sonst niemand. Wenn wir sonntags mit unseren Eltern zusammen Radtouren unternahmen, hinauf zum Tegeler See und den Seeterrassen, dann waren wir die Queens.

Abends, als ich etwa elf, zwölf Jahre alt war, nach dem Essen, das meine Mutter immer irgendwie neben den verordneten Nährmitteln der Lebensmittelkarten mit Haferflocken, Kakao oder Milch ergänzen konnte, kamen wir alle zusammen und hörten Radio. Es gab noch nicht so viel Werbung und so viel Ablenkung. Alles war familiär, nachbarschaftlich, überschaubar. Hatte ich beim Einkaufen etwas vergessen, konnte ich die paar Stufen hinabsteigen zum Milchladen bei uns im Haus, der Milchmann trug immer noch seine Schürze, und er oder seine Frau gab mir, was wir gerade brauchten. Oft ließen wir anschreiben.

Ich las, was ich finden konnte, ich aß, was ich kriegen konnte. Ein Bonbon und ein Buch. Ich klebte das Bonbon an den Gaumen und atmete trocken durch den Mund, damit nicht zu viel Zungenarbeit ihn schnell schmelzen ließ. Die Bonbons mussten wir selbst herstellen, es gab keine zu kaufen: Zucker und Fett löffelweise auf Butterbrotpapier in die Pfanne legen, die Kleckse ließen wir heiß werden, bis sie karamellisierten. Lästig beim Lutschen waren nur die Reste des Butterbrotpapiers, in dem die Bonbons klebten. Bonbons liebe ich heute noch.

Wir hatten eine ganz junge Klassenlehrerin, die ich sehr mochte. Wir waren ihre erste Klasse und ihre letzte, weil sie plötzlich verstarb. Sie brachte mir bei, dass man in eine Bücherei gehen kann und dort alles, aber auch alles, nach Herzenslust ausleihen und mit nach Hause nehmen konnte. Einmal las ich ein Buch über Schwarze in Deutschland, »Gottes zweite Garnitur«. Das hat mich sehr aufgewühlt. Weil es für mich nicht verständlich war, wie man so mit Menschen umgehen kann. Jemanden so ausgrenzen kann und ihm zeigen, dass er nichts wert ist. Jeder Mensch ist gleich, und jeder Mensch ist zu achten, das hatte ich von zu Hause, das hatte ich verinnerlicht. Die Ausleihbücherei lag einmal um den Schäfersee herum auf der anderen Seite. Der Schäfersee hieß so, weil einmal wirklich ein Schäfer seine hundert Schafe an diesem See das Grüne fressen ließ. Berlin ist ja aus vielen Dörfern zusammengesetzt, wir waren eben aus Reinickendorf. In der Schule brillierte meine Schwester. Sie wollte gelobt werden, und das wurde sie. Das war nicht meins, das war mir zu einfach. Immer wurde mir wieder meine große Schwester vorgehalten, wie fleißig sie ist, wie begabt sie sei. Karin war sehr gut, ich war gut. Mir reichte das, und ich wollte zwar nicht weg von zu Hause, aber ich wollte mein eigenes Leben. Ich wollte arbeiten. Und Geld verdienen. Ein wenig Geld verdiente ich mir mit dem Austragen der Lesezirkel-Zeitschriften. Viele Jungs sammelten Alteisen oder auch Altpapier, in der Hoffnung, vom Schrottkönig zum Millionär aufzusteigen. Wer für die Lesezirkel-Abonnenten in die höheren Stockwerke sprintete, kriegte einen Groschen extra. Zuhause rollte ich Zehnpfennigstücke à zehn in Zeitungspapier. Darin wurden sie zur Mark. Aber ich wollte gutes Geld verdienen, nicht mehr solche Pfennigbeträge.

Nie hatte man in der Nachkriegszeit etwas für sich, das nur einem selber gehörte. Immer wurde etwas zurechtgeschneidert. Aus den Hemden unseres Erzeugers ließ meine Mutter Blusen für uns nähen. Alles wurde umgenäht, selbst der Mantel meines gefallenen Vaters. In der Schule lernten wir Mädchen im Handarbeitsunterricht all das, was wir später für die Ehe brauchen würden. Um einen Haushalt mit Mann und Kindern zu führen. Auch ich stickte ein H wie Heide auf Wäschestücke, die einmal zu meiner Aussteuer gehören sollten. Das war also der Plan hinter gezähltem Kreuzstich, Plattstich, Schattenstich, Maderastern, Sternstich und im doppelten Rückstich, das war der Plan hinterm Topflappenhäkeln und Teppicheweben, Sockenstopfen, Stricken, alle diese mühsamen Handarbeiten, bei denen nichts vorangeht. War etwas nicht nach Anweisung gestrickt, kam die Lehrerin, nahm das Strickstück einfach und ribbelte die Wolle in schnellen Zügen vor meinen Augen auf. Hier lernten wir Mädchen auch das Reinemachen: Staub, der größte Feind aller Hausfrauen, ist immer und überall vorhanden!
Mädchen lernen kochen – was denn sonst? Zuhause musste meine Schwester oft genug kochen und immer tat sie absichtlich zu viel Salz hinzu, damit alles ungenießbar wurde. In mehreren Töpfen gleichzeitig rühren, ja nichts anbrennen lassen, das gelang mir. Hatten wir Kochen, mussten wir die Lebensmittel für die Gerichte von zu Hause mitbringen. Die Handarbeitslehrerin brachte immer ihren Sohn mit. Viele sahen ja damals noch aus wie kleine Hitlerjungen mit kurzen

Hosen und Wasserscheitel. Wir hassten ihn. Da saß er, tat nichts, als auf das Essen zu warten, blickte abschätzig durch uns Mädchen hindurch, bis er dann alles in sich hineinschlang, in der festen Erwartung der Extraportion, die ihm als Sohnemann wohl zuzustehen hatte. Diese Extraportion bekam er, wenn eins der Mädchen etwas falsch gemacht hatte und mit Essensentzug bestraft wurde. Was für eine Ungerechtigkeit! Ich spitzte die anderen an, in die Hackfleischfüllung, die auf die miefigen, gelblich wässrigen Kohlblätter verteilt wurde, Waschpulver zu tun. Diese Kohlrouladen durfte er ganz alleine essen. Er nahm drei Stück. Und kam nie wieder.

Einmal im Jahr fuhr unsere Mutter mit ihren beiden Mädchen in die Stadt. Das war unser Ausflug in die große weite Welt. Rund um die Gedächtniskirche, die wilhelminische Mächtigkeit lag zerschmettert in Trümmern, da war ein anderes Flair als dort, wo wir herkamen. Die Menschen gingen schneller, niemand hatte Zeit. Wir stiegen am Wittenbergplatz aus der U-Bahn, und dann flanierten wir langsam, umbrandet von vielen tausend Geräuschen, dem Brummen des anfahrenden Autobusses, dem Zwitschern der vielen wirren Stimmen, dem zielstrebigen Klack-Klack der Absätze auf dem Asphalt, in Richtung des löchrigen Zahns, der Gedächtniskirche. Mutter hielt Karin und mich fest an der Hand, damit wir nicht verloren gingen. Es war wie ein großes Rauschen, wir hielten den Atem an, aber die Stadt hustete, brüllte, schwieg wieder, sie war der Fangarm, der uns hineinzog und nicht wieder losließ. Am Anfang der Rankestraße lag DeFaKa, das Deutsche Familienkaufhaus mit seinen fünf Etagen, heute ist dort Hugendubel untergebracht. Die Rolltreppen fuhren uns von Etage zu Etage, von

Wunder zu Wunder. Gekauft wurde in der Regel nichts, nur geguckt.
Danach gingen wir in einem benachbarten Café einen Kakao trinken. Wir bekamen echten, schwarzbraunen, bitteren Kakao, in den man vier Stücke Zucker versenken durfte, kein Nestlépulver wie heute. Dann stiegen wir glücklich mit unseren Kakaobäuchen zurück in die U-Bahn hinunter nach Hause. So viel langsamer tuckerte die Straßenbahn uns schließlich die Residenzstraße hinunter und bimmelte einsam. In Reinickendorf gab es nichts außer ein paar Tante-Emma-Läden und den kleinen Eck-Kneipen. Die Kriegszerstörungen waren längst nicht so himmelschreiend wie am Ku' damm. In Siemensstadt, der Strom, bei Borsig, die Eisenbahnen, bei Schering, die Tabletten, in den für Berlin so wichtigen Fabriken im Norden wurde längst wieder gearbeitet.

Eines Tages aber ging Mutter mit uns zu Etam, das war eine große Adresse für Damenwäsche, etabliert seit 1916. Heute gibt es die Kette noch, aber inzwischen gehört sie einer französischen Unternehmensgruppe. Dort erstanden wir einen Büstenhalter für mich. Ein Mädchen ging niemals ohne Büstenhalter. Der Büstenhalter war ein Kleidungsstück wie Bluse oder Rock. Auch wenn die jungen Mädchen damals längst nicht so früh in die Pubertät kamen wie heute, kam es uns nicht in den Sinn, ohne BH aus dem Haus zu gehen. Sobald bei einem jungen Mädchen erste Anzeichen einer Brust zu erkennen waren, ging die Oma oder Mutter mit dem jungen Mädchen in das Fachgeschäft ihres Vertrauens und beriet das Mädchen, auf was es achten müsse. Genauso wie man ganz selbstverständlich Strümpfe trug oder ein Höschen anzog. Den Büstenhalter bekam ich zu meiner Einsegnung, das war etwas ganz Großes, eine Riesenfete zum Erwachsenwerden: Jetzt geht mein Leben los, und ich wollte leben. Noch konnte ich aber nicht selbst entscheiden. Ich war es so satt, immer fragen zu müssen. Von dem Zeitpunkt an, als ich für mich selbst sorgen konnte, ist auch mein Erinnerungsvermögen sehr viel stärker.

Sicherlich muss meine Mutter oft Angst um mich gehabt haben, aber sie hat mich so leben lassen, wie ich eigentlich war. »Du willst was wissen?«, fragte sie mich oft. Anfang Mai richtete sich wie jedes Jahr am Schäfersee der Rummel ein. Seine Eltern hatten ein Kettenkarussell, er war vielleicht sechzehn, hatte schwarze Haare, die ihm immer wieder in die Stirn fielen, damit er sie lässig zurückschieben konnte, und er musste springen, wenn seine Mutter wieder aus dem Kassenhäuschen keifte. Ich trug Petticoat und einen, wie ich fand, todschicken Blouson, und so stand ich da und wartete auf ihn, den so viele andere begehrten, ein kleines, zweikugeliges Michelin-Mädchen. Nach der Arbeit wollte ich nur ihm gehören, nur noch fühlen, in der lustvollen Schwärze der geschlossenen Augen dahinfließen, mit dem Rücken an Lastautos und Stahlträger gedrückt. Meine Mutter ist schier verrückt geworden. Doch da musste ich durch, ich musste die Dinge erkennen. Ich konnte nicht akzeptieren, wenn andere sagten, das ist nichts, klein beigeben und damit zufrieden sein. Ich musste alles ausprobieren in meinem Leben, um zu wissen, wo ich hingehöre. Es war eine Zeit des leichtsinnigen, unbewussten Dahinlebens, die ich ohne schlimme Spuren überstand und mich der Mensch werden ließ, der ich heute bin. Ein Mensch, der mich glücklicherweise nie mehr verlassen hat. Heute noch bin ich das Kind, das junge Mädchen, die Frau meiner Zeiten. Immer hatten wir nur abgetragene Sachen. Das hasste ich. Ich wollte etwas Eigenes haben, mein eigenes Leben und nun, nach den langen Jahren der Kindheit, endlich chic sein. 1958 wurde ich fünfzehn Jahre alt.

Ein Mädchen wird Einzelhandelskaufmann

Manche machen eben im Leben ihr Abitur. Die Schule langweilte mich. Einen Versuch startete ich noch mit der zehnten Klasse auf der Realschule. Doch inmitten des Schuljahrs kehrte ich zurück zur Volksschule und schrieb meine ersten beiden Bewerbungen aus der neunten Klasse heraus. In meiner allerschönsten Schreibschrift verfasste ich fünf Mal mein persönliches Anschreiben an das große, altehrwürdige Kaufhaus des Westens und an das Deutsche Familienkaufhaus, unserem geliebten DeFaKa. Bis das aufgesetzte Schreiben mir gut genug schien und nicht mehr so kindlich-krakelig. Zum 1. April 1958 wollte ich anfangen. Da war ich fünfzehn, und ich fühlte die Zukunft wie einen schnellen Puls in mir pochen, das Verlangen nach Mehr, im Jetzt und Hier zu leben und nicht erst nach Jahren des Wartens auf einen Schulabschluss. Mutter wollte, dass ich etwas Besseres werde. Na, das Beste ist, was gut für mich ist! Verkäuferin will ich werden und sonst nichts! Wenn ich doch Geld verdienen will, dann je früher, desto besser! Das mussten sie doch einsehen! Aber hatte ich wirklich einen Beruf ohne Zukunft gewählt? Meine Schwester prophezeite mir hämisch, dass also ich mit meinen dicken Stampfern ein Leben lang hinterm Verkaufstisch stehen sollte. Sie war nach der zehnten abgegangen und in der Stadtverwaltung zum Stempelaufdrücken und Schriftstückeabheften gelandet, und natürlich hatte Karin schon einen festen Freund!

Es war zum Verrücktwerden: Niemand wollte mich verstehen! Für den Beruf der Verkäuferin musste ich nicht studieren und musste nicht zehn Jahre Schule machen! Ich wollte kein kleines Schulmädchen mehr sein, ich wollte heraus aus diesem geschützten Kokon der Kinderspiele. Endlich, endlich frei sein, ein selbstbestimmtes Leben führen! Frei sein: Das bedeutete für mich Geld verdienen. Sich endlich selbst etwas leisten können. Von 30 Mark im ersten, 60 Mark im zweiten und 90 Mark im dritten Lehrjahr kannst du dir nicht viel kaufen. Aber es ist der Schritt in die richtige Richtung. Und wenn es nur darum ging, sich einmal eine kleine Mädchenhandtasche zu kaufen. Zu Hause musste ich erst mal nichts abgeben. 200 Mark verdiente der Durchschnittsdeutsche im Monat.

Für mich war es die Lebensentscheidung überhaupt: der Schritt in den Beruf. Meinen Argumentationen entkam Mutter nicht, sie krauste mit allen zehn Fingern meine mittlerweile kinnkurzen Haare und gab ihrer kleinen Heidi einen Kuss. »Du machst doch sowieso, was du willst«, sagte Irmgard und seufzte, wie um sich zu befreien. Verbieten bringt bei mir nichts. Das wusste sie. Hundert Bewerber kamen auf eine Stelle für den Einzelhandelskaufmann. Zum Bewerbungsgespräch fuhr ich erstmals ganz allein in die Stadt. Die Route kannte ich auswendig, aber würde ich auch immer richtig umsteigen? Nicht die falsche Richtung nehmen? Von Männern angesprochen werden? Ich stieg in einem blauen Rock und abgestimmter blauer Bluse mit einem hellen Mantel darüber in die Straßenbahn bis Osloer Straße, dann verschluckte mich die ratternde U-Bahn mit den harten Holzsitzen, und wie ein Lindwurm grub sich der Zug quietschend durch die nachtschwarzen Tunnel zu den schwach beleuchteten Untergrundstationen. Manchmal blieb der Zug stecken. An den Wänden zeigten weiße Pfeile und Hinweise die Wege in die Bunker an. Stand der Zug still, war es so, als hielten die Menschen die Luft an und als zählten sie wieder, bis die Bomben kamen. Erst blieben alle schicksalsgewillt ruhig, dann kam das Scharren, das Räuspern und Husten, und wenn die Bahn endlich im Schneckentempo wieder anfuhr, machte sich unausgesprochen die Erleichterung breit. Am Bahnhof Zoo stieg ich aus und blinzelte in die Frühlingssonne des März 1958. Der Bahnhofsvorplatz wimmelte voller Geschäftigkeit wie nach einem Stich in einen Ameisenhaufen. Tauschen! Westmark für Ostmark! Beste Preise! In dieser Zeit wurden nicht nur Kaffee, Zigaretten und Schnaps verschoben: Christbaumschmuck, Essgeschirr, Thermometer, Operngläser und Kameras, Speiseöl, Eier, Butter, Fleisch und Milch. Sogar Pferde: Im Frühjahr 1958 wurden zehn Mitglieder eines Rings verhaftet, der mindestens sechshundert Pferde in den goldenen Westen verschoben hatte, um sie dort zu verwursten. Alles war Licht nach der langen, dunklen Fahrt, ich hörte die Tiere im Zoo schreien, im Hintergrund der abgeholzte Tiergarten mit seinen Baumkrüppeln, ich sah die Giraffen und Elefanten sich schemenhaft langsam und würdig im Hintergrund bewegen. Ich ging zielstrebig die Tauentzienstraße hinunter an den Plakaten mit der Kinowerbung für die noch brünette Brigitte Bardot und die Superblondine Marilyn Monroe vorbei, daneben hing die Werbung für die deutschen Filme wie »Lügen haben hübsche Beine«, »Und ewig ruft die Heimat«. Rechts und links der altehrwürdigen Geschäftsstraße Berlins standen rasch zusammengezimmer-

te kleine Buden, die Artikel des täglichen Lebens verkauften. Dahinter wuchsen mittlerweile zarte Birken und Linden aus den Trümmern.
Da saß ich nun in der Rankestraße bei der Sekretärin auf einem Mahagonistuhl und wartete auf den Geschäftsführer. Die Beine geschlossen, die Füße steckten noch in den flachen Lackschuhen meiner Mädchenzeit, beide Füße gerade ausgerichtet, nebeneinander. Ich war so voller aufgeregter guter Laune. Warum ich denn Verkäuferin werden möchte, das wurde ich in beiden Häusern gefragt. Ich dachte an die Scheibe Wurst, die mir die Fleischverkäuferin immer über den Tresen reichte, dieses rosafarbene Versprechen an der Fleischpieksgabel, wenn ich für Mutter einkaufen ging. Eine Scheibe Wurst, was für ein Geschenk in den frühen Nachkriegsjahren in Berlin! Ganz beseelt war ich von der Freundlichkeit dieser Verkäuferin. Ich biss mir auf die Unterlippe, das konnte ich keinesfalls hier erwähnen in diesen piekfeinen Häusern, bei diesen Herren in ihren Anzügen, die mich von Kopf bis Fuß und wieder von Fuß bis Kopf musterten. Eigentlich hätte ich ausrufen wollen: Ich will was werden! Das durfte ich natürlich nicht äußern. »Die ist aber noch ein Kind«, das las ich aus den Augen der Herren.

In beiden Häusern hätte ich anfangen können. Das KaDeWe war renommierter als das DeFaKa – das Wertheim an der Leipziger Straße, diese Legende vor dem Krieg, gab es nicht mehr –, das KaDeWe war nun das erste Haus in Berlin. Mir war es eine Nummer zu groß, und das Gespräch im DeFaKa lief persönlicher. Das war mir angenehmer, das war mehr ich. Das Kaufhaus in der Rankestraße war weniger groß, und insgesamt waren die fünf Etagen überschaubarer als beim KaDeWe.

Schon zum 1. April 1958 startete ich als der jüngste Lehrling bei der DeFaKa. Das Kaufhaus wurde 1925 gegründet und später der »Emil Köster AG« angegliedert. Helmut Horten, der spätere Eigentümer des Kaufhauses, konnte aufgrund seiner guten Kontakte zu den Nationalsozialisten schon mit siebenundzwanzig Jahren 1936 das Duisburger Kaufhaus Alsberg von jüdischen Eigentümern zu einem Spottpreis erwerben. 1952 kaufte er der in die Vereinigten Staaten emigrierten jüdischen Familie Schocken die »Merkur«-Kette mit elf Häusern ab. Zwei Jahre später erstand er dann die Aktien der »Emil Köster AG«, und Horten etablierte sich in der Nachkriegszeit mit neunzehn Häusern in der jungen Bundesrepublik.

Wie wäre es wohl, in der Konfektion oder in der Parfümerie zu sein, das malte ich mir aus. Das war feminin, das waren Marken von Ruf, das war die Welt der Damen, der großen Damen und der großen Welt. Hier in diesen Etagen verwebten sich Pariser Duft, Chic und Eleganz in den neuen Entwürfen des Berliner Couturiers Heinz Ostergaard. Ich wollte Schönheit, Qualität. Mit körperlicher Schönheit oder einem schönen Gesicht hat das nichts zu tun. Es war und es ist das Streben nach Vollendung. Die Schönheit in Vollendung. Da waren diese wunderbaren Stoffe, diese neuen Schnitte, die jungen Schauspielerinnen wie Maria Schell in den Illustrierten, die den neuen Look präsentierten. Meine Schwester kaufte jede Woche die »Illustrierte Filmbühne«, die »Constanze« und brachte mir die alten Ausgaben mit, wie immer etwas mitleidig. Mein erster Mantel war ein blauer Designermantel, mit grasgrünem Satin eingepasst, grünen dicken Knöpfen und grünen Schuhen dazu. So ist niemand herumgelaufen. Es war mir wichtig, mein eigenes Ich zu zeigen, dass alles zusammenpasst, dass ich in keiner Clique war, dass ich keinen Filmschauspieler anhimmelte. Ich war zwar nicht eins dieser schwärmerischen jungen Mädchen in jener heiklen Phase, in der sich Mädchen in alles verknallen, was bei drei als Poster an der Wand kleben kann, egal ob ein Pferd, ein Bill Kaulitz – aber einmal wie Jane von Tarzan, also von Lex Barker, auf seinen starken Armen getragen werden …

Heide Bruse kam mit fünfzehn Jahren in die Strumpfabteilung. S-T-R-Ü-M-P-F-E: Das klang so ziemlich anders als Konfektion. Oder S-O-C-K-E-N. Unerbittliches Geschenk der Schwiegermütter für ihre Schwiegersöhne. Socken und Strümpfe also, so bestimmte es der Geschäftsführer der DeFaKa, der alles gegenüber Horten vertreten musste. Dagegen gab es nichts zu sagen. Ich war das Lehrmädchen, er war der Chef. Die Hierarchien schienen unumstößlich. Ans Neinsagen durfte ich noch nicht einmal denken – es aber denn aussprechen? Ein Mädchen sagt nicht nein. Ein Mädchen ist brav und folgsam. Auch wenn es innerlich so wütend ist, dass vor lauter Zähnezusammenbeißen ein Stück vom Backenzahn knirscht und abbricht. Dennoch sagte ich mir: Das hast du nicht nötig. Du kannst was. Du brauchst dich nur nicht unterkriegen lassen. Also zeig es auch. Das war immer schon ein ganz klares Mantra in meinem Leben, eines, das ich jederzeit abrufen konnte, das nie verloren ging und das immer ganz fest in meiner Vorstellung verankert war. Jahrzehnte aber dauerte es, bis ich heute mit gutem Gewissen »nein!« sagen kann. Nein, das will ich nicht! Und ich will nicht, dass ihr oder du oder Sie dies, was ich nicht will, von mir fordert!
Die ersten Arbeitstage fühlten sich seltsam an wie im Traum, wenn alles unwirklich ist und du dennoch weißt, dass dieses

Abenteuer dir nur kurz vor dem Aufwachen beschieden ist und es gleich, oh allzu gleich, abreißen wird. Alle waren älter, kannten einander, ich war die Kleinste, die Jüngste in dieser Kette von Menschen, die alle zu diesem Haus gehörten. Ich wollte lernen, etwas tun, wollte gut sein. Vielleicht auch, weil meine Schwester mich für doof hielt. Meine Chefin, die Einkäuferin der Strumpf- und Miederwarenabteilung, sie war vielleicht fünfundvierzig Jahre und erschien mir uralt, schlurfte stets stockend und gebeugt mit leberkrankem Gesicht durch die Abteilungen. Wenn ich für sie einkaufen ging, blieb der letzte Groschen meiner.
Auch ihr Sohn lernte in der DeFaKa das Verkaufen, und zum Wochenende hin gab sie uns beiden Jüngsten ein fürstliches Taschengeld: fünf ganze Mark! Ich knickste und bedankte mich, auch wenn sie mich noch für ein Kind hielt.

In der Strumpfabteilung hieß es erst einmal, die neue Ware einsortieren, die Winterware musste nach hinten. Ins Lager gehen, Kartons umstapeln, schuften mit den Armen über dem Kopf, bis alles weh tat. Im Verkaufsraum hatte ich in den ersten Wochen nichts zu suchen, höchstens mal, um etwas von hinten, vom Lager nach vorne zu bringen, um gleich wieder zu verschwinden wie das Aschenputtel, das niemand sehen durfte. 1958 gab es kein Perlon, kein Nylon, nichts, was leicht wog und leicht zu tragen gewesen wäre, und es gab noch keine Strumpfhosen. Die Strümpfe waren aus Wolle oder aus Baumwolle.
Als Kinder trugen wir meist ein Strickhemd mit Strumpfhaltern daran und dazu ein Höschen. Auch die Jungs trugen Hemdchen mit Strickstrümpfen und eine Unterhose. Wir Frauen, die wir ja immer recht abschätzig ihr Mädchen oder Fräulein genannt wurden, wenn wir nicht schon über vierzig

waren und sicher zum alten Eisen gehörten, trugen Stoffstrümpfe mit Strumpfhaltern, vorne und hinten geknöpft, oder auch seitlich. Es gab sie jetzt in fleischfarbenem Braun, dann kam von oben das Korsett und schloss die Unterwäsche zum Schlüpfer hin ab. Im Winter fauchte der Wind eisig gegen das nackte Fleischstück zwischen dem Ende des Strumpfhalters und dem Schlüpfer unter dem Rock. Die Frauen waren viel öfters krank als heute. Ein Blasenkatarrh gehörte zur Tagesordnung. Immer wieder bemerkte ich Frauen, die mit schmerzverzerrtem Gesicht zur Toilette rannten. Es gab natürlich auch Schlüpfer mit langem Bein, aber wer wollte die schon anziehen. Sexy sah das wirklich nicht aus.

Die Frauen trugen damals Röcke, weil sie viel selbstverständlicher Frauen waren. Eine Frau trug keine Hosen, sie wollte ja den Männern unbedingt gefallen. Die Frauen waren damals nicht so selbstbewusst, um ihre Wünsche durchzusetzen. Vielleicht war es sogar so, dass wir damals noch keine klare Vorstellung davon hatten, was wir wirklich wollten. Da wurde eben einfach das getragen, was die Männer gerne sahen. Ob es nun unter dem Rock zog oder nicht.

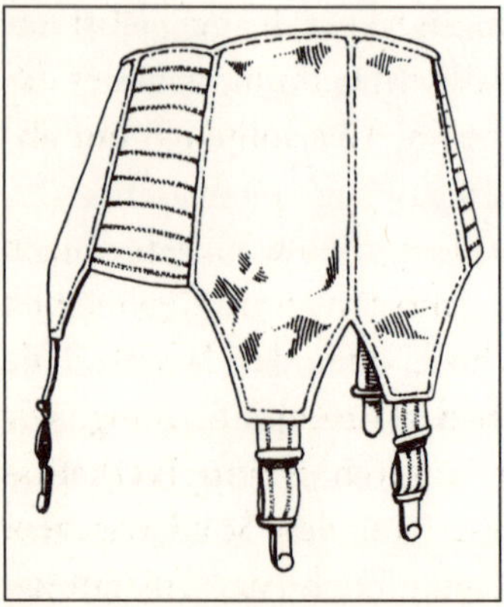

Immer mussten wir Frauen damit rechnen: Es machte flutsch, natürlich mitten in der Öffentlichkeit, im Geschäft oder in der Bahn, und die kleinen porösen Gumminöpfchen der Hüfthalter entließen die Strümpfe, die sich elendiglich um ein weißes Bein bis über den

Schuh hinunterringelten. Das Gummi war ja noch ein Naturprodukt. Wohin sich wenden? Da waren die Blicke, mitleidig die der Frauen, leicht anzüglich lächelnd die der Männer, oder bildete ich mir das bloß ein? Wohin bloß gehen und diesen Strumpf wieder befestigen? In einem Tordurchgang eines Hauses den Rock lüpfen, den Strumpf hochziehen? Unmöglich. Den Strumpf haltend, damit er nicht verdreckt, auf die nächste öffentliche Toilette humpeln. Jede anständige Frau hatte immer einen Pfennig in der Handtasche, um den Gummiknopf zu ersetzen. Nun gut, bei einer Laufmasche konnte man die Strümpfe zum Laufmaschenaufnehmen bringen.

Seidenstrümpfe gab es im DeFaKa nicht. Die Ära der Seidenstrümpfe und der Seidenwäsche war mit dem Krieg und der nachfolgenden Armut vorbei. Nicht umsonst war das DeFaKa das Familienkaufhaus Berlins, auch weil es das erste Kaufhaus war, bei dem der Kunde Kredit bekommen konnte. Alles war nützlich: Feinstrumpf, Strickstrumpf, Stützstrumpf, Kinderstrumpf, Damenstrümpfe, Herrenstrümpfe, Tennisstrümpfe, Fußballstrümpfe. Strümpfe aufrollen, Strümpfe abrollen. Bald durfte ich sie auch auf dem Verkaufstresen ausbreiten, das Verkaufsgespräch aber selbstverständlich nicht führen. Immer höflich, bemüht, wenn es das nicht sein soll, dann vielleicht dieses? Das sollte ich mir abgucken.

Strümpfe, das war Alltagsware, hier suchte niemand nach schönen Strümpfen. Strümpfe gehörten zum allgemeinen Bekleidungsgut wie die Unterhose oder das Mieder. Die Miederwarenabteilung lag hinter der Strumpfabteilung. Wir verdeckten sie ein wenig mit unseren Strumpfverkaufstischen und der Ausstellungsware auf den Sondertischen. Aus der Strumpfabteilung hatte man noch Ausblick auf die

Rolltreppen, die die fünf Stockwerke des DeFaKa verbanden, ich konnte sehen, wer dort hoch- und hinuntergefahren wurde und tatsächlich bei uns ausstieg. Die Miederwarenabteilung lag dagegen wie in die Ecke gedrängt. Der Verkauf passierte hier auf zwölf Quadratmetern, es gab zwei Kabinen mit einem Spiegel, und den Parkettboden schützte ein brauner großer Teppich vor Schmutz und Abreibungen.

Ende Juni, kurz vor der Zeit der großen Ferien, denen die anderen Schulkinder nur so entgegenfieberten, nach nur drei Monaten in der Strumpfabteilung, versetzte mein Chef mich in eine andere Abteilung: »Du bist so schön mollig und fröhlich, du passt gut in die Miederwarenabteilung.« Meinte er das als Kompliment? Schön, mollig, fröhlich? Das hörte ich nicht zum ersten Mal. Ich reckte den Kopf hoch, wenn die Menschen mich so sehen wollten, bitte schön.
Ich war immer rundlich, schob als Kind die Unterlippe vor, und so blieb ich, mit meinem schiefen Grinsen auf der linken Seite. Wenn ich richtig von Herzen lächle, ist das heute noch so. Auf Männer wirkte das recht angenehm, weil ich dazu noch sehr vergnügt war. Ich hatte Formen, und ich war unkompliziert. Das strahlte ich zumindest aus.

Mit fünfzehn kannst du dich nicht wehren, wenn dein Chef sagt, du gehst dorthin. Aber erst mal wollte ich sagen, nein, ich will nicht so eng mit Frauen in Berührung kommen. Was mir nichts nützte.
Ich wollte nicht zu den Miederwaren. Ich wollte nicht dort hinten versauern, wo hinter einem Vorhang die Näherin in einem kleinen Kabuff saß und ab und zu seufzte und hustete, damit sie sich selbst noch für am Leben hielt. Miederwaren, das war ja noch schlimmer als Strümpfe! Und dieser

Geruch! Die Strümpfe wurden ja nicht anprobiert, die wurden zu Hause auf die Käsefüße gezogen. Deodorants, also Entriecher, benutzte noch niemand. Es wurde Sommer, der Schweiß verklebte den Frauen die Achselhaare, die zwischen Armen und Schultern hinauslugten. Bevor die Frauen zur Anprobe kamen, sind sie gelaufen, sie haben gegessen, getrunken, geschwitzt. Wann wohl wuschen sie sich zum letzten Mal? In der Luft lag der erdige Geruch nach Schweiß, jeder Mensch war durchdrungen vom Geruch des anderen. Ein Geruch, den man heute mehr merken würde als damals. Damals war dieser Geruch ein normaler. Badetag war bei den meisten einmal in der Woche, dann wurde auch die Wäsche gewechselt. Heute wird sie jeden Tag gewechselt. Meine Mutter und ich brachten im Keller den Waschzuber zum Kochen, und alle Wäsche kam dort hinein. Der Waschzuber, in dem frau die Wäsche kochen konnte und umrühren, war schon eine moderne Angelegenheit. Danach kam die Wäsche in die Schleuder und dann auf den Dachboden zum Trocknen. Zu den Frauen, die so arg rochen, sie anfassen, sie ausziehen, sie anziehen, wollte ich einfach nicht.
Es half alles nichts. Also Heidi, ran an den Speck: Nicht an den eigenen, an den der Kundinnen. Den größten Anteil im Sortiment hatten die Schnürmieder aus schwerem Jacquard, mit unendlich vielen, festen Stangen darin. Ein Schnürmieder wog etwa vier Kilo, die die Frau den ganzen Tag mit sich schleppte. Wenn wir wieder im Lager die Kisten mit jeweils zwanzig Schnürkorsetts umschichten mussten, da bekam man richtig Oberarme. Büstenhalter und Korsetts waren aus Drell, auch Drillich oder Zwillich genannt, und Jacquard, festen Baumwollstoffen in fleischfarbenem Einheitsrosa oder züchtigem Weiß. Wenn so ein Büstenhalteroberteil oben ein bisschen Baumwollspitze vorzu-

weisen hatte, wurde diese Raffinesse mit leisen Ohs! und Ahs! vonseiten der Kundinnen begrüßt. Mit dem Präsentieren dieser kleinen, spitzenleichten Dessous-Teile von heute hatte das wenig zu tun.
Mit diesen alten Schnürmiederwaren aus Jacquard und den unendlich vielen, festen Stangen darin schnürten wir die Frauen ein. Eine Frau konnte sich nicht selbst einschnüren. Seitlich fest einhaken, ja, das ja, aber hinten, da mussten wir Verkäuferinnen mit ganzer Kraft und dem ganzen eigenen Gewicht feste nach hinten ziehen, die Kundin musste sich dagegenstemmen, dann klappt es, gleich! Eingehakt! Manche stellten sich auch ein wenig zickig an, das konnte ich nicht gut leiden. Entweder zack, ziehen, halten Sie doch mal die Luft an! Dann kann ich einhaken oder – eben nicht. Oh, Entschuldigung, das war wohl etwas zu eng! Und schon hatten wir das Fleisch, das weg sollte, eingeklemmt. Dieses Einschnüren und Noch-weiter-Schnüren um ein, zwei Zentimeter hat mir auch Spaß gemacht: Du konntest sehen, das kannst du aus den Frauen machen. Eine mit Figur! Plötzlich standen diese Frauen ganz anders da, Kopf hoch, Schultern zurück, plötzlich hatten sie eine super Haltung durch das Korsett. Früher, im 19. Jahrhundert, war das Korsett aber auch für Ohnmachtsanfälle, für Quetschungen der Organe, Verdauungsprobleme, für Fehlgeburten und Missbildungen von Ungeborenen verantwortlich. Später wurden sie dann nicht mehr so eng geschnürt. Sport treiben war in der Masse der Bevölkerung nicht populär, das war etwas für die Upperclass oder die Reformbewegten. Rückbildungsgymnastik nach einer Geburt gab es nicht, und so wölbten sich die leeren Hülsen der Bäuche hervor. Sämtliche Muskeln waren nicht trainiert – das Aufrechte erschaffte das mit Walfischbein, indischem Büffelhorn oder schlichten Stahlfedern ge-

stanzte Korsett. Auch der 1896 in Berlin gegründete »Allgemeine Verein zur Verbesserung der Frauenkleidung« hatte in Jahrzehnten kaum etwas ausrichten können. »An der Einschnürung – und damit an der Verkrüppelung ihres Körpers – halten Unzählige fest wie an einem Glaubensartikel«, seufzte 1905 Margarete Pochhammer, die Vorsitzende des Vereins. Die Forderungen der Reformerinnen fanden wenig Zuspruch: Mit der industriellen Produktion der Korsetts seit Ende des 19. Jahrhunderts schnürten sich gar die Fabrikarbeiterinnen am arbeitsfreien Sonntag eng. Aber mit einem Korsett war die Frau eine Frau. Eine gar manchmal, die die Männer ans Aufschnüren denken ließ.

Die Kundinnen kamen nicht zum Shoppen. Sie kamen, weil sie ihre Unterwäsche komplettierten mussten. Sie kamen, weil sie etwas brauchten. Niemals wurden zwei oder drei Korsetts oder Büstenhalter gekauft. War vorrätig, was die Kundin wollte, dann kaufte sie auch zwangsläufig. Heute ist das ganz anders: Die Kundin kommt, ist unentschieden, zögerlich, vielleicht frustriert und auf der Suche nach Streicheleinheiten. Heute muss man viel mehr auf die psychologische Ebene der Kundin kommen als damals, muss sich in sie hineinfühlen. Als ich anfing, war das Verkaufen lange nicht so intim, wie es heute ist. Da war man die Verkäuferin, die Bescheid wusste, die der Kundin die Ware zeigte, dann der gemeinsame Gang in die Kabine. Schließlich packte ich die Ware ein. Ich musste damals noch nicht mit Neuheiten locken, um die Kundin auf andere Gedanken zu bringen, so dass sie vielleicht etwas anderes kaufte als ursprünglich geplant.

Modelmaße sind kein Aushängeschild für eine gute Miederwarenverkäuferin. Ich habe selbst Busen zu tragen, ich habe

Hüften, und ich habe Bauch. Da stand ich, meist mit etwas Ware in den Händen, die ich zu sortieren hatte, das Maßband um den Hals. Kittel trugen wir nicht, Kittel machen die Persönlichkeit kaputt, sagte mein Chef. Ich zwitscherte mit der viel älteren Verkäuferin, Anneliese, die ich heute sicherlich für lesbisch halten würde, auf Ausschau nach der nächsten Kundin, die durch die Strumpfabteilung zu uns kam. Der Kontakt gelang mir immer schnell, ein Wimpernschlag genügte, um auf Tuchfühlung zu gehen. Ich wurde sechzehn, und vielleicht trug ich ein solch vertrauenerweckendes Selbstbewusstsein mit mir und nach außen zu den Frauen, wie es nur unser häusliches Nest, unser fröhliches Matriarchat in Reinickendorf hervorbringen konnte. Diese täglich praktizierte Frauenfeindlichkeit kannte ich nicht, auch durch die Achtung, die Peter meiner Mutter entgegenbrachte. Sicherlich prägte mich das, und es sprach sich bis zu meinem Chef herum, dass ich mit Frauen besonders gut konnte. Weil ich Frauen ganz einfach mochte. Egal, ob sie dick oder dünn, jung oder alt, attraktiv oder weniger attraktiv waren. Ich mochte die Frauen, die kamen. Ich mochte die Herrischen, die Demütigen, die Suchenden. Alle Frauen. Letztendlich entwickelte ich Verkaufstalent. Und so wurden die Miederwaren zu meinem Leben. Das Statistische Bundesamt verzeichnete 1957, also kurz bevor ich meine Lehre begann, noch 23,3 Millionen produzierte Büstenhalter, ein Jahr später bereits 27,1 Millionen. Die Branche war im Aufbruch, nur war mir das zu diesem Zeitpunkt überhaupt nicht klar.

Mit den Kundinnen sprachen wir immer hochdeutsch wie bei uns zu Hause, denn berlinert wurde im Wedding, wo die Arbeiter wohnten. Ein Ereignis, das sich schon im Stimmen-

gewirr auf der Rolltreppe ankündigte, war der aufgeregte Schwarm junger und allesamt schöner Männer, Tänzer der Staatsoper, auf der Suche nach Strumpfhosen, die das Geschlecht unsichtbar machten. Sie ließen sich die Strumpfhosen zeigen, die wir jetzt im Programm hatten, und sie näselten mit einem nicht nur gezwinkerten Anflug von Arroganz: »Haste keene andere Farbe als immer nur dieses öde Braun?« Sie waren so schön, sie waren so schwul, sie drehten sich mit Vehemenz und Eleganz um die eigenen Achsen, lächelten in die Spiegel, probten ihre Sprünge und landeten mühelos im Spagat, Härtetest für Strumpf- wie Miederhose. Ein junger Verkäufer, stets chic gekleidet, verdiente sich, so munkelte Anneliese, einen wichtigen Teil seiner Einkünfte in der Mittagspause am Bahnhof Zoo.
Hinter dem Tresen im DeFaKa wurde für mich vieles, worüber wir zu Hause nicht sprachen, dank der Erklärungen von Anneliese völlig normal. Homosexualität gab es nicht, die war ja auch noch strafbar. Die nationalsozialistische Gesetzgebung, der Paragraph 175, galt für die Homosexuellen bis 1969. Anneliese brachte mir viel über das Leben und über alles Menschliche bei. Das war mein großes Glück, so viel und so komplex zu erfahren. Und das konnte ich in dem Beruf und in der Branche wirklich gut gebrauchen. Ich lernte allerlei Lebensentwürfe schon früh kennen, konnte auch mit allem umgehen, ohne zu werten und ohne das Andersartige der Menschen zu verurteilen. Für mich war vieles, was damals noch als anrüchig galt, normal und gehörte zum Leben und zu den Menschen einfach dazu.

Im Frühjahr 1960 machte ich meine ersten Erfahrungen als Einkäuferin: Ich durfte Badehosen einkaufen! Glatte 2000 Mark trug ich mit mir in der Handtasche, als ich am

Wittenbergplatz in die U-Bahn-Linie eins in Richtung Kreuzberg stieg. Stolz fühlte ich mich nicht, sondern recht eigenartig belegt, dass man mir so viel Vertrauen entgegenbrachte. Nach Kreuzberg sollte ich also fahren, wo heute die Fabrikhallen zu Lofts umgebaut werden und es schrecklich in ist, dort in einem Büro, meist schlechtbezahlt in prekären Arbeitsverhältnissen zu sitzen. Dort in Kreuzberg um das Kottbusser Tor gab es in den Altbauten und Hinterhöfen sehr viele Manufakturen. Berlin war, auch vor allem aus jüdischer Tradition, die Konfektionsstadt überhaupt – Nachtwäsche, Bademäntel, alles Mögliche wurde hier produziert. Nach dem Mauerbau verlagerte sich die gesamte Produktion nach Düsseldorf. Begrüßt wurde ich vom Firmeninhaber mit Handschlag im abgetrennten Büro, von dem aus man durch die Scheiben in den Nähsaal blicken konnte, und ich fühlte mich auf dem richtigen Weg. Knicksen kam schon lange nicht mehr in Frage. Ich wurde siebzehn! Wahnsinnig wichtig fühlte ich mich. Die Badehosenkollektion hing mit Wäscheklammern befestigt im Licht des Fensters, und ich zeigte auf diese und diese, und diese schön Bunte, die nehm ich und die nehm ich auch, und die, und die. Ich wuchs in mir selbst über meine 164 Zentimeter hinaus. Meine Bestellungen wurden notiert, ich bekam den Durchschlag und ließ das ratternde Getöse der Nähmaschinenarmee hinter mir. Wow!

–

Dennoch, Lehrling war Lehrling. Die Lehrlinge, die Stifte, waren für alles da. Dass wir die Toiletten nicht übernehmen mussten, war auch alles. Wir erledigten Besorgungen für die Höhergestellten. Wir machten sauber. Wir kochten Kaffee. Wir holten Limonade für alle. In meiner kurzen Mittagspause hetzte ich zum Friseur, wenn ich abends verabredet

war: waschen, schneiden, legen. Die meisten Herren trugen noch den Mecki-Putz, der nach dem scheußlichen Redaktionsmaskottchen der Radio- und Fernsehzeitschrift »Hör zu«, einem alten, verschlagen guckenden Igel, benannt war. Der Mecki-Schnitt machte wenig Arbeit, einige trugen aber schon die meist etwas schmierig-pomadigen Elvis-Tollen. Für uns Damen war die Dauerwelle ein Muss. Ein ziemlich aufwendiger Prozess, aber damit sitzen die Haare, zudem noch einbetoniert mit Haarspray, ein für alle Mal. Als ich einmal vom Friseur zurückkam, hieß es plötzlich: »Fräulein Bruse, Sie müssen heute die Teppiche klopfen.« »Wie bitte? Ich komme vom Friseur! Teppich klopfen. Ich? Zudem bin ich verabredet!« Meine Einwände nützten mir wenig. Der braune Teppich der Miederwarenabteilung, über den tagtäglich die Kundinnen gingen, war dran. Mir schossen vor Wut die Tränen in die Augen, und ich ging zum Telefonapparat, den wir nur für Bestellungen zu nutzen hatten, niemals privat, wählte die Nummer der AEG und ließ mich mit meiner Mutter verbinden. Irmchen, erfrischend pragmatisch wie immer, sagte: »Aber Heidi, wo ist das Problem, dann machst du dir ein Kopftuch um. Geht nicht, gibt's nicht!«
Also den mit Haaren und Krümeln übersäten Teppich in den Hof und über die Teppichstange hieven. Voller Wut schlug ich auf das braune Ungetüm ein; wie eine Tennisspielerin im letzten, entscheidenden Match verpasste ich dem Teppich Schläge, so dass der Staub millionenfach in der Luft wirbelte.

Zweimal in der Woche fuhren wir Lehrlinge in die Berufsschule, danach ging es selbstverständlich wieder zurück zum DeFaKa. Wir arbeiteten von neun bis 19 Uhr mit einer halben Stunde Pause. Wenn ich nicht zum Friseur ging, musste ich in der halben Stunde essen und auch meine eigenen Einkäufe erledigen. Seitdem schlinge ich mein Essen. Bei Aschinger, ein traditionsreiches Restaurant am Bahnhof 700, gab es im Stehen für wenige Groschen einen Teller Suppe, dazu Brötchen so viel man essen konnte, mit denen ich die Suppenschale bis in die kleinste Kerbform auswischte. Der Samstag war ein ganz normaler Arbeitstag. Arbeitsschutz wurde kleingeschrieben, Arbeitsschutz für Jugendliche gab es nicht. In der Weihnachtszeit öffnete das Kaufhaus an den Adventssonntagen für fünf Stunden nachmittags, von 13 bis 18 Uhr. Diese Adventssonntage waren ein feierliches Arbeiten. Pakete mussten wir nicht auspacken, das taten wir unter der Woche, es war, als kämen wir nur zum Vergnügen, und die Kunden, ebenfalls im Sonntagsstaat, flanierten in Weihnachtsvorfreude und Feierlaune durch das DeFaKa.

Als ich dann auch die Sonntage überstanden hatte, traf ich mich mit Freunden, wir gingen in den Zoo-Palast und sahen »Die Halbstarken« mit dieser wunderbar tiefgründigen Karin Baal und dem jungen, wilden Horst Buchholz, unserem deutschen James Dean, oder »Das Mädchen Rosemarie«. Anschließend gingen wir in eine Bar am Olivaer Platz, bestellten Whisky, damals trank man Whisky, das war einfach cool. Nach dem Alter fragte bei der Bestellung niemand. Ich übte mich im Rauchen und wollte eine ganz Große sein. Rauchen, wenn ich rauche, dann bin ich ja eine ganz Tolle, eine Femme fatale! Dachte ich mir. Bis ich merkte, es liegt nicht am Rauchen, ob ich eine bin oder nicht. Durchs Rauchen wurde ich nicht zu mehr Weib. Was ich mir so unter Weib vorstellte. Mein erster Freund, in den ich verliebt war, hieß Peter, und er fuhr eine feuerrote Isetta. Einsteigen musste man durch die Frontscheibe, die für dieses kleine

Autochen ziemlich groß war. Wir saßen hinter der Plexiglasscheibe und knutschten oder ratterten durch ganz Berlin von oben bis unten, bis zum Sommersonnenuntergang am Strand des Wannsees. Ich musste nicht zu einem bestimmten Zeitpunkt zu Hause sein. Später am Abend gingen wir in die Nürnberger Straße zur »Badewanne«, das war der alte Tauentzienpalast, einfach der angesagte Jazz-Club neben der »Eierschale« in Dahlem. Hier gab es keine brillantengeschmückten Wurstfinger, hier stiegen nicht die Mercedes fahrenden Lebedamen aus, hier waren alle jung. Wir sahen die amerikanischen Jazz-Koryphäen wie Count Basie oder Oscar Peterson auf der Bühne. Wir badeten in der Musik. In der »Badewanne« mussten alle unter achtzehn um 22 Uhr gehen. Am Eingang mussten wir unseren Ausweis hinterlegen. Wer um 22 Uhr nicht freiwillig ging, wurde aufgerufen: »Heide Bruse, dein Ausweis liegt noch hier, du bist doch keine achtzehn Jahre alt!« Da bin ich lieber vorher schnell gegangen, das wäre mir allzu peinlich gewesen. Am nächsten Tag musste ich ja wieder früh raus, halb sieben Uhr aufstehen, eine Stunde fahren.

Als ich 1960 siebzehn Jahre alt wurde, durfte ich in unsere alte Einzimmerwohnung im ersten Stock ziehen, ein Zimmer mit Kammer, die ich zur Küche umfunktionierte, und eigenem WC. Meine Eltern zogen ein Stockwerk höher. Ich wusste damals weder, dass es diesen pamphletartigen Text »A Room of One's Own« noch eine Virginia Woolf in England gab, eine der seltenen großen und feministischen Heldinnen der Literaturgeschichte. Großmutter zog zu Urgroßmutter in die Greifswalder Straße in den kommunistischen Sektor. Urgroßmutter, die immer eine Aufrechte war, wurde hinfällig. Auch konnte Großmutter von der kleinen

Rente kaum leben und erhoffte sich im Osten Unterstützung.

Eine eigene Einzimmerwohnung! Oft kam ich so spät nach Hause, dass ich den Ofen ausließ. Am nächsten Morgen schmückten Eisblumen die Fenster. Endlich war Schluss mit immer nur Behelf, dem Schlafen auf der Klappcouch, und immer nur ins Bett gehen, wenn die anderen auch gehen. Nach und nach hatte ich eine tolle Einrichtung. Das habe ich mir geleistet: einen eierfarbenen Schalensessel, eine Stehlampe. Und ich hatte sogar einen Plattenspieler und eine Truhe. Bei meinem letzten Umzug habe ich alle 200 Platten weggegeben. Wir hörten Gerd Wendland mit seinem Tango »Tanze mit mir in den Morgen«, »Canzone in Bikini«, italienischen Twist, wir tanzten zu Drafi Deutscher und seiner Band »Charlie & The Timebombs« Rock 'n' Roll, wir vergötterten Elvis und Bill Haley mit seinen »Außer Rand und Band«-Filmen, das war explosiv, das war neu, und die Erwachsenen sagten dazu »Krawallmacher« und »Radaumusik«. Ich war eine fanatische Rock-'n'-Roll-Tänzerin, trotz meines stabilen Gewichtes. Mit Überschlag, bis zur totalen Erschöpfung, bis die Sohlen durchgetanzt waren. Im Ruderclub organisierten wir Tanzabende, die Clubmeisterschaften im Rock 'n' Roll. Ich trug Ballerinas und Petticoat. Sonst ging das ja gar nicht.

Mit dreizehn Jahren hatte ich begonnen zu rudern. Meine Schwester war im Verein, sie ging dorthin, weil es viele hübsche und sportliche Jungs gab. Oft genug wurde sie von ihren Ruderfreunden von zu Hause abgeholt. Auf dem Weg zum Ruderclub mussten wir durch den Tegeler Forst mit unseren Fahrrädern. Karin und ihr Freund fuhren lachend voraus, und die kleine dicke Schwester musste schieben, weil sie mir wieder die Ventile aufgedreht hatten, um ungestört, an einen Baum gelehnt, zu knutschen.

Anfangs bin ich noch mit Korselett gerudert, das habe ich aber bald abgelegt. Das Korselett reicht ja bis über die Hüften. Beim Rudern sehen alle gleich doof aus und sind gleich dreckig und ungewaschen nach ein paar Tagen. Es zählt, wie bist du als Mensch, als Kamerad, wie verlässlich bist du. Das Bootshaus in Tegelort, im Norden Berlins, lag wunderbar auf einem riesigen Wassergrundstück an der Havel. Unten hatten wir die zwei Bootshallen, in denen es nach nasser Wäsche, nach Holz und Dollenfett roch. Ein typischer Geruch, ich liebe ihn, der mir das Gefühl gibt, nach Hause zu kommen. Oben gab es die Umkleiden und Duschen, eine kleine Schank-Bar und einen Aufenthaltsraum mit Blick aufs Wasser. Wir ruderten die Havel hinab, über den Wannsee, wir lebten die ganzen langen Sommerferien auf dem Wasser. Den Winter, der die Eisschollen lieferte und uns nicht aufs Wasser gehen ließ, verwünschten wir. Anfang März ging endlich die Saison wieder los, dann hieß es wieder: Legt ab! Und vier Mädchenbeine stießen sich vom Bootssteg weg. Schlag, tauch die Blätter ins Wasser, das Dahinstreichen und Gleiten für zwei, drei ganz stille Sekunden, dann wieder zerstören die Ruderblätter die glatte Fläche. Das Boot beginnt zu laufen, Schlag auf Schlag, hurra, wir fliegen über das Wasser und die Wannseewellen müssen uns Platz machen. Wir, die rudern, wir fahren rückwärts und sehen immer, was wir geschafft haben. Die 28 Kilometer hinunter von Tegelort bis zum Kleinen Wannsee nach dem Passieren des Grunewaldturms kämpften wir uns durch die Seglerwinde.

Wir Mädchen im Club hatten ein Ziel. Nicht den schnöseligen Berliner Ruderclub am Kleinen Wannsee. Der Ruderclub daneben, das war genauso eine gute, eine prominente Adresse, alle die ab Mitte zwanzig dann als »Alte Herren« galten, haben Karriere gemacht. Wenn wir ankamen, meine Freundinnen und ich, waren wir sie alle los, die Eltern, die Geschwister, die Schule. Wir stiegen aus, reckten uns nach der Fahrt, und dann grillten wir. Ob ein Mädchen eine Bierflasche exen kann? Na klar konnte ich das. Exzessiv, das war ich, leidenschaftlich exzessiv. Ich musste alles ausprobieren. Im schützenden, schwarzen Dunkel neben dem Lagerfeuer Wodka-Lemon auskotzen und torkelnd zurück zu den anderen. Und ich hätte alles in Kauf genommen, um Hans zu sehen. Er war auch im Ruderclub und hatte Bäcker gelernt. Nach dreißig Jahren traf ich ihn zufällig wieder, oh, der war mal meine große Liebe! Irgendwann war ich weg. Irgendwann kam ein anderer.

»Heidi, Heidi! Sag mir doch bloß, wo der Büstenhalter aufgeht!«, fragte mich einmal der Freund meiner Freundin, als wir zu viert in einem Zwei-Mann-Zelt übernachteten. Es lief nichts, wir konnten uns ja nicht bewegen. Dafür wurden wir fast von unserem Ruderclub ausgeschlossen: Kein Sex vor der Ehe! Selbst die Verlobten durften sich nicht küssen und gingen dafür in den Wald, wo eben noch ganz andere Dinge passierten.

Ausgelernt

1961, ich wurde achtzehn und verdiente nun 90 Mark im Monat, hatte ich endlich ausgelernt. »Sehr gut« stand in meinem Kaufmannsgehilfenbrief. Immer noch war es nicht üblich, dass Mädchen und Frauen, die einen kaufmännischen Beruf ergriffen, auch mit einer weiblichen Berufsbezeichnung rechnen konnten. Die Prüfung bestand aus der fachlichen Beurteilung und dem Verkauf dreier Wäscheteile: einem Büstenhalter, einem Strumpfhalter und einem Schnürkorsett aus Drell und Baumwollsatin, dicht, fest und strapazierfähig in Lachsrosé. Und darüber sollte ich eine geschlagene halbe Stunde ein Verkaufsgespräch führen! Bei den heutigen Dessous lässt sich wirklich im Detail schwelgen. Aber damals, diese absoluten Standard-Damenwäscheteile in den immer gleichen Farben und Materialien, was gab es dazu schon zu sagen? Eine gute Verkäuferin muss sich vom Büstenhalter bis zum Elefanten und zurück reden können. Und das kann ich.

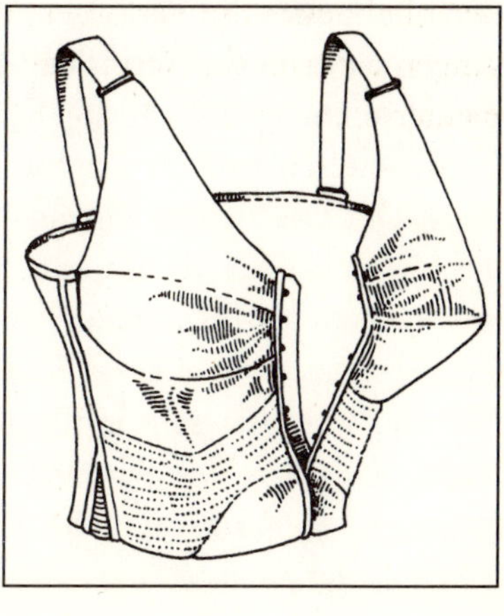

Keinesfalls zu hoch sprechen, das wirkt wie ein aufgekratztes junges Ding, das nicht warten kann, bis es zum Tanz aufgefordert wird, und zu viel Brause getrunken hat. Kein Geplapper, das in seiner Nichtigkeit die wehrlose Luft durchschneidet. Nicht zu laut und natürlich keinesfalls zu leise sprechen. Keine Ähs und Ohs, keine Löcher im Vortrag. Immer die Ware nach vorne hin zur Kundin präsentieren. Das Gespräch immer aus der Sicht der Kundin führen, von ihrem Standpunkt aus: Das gibt Ihnen, das verschafft Ihnen, das bedeutet für Sie, hilft Ihnen, erspart Ihnen – Sie wollen Qualität, ja, dann. Das Produkt muss ich wirklich vertreten, und also heißt es: Ich versichere Ihnen aus eigener Erfahrung … Schiesser etwa empfahl sich mit den Worten: »Es gehört schon etwas mehr dazu, um die neue Schiesser Doppelripp-Qualität 4400 herzustellen.« Wenn ich einer Kundin erklären wollte, wie diese außergewöhnliche neue Schiesser-Wäsche zustande kommt, dann zitierte ich ihr die Schiesser-Werbung: »Das geht wie beim Sockenstricken. Das Ergebnis ist überraschend, angenehm überraschend. Diese Spezialstrickart gibt Schiesser Doppelripp 4400 eine unglaubliche Dehnbarkeit und Elastizität.« Ich musste ja auch Herrenunterwäsche verkaufen, den klassischen Doppelripp, natürlich nicht an männliche Kunden; das Einkaufen dieser Lästigkeiten hatten die Ehefrauen und Mütter zu erledigen. Beim DeFaKa hatten wir einen eigenen Ausbildungsleiter, der uns mit seiner 16-mm-Kamera bei der Verkaufstätigkeit filmte. Wenige Tage später warf er den entwickelten, mit einer Tonspur versehenen Film an eine freigeräumte Wand. Das war sehr neu, sehr innovativ: Wir lernten uns selbst im Verkauf kennen, wie wir aussahen, wie wir uns benahmen, mit welcher Körpersprache wir agierten. Diese Kameraarbeit ist der einer heutigen Schulung recht nah: Wie komme ich an die Kundin, wie wirke ich auf sie, das sind die gleichen Dinge. Durch die Kamera habe ich begonnen, reden zu lernen. Man weiß ja gar nicht, wie man mit seiner Sprache auf andere wirkt. Ja, wenn es wirklich emotional wird, dann rutsche ich ganz schnell rein ins Berlinern, das ist meine Sprache. »Wie redest du eigentlich, Heide?«, frage ich mich dann.

Anfang der Sechziger veränderte sich die Miederwarenkonfektion, hier ein wenig Satin oder oben etwas Spitze. Plötzlich hatten wir neues Material in den Händen, eine neue Form. Die Spannung war eine ganz andere in der Branche als heute. Cupgrößen existierten noch nicht, alles war fester Stoff, nur hinten hielt ein Stückchen Gummi die Schalen auf dem Rücken zusammen. Das Gummi aber zerbröselte mit der Zeit.

Es konnte nur aufwärtsgehen, das war der Tenor. Alles, was du hinter dir gelassen hast, das kommt nicht wieder. Eine grenzenlose Neugierde hielt mich gepackt. Dieses elektrisierende Gefühl, es passiert etwas. Ununterbrochen veränderte sich die Welt, als ich mit der Lehre fertig war. Es war, als hätte ich unter einer gläsernen Glocke gesessen. Überall wurde gebaut, die Straßen wurden breiter, der Verkehr immer dichter, die Regale barsten unter ihrem Warenangebot. Überall klangen Werbeslogans: »Schreibste mir, schreibste ihr – schreibste auf MK-Papier«, »Rasch verklingend wie ein Ton, schwindet Schmerz durch Melabon«, »Ei, ei, ei Verpoorten – Verpoorten aller Orten!« Das waren Radio-Ohrwürmer, die wirklich hängenblieben. »Wenn einem so viel Gutes wiederfährt, das ist schon einen Asbach-Uralt wert«, »Neckermann macht's möglich!«

Wir sind wieder wer, die wir moralisch und materiell so am Boden lagen nach dem Krieg. Wirtschaftswunder! Das kann doch wirklich nur ein Wunder sein, zu erklären war es nicht. Wir glaubten an Leistung, die sich lohnt, sie ist die neue Religion. Die Wertigkeit des Geldes änderte sich in meinen Augen. Ich hatte nicht mehr das dumpf drückende Gefühl der Armut. Geld lässt sich verdienen, es liegt auf der Straße. Die grellen Farben des Wirtschaftswunders drängten das Grauen der Verbrechen des Nationalsozialismus und den »totalen Krieg« in den Schatten der Geschichte. Alle wollten nach vorne schauen.

Meine Schwester Karin war schon seit drei Jahren verheiratet. Ihr erstes Kind bekam sie mit neunzehn Jahren, wie meine Mutter. Für mich interessierten sich meist ältere Männer, weil ich so fraulich aussah, nicht so kindlich. Das wollte ich eigentlich nicht. Dieses Begehren war mir unheimlich. Die wollten zu viel von mir, und sie waren mir zu fertig, zu wenig Jungs. Doch dann hatte ich wieder einen älteren Freund, einen mit einer eigenen Wohnung, und ich kam nach Feierabend, brachte Essen und Töpfe von zu Hause mit und kochte für ihn. Das Strafgesetzbuch bezichtigte sogar Eltern der Kuppelei, wenn sie Jugendlichen unter achtzehn Jahren eine gemeinsame Übernachtung gestatteten.
Man hebt es sich auf. Irgendwie hieß es immer »Es«. Man tut »Es« nicht. Sex sagte niemand. Es war eben das große, das unbekannte Es. Sex vor der Ehe war ein großes, gesellschaftliches Tabu. Frauen konnten schnell in Verruf geraten. Die Frau, die Nymphomanin, nannte man mannstoll, während der Mann eben seine Erfahrungen sammeln musste. Vor der Ehe. Nun, als »Es« dann endlich passierte – über Verhütung haben wir nicht gesprochen, Abtreibungen waren verboten und wurden wenn nur im Geheimen vorgenommen, wobei man sterben konnte –, irgendwann musste »Es« ja mal

passieren, da war »Es« der Himmel auf Erden. Sensationell. Abheben und fliegen mit geschlossenen Augen. Das gebe ich ja zu. Aber ich war nun eine, die mehr auf Karriere stand als darauf, unbedingt einen Mann abzukriegen und sich ein Kind anhängen zu lassen. So verlor ich also genussvollst die Tugend der Jungfräulichkeit.

Er war genau mein Typ, den ich mir für mein erstes »Es« ausgesucht hatte, ein Mann, den ich toll fand. Aber das ist nie der Mann, der bleibt. Diese neue Erfahrung war nicht die wichtigste meines Lebens, das merkte ich gleich. Ich rasselte nicht in die Falle der bedingungslosen Liebe. Sex war gefährlich, denn er hatte eine ganz andere Bedeutung als heute: Ich wollte diese Frau nicht sein, die Ehefrau von Herrn Sowieso aus Sowieso. Darauf wollte ich mein Leben nicht ausrichten. In der Liebe, im hingebungsvollen Schmachten, von dem alle Filme, alle Lieder kündeten, wollte ich mich nicht verlieren. Ich wollte kein Sexsymbol sein, merkte aber, etwas anderes haben wir Frauen nicht gelernt. Sinnlichkeit oder einfach Spaß am Sex wurde Frauen nicht zugestanden. Die Frauen fürchteten, die Männer würden sich bei Bekanntgabe erotischen Appetits vor ihnen fürchten. Schwierig fand ich das auszutarieren innerhalb einer Liebe, einer Beziehung, inwieweit bin ich die Unterlegene, wann finde ich wieder auf meine Ebene. Diese Unterordnung, die damals gegeben war, konnte und wollte ich nicht akzeptieren. Da stand ich schon im Zwiespalt mit mir und mit der Welt.

Meine Schwester glaubte mit achtzehn Jahren noch, wenn man einen küsst, dann bekommt man ein Kind. Ein Jahr später hatte sie eins. Heute kann man als Frau sagen: »Das will ich, das will ich nicht.« Damals stand das den Frauen nicht zu. Für junge Frauen war es unheimlich schwierig, einen Weg zu finden. Aufklärung fand nicht statt. Hatte ich kein

Geld, und ich war alleine, da sagte ich mir, geh arbeiten. Ich suche mir keinen Freund, der für mich da ist. Das war nicht mein Ding. Bloß nicht abhängig werden.

Nun sollte ich beim DeFaKa in der Rankestraße einfach weiterarbeiten? Als Verkäuferin, wenn auch jetzt mit Lehrbrief? Das reichte mir nicht. »Ich muss was werden«, sagte ich zu meinem Chef, der uns allen zu seinem fünfzigsten Geburtstag ein Extra-Monatsgehalt verpasste. Der Chef brummte nur, ich sei doch viel zu jung. Noch keine einundzwanzig, noch nicht einmal volljährig, also nicht geschäftsfähig. Ich fühlte mich wie geknebelt und als wenn mir die Arme und Hände gefesselt wären. Noch bis 1962 durften Frauen ohne Zustimmung des Ehemannes kein eigenes Bankkonto eröffnen.
Als Belohnung und auch, um mich nicht als Jungverkäuferin zu verlieren, schickte mich mein Chef nach Münster in Westfalen. Ein neues Horten-Haus sollte eröffnet werden. Erstmals weg von zu Hause, nach »Trizonesien«, so nannten wir aus Berlin Westdeutschland unter der Besatzung. Die Welt stand am Rand einer atomaren Katastrophe. Der Rüstungswettlauf mittels Atomraketen schien 1961 unaufhaltsam im noch Kalten Krieg der Supermächte, und Berlin bedeutete, so Nikita Chruschtschow auf dem Wiener Gipfeltreffen, um dort das deutsche Schicksal mit Kennedy zu verhandeln, den gefährlichsten Ort der Welt. Die Sowjetunion möge durch eine Operation an diesem schlimmen Ort das Krebsgeschwür entfernen. Der Bau der Mauer, um die Massenflucht der Menschen aus der sowjetisch besetzten Zone zu beenden, war beschlossene Sache. Die Entsendung nach Münster war mir eine große Auszeichnung. Konnte ich dort etwas bewirken? Ließ man mich? Wieder waren alle

älter und erfahrener. Miederwaren waren nie im Schaufenster, das tat man nicht, es hätte einen Skandal bedeutet. Warum eigentlich? Ich hatte so viele Denkanstöße für Neuerungen – allesamt gingen sie in der Hektik der Filialeneröffnung unter.

In Münster fuhren alle mit dem Fahrrad, an den Kreuzungen stauten sich die jungen Studenten und Studentinnen. Die Männer trugen noch Anzüge und die Frauen ihre Petticoats, und manche Jungs und Mädchen hatten diese knallengen Jeans an. Die hätte ich bei meiner Figur niemals tragen können. Mir blieb gar nichts anderes übrig als die Damenhaftigkeit, zu der ich mich in aller Perfektion entschlossen hatte. Gepflegt bis in die Fingerspitzen. Alle Älteren, so schien mir, wollten Fehler bei mir finden, in der Art etwa: »Die ist zu jung, die schafft das nicht.«

Wenn ich schon anhand meines Alters kritisiert werden konnte, so wollte ich nicht noch über mein Aussehen angreifbar sein. Und gab mir jeden Morgen sehr viel Mühe, damit ich rausgehen und mir sagen konnte, alles sitzt. Ich trug nur Schnittkleider, ein Kleid wie ein Passepartout. Wenn man das Gefühl hat, etwas ist nicht in Ordnung, dann lenkt das ab. Ist alles perfekt, kann ich mich all den Dingen des Alltags, die auf mich zukommen, widmen. Gucke ich in die Spiegel, verliere ich die Kundin aus den Augen. Also, morgens muss ich so aussehen wie abends. Klassisch bis an die Randkante. Das war meine Rüstung.

In Jeans macht man keine Karriere. Diese verdammten Jeans. Die amerikanische Kostümbildnerin Janie Bryant, die für den Look in »Mad Men« verantwortlich ist, meinte einmal, es dauere noch dreißig Jahre, bis die Jeans endlich verschwänden, und in die Kleider passe Christina Hendricks, die die Chefsekretärin Joan spielt, nur hinein, weil sie Hüfthalter trage. Ohne diese ginge das nicht, der ganze Look sei überhaupt nur mit Hüfthaltern möglich. Diese Gummihülsen, die sich laut Etikett zwischen erhöhter Taille und Knie um die Kontrolle der Körperform kümmern sollen, sind meist fleischfarben und von sehr begrenzter Frivolität. Sie heißen Shaper. Und wirken. Nämlich hüfthaltend. Ob die Jeans nun mit einem bisschen Glitzerstickerei auf dem Hintern daherkommen, womöglich moon-washed sind – furchtbar. Damit wird man als Frau im Wirtschaftsleben von niemandem ernst genommen. Doch wenn ich heute am Flughafen sitze und mir das Business-Volk ansehe, dann tun mir die Frauen etwas leid: Alle sehen sie gleich aus, mit dieser Anzuguniform, einer strengen Hemdbluse, weit ausschreitend, wenn sie mit der Laptop-Tasche über der Schulter neben den männlichen Kollegen hergehen. Dieses Outfit kann allerdings auch nicht der Grund sein, warum Frauen, wenn schon, dann im mittleren Management steckenbleiben. Vielmehr müssten sie sich besinnen auf das Eigentliche, das Frausein als ihre Stärke. Sie müssen sich sicher fühlen und dürfen ruhig stolz darauf sein, eine Frau zu sein, und das sollten sie auch zeigen.

In Münster ließ ich mir endlich die Haare wachsen und sah mit der jeden Morgen ordentlich gedrehten und mit Haarspray fixierten Außenrolle ganz anders aus als die Heidi, der alle über den Kopf wuscheln durften. Den Backfisch wollte ich endgültig loswerden. Ich rauchte Zigaretten und wollte immer noch diese Femme fatale sein.

Wir arbeiteten auf Hochtouren, als die Eröffnung täglich, stündlich näherrückte. Viele Studenten halfen aus. Sie mussten die schweren Kartons schleppen, Müll wegkehren, es waren tausend Handgriffe, die zu tun waren. Was die Studenten während ihrer Arbeitszeit alles diskutierten! Was man alles müsste! Ändern müsste! Sofort! Weg mit Adenauer, der Wiederaufrüstung, dem Slogan des ersten deutschen und christdemokratischen Bundeskanzlers: »Keine Experimente«. Willy Brandt, Berliner SPD-Vorsitzender, wurde zum Hoffnungsträger gegen die Autoritäten im Bonner Parlament. Unter den Studenten war auch ein junger Schwarzer, heute würde ich politisch korrekt sagen, ein Mensch afrikanischer Abstammung, ein ganz netter junger Mann. Er sprach das gutturale Französisch der Kolonien, und ich war »Mademoiselle Bruse«, wobei er das R genüsslich rollen ließ in ein tiefes U, abgerundet mit einem zärtlich-leichten S ohne das profane E. Als wir mit den Eröffnungsvorbereitungen fertig waren, kam er zu mir und fragte mich, ob er mich anrufen dürfe, wenn er mal nach Berlin komme. Ich sagte ja und gab ihm meine Nummer, die er lächelnd in seiner Hemdbrusttasche nah am Herzen verwahrte. Am nächsten Tag, dem Tag der Eröffnung, mischte ich mich unter die Münsteraner, die, mit ihren Einkaufstaschen bewehrt für die Schlacht um die Sonderangebote, das Öffnen der Türen abwarteten auf der Suche nach dem Schnäppchen der Saison. Die Münsteraner starrten mich an wie ein Wesen vom anderen Stern: Ich war kreidebleich, darunter so grün wie der Escorial, den wir am letzten Abend in der Kupferschmiede, dem firmeneigenen Restaurant, aus Zinnbechern, Runde um Runde, gekippt hatten.

Im Spätsommer fuhr ich zurück nach Berlin. Alle standen unter Schock. Der von der DDR errichtete »Schutzwall« untermauerte die deutsche Teilung. Großmutter und Urgroßmutter wohnten im Osten, in der Greifswalder Straße. Wir konnten sie aus ihrer Wohnung holen, das war zum

Glück noch möglich, weil beide schon so alt waren. Die Angst lähmte die Menschen, es ging nichts mehr. Aber eigenartig, die Berliner: Während der Mauerzeit, als immer wieder die Zeichen so standen, als sollte aus dem Kalten Krieg ein heißer werden, haben sie gekauft wie verrückt. Heute ziehen sich die Kunden zurück, wenn es gesellschaftliche oder politische Probleme gibt. Damals waren die Häuser voll mit Kundschaft à la: »Wer weiß, was morgen ist, heute lassen wir es noch mal krachen.« Die Mauer, mit Stacheldraht gesäumt, zerriss die Stadt. Oben in Tegelort verlief die Grenze durch die Havel. Eine Seite des Ufers war Osten, eine Seite Westen. Es gab eine Stelle, wo wir beim Rudern über das Ostgebiet gern abkürzten, doch die Marineschnellboote fuhren drohend auf uns zu. Zu einem befreundeten Ruderclub, etwas weiter die Havel herunter, konnten wir nicht mehr fahren.

Wenige Wochen später, ich hatte mich wieder an den Arbeitsalltag bei DeFaKa zu gewöhnen, denn ich beschloss, wenigstens bis zur Volljährigkeit bis 1963 die zwei Jahre zu bleiben, rief der nette Student an. Ich ließ mich verleugnen. Mit Schwarzen traf man sich nicht. Viele schwarze Amerikaner waren in Berlin stationiert, und es gab viele junge deutsche Frauen, die auf der Suche nach dem besseren Leben ins Land der unbegrenzten Möglichkeiten heirateten. Da saßen sie dann in Kansas City, Missouri, Austin, Texas, wohin sie sich auf Nimmerwiedersehen als »War Brides« verschiffen ließen. Mit GIs hatte sich eine anständige junge Frau einfach nicht abzugeben. So sind wir erzogen worden.

Die Sache mit Noël ist etwas, das mir heute noch leidtut, das immer noch in meinem Kopf sitzt. Es kann doch einfach nicht sein, dass ich einen so freundlichen Menschen dermaßen vor den Kopf gestoßen habe. Und das mit der blöden Ausrede, ich sei krank oder was auch immer. Das hat er sicherlich gemerkt, mein Ausweichen und meine Lüge. Dabei war der Mann einfach nur nett. Ganz unabhängig davon, ob er nun für mich interessant gewesen wäre oder nicht, so zu reagieren, das passte ganz einfach nicht zu meiner Art, wie ich mit Menschen umgehen möchte. Und noch heute schäme ich mich dafür.

Frau Marienhagen

Wenn ein Vertreter sich zum Besuch bei der DeFaKa in die Miederwarenabteilung ankündigte, war das immer ein Ereignis. Da kam jemand, der brachte uns etwas Neues, etwas Besonderes. Die großen Marken waren die schwäbischen Miederwarenhersteller Triumph, Schiesser und Felina, daneben gab es noch die Firma Naturana. Anita kam auch von der Schwäbischen Alb, von dort wurden allerdings nur Still-Büstenhalter geliefert. Anfang der Sechziger begriff der Vertreter seinen Beruf als einen sehr wertvollen, sehr ehrenvollen. Es war undenkbar, dass man ihn abwimmeln würde und vor der Tür stehen lassen. Heute schätzt den Berufsstand des Vertreters oder der Vertreterin niemand mehr wert. Vertreter standen für einen Markenwert, den Bekanntheitsgrad einer Miederwarenfirma, sie standen für Qualität, Philosophie, Passform, und darauf waren sie stolz. Niemals wäre einer mit offenem Hemd gekommen oder gar in Sandalen. Wie das heute ja so üblich ist. Ein Vertreter wurde respektiert. Vorgefahren wurde er von seinem Fahrer, der ihm die Tür beim Ein- und Aussteigen hielt und seinen Kollektionskoffer mit allen neuen Schätzen tragen durfte. Mein Lieblingsvertreter hielt immer seinen hellbeigen Kaschmirmantel lässig überm Arm, trug Stock und Hut in der Linken, und kam so händeschüttelnd auf uns, das Personal, zu. Vertreter waren immer männlich. Es wunderte sich niemand,

wenn zärtlich seine Hände über die Büstenhalter, Miederhosen und Korsetts, die schließlich das Intimste der Frauen umhüllen sollten, strichen.
In all den Jahren, in denen ich die Marke La Perla sehr schätzte und gerne verkaufte, kam mir einmal ein Vertreter mit ungepflegten Händen unter, da habe ich das erste Mal gesagt, der Preis ist mir zu hoch, ich kaufe nicht. Einmal kam einer zu »Lady M« mit Muscle-Shirt, sehr flott, er hatte auch richtig Muskeln, doch er trug Schuhe ohne Strümpfe. Geht ja bei mir gar nicht. Ich guckte ihn nur an. Da sagte er:
»Sie mögen nicht, wie ich heute zu Ihnen komme.«
»Und wenn Sie es wissen, warum tun Sie's?«
So konnte er keinen Auftrag von mir bekommen. Wenn er schon weiß, dass ich das nicht mag, wie kann er dann so auftreten?

Sicherlich, es gab Aufstiegschancen im Horten-Konzern, vielleicht auch in einem anderen Haus. Aber da hätte ich noch ewig warten müssen. Und mir war ja jetzt schon langweilig. Ich kannte alles und ich konnte alles. So glaubte ich zumindest. Schließlich hatte ich schon mit siebzehn Jahren selbst Badehosen eingekauft und bei der Neueröffnung in Münster als Einkäuferin gearbeitet. Der Vertreter mit dem Kaschmirmantel überlegte mit mir: Wohin könnte ich gehen? Und wirklich noch etwas hinzulernen? Er empfahl mir wärmstens eines der hochwertigsten Fachgeschäfte der Stadt, das inhaberinnengeführte Fachgeschäft für Miederwaren, Marienhagen, in Berlin-Spandau.
Ich wurde neugierig und inspizierte gleich das Geschäft von Frau Marienhagen. Sie hatte zwei Schaufenster links und rechts des messingumrahmten Eingangs – in beiden hingen Gardinen glatt wie die Stores bei einem Beerdigungsinstitut,

tiefblau wie die immerwährenden perfekten Schneiderkostüme der Frau Marienhagen. Natürlich waren in ihrem Gardinenschaufenster keine Puppen mit Miederwaren zu sehen. Miederwaren wurden, wenn überhaupt im Schaufenster, nur ganz dezent drapiert. Ja, da wollte ich arbeiten – und es klappte auch gleich. Mit zwanzig fing ich an und verbrachte die Jahre 1963 und 1964 an der Seite von Frau Marienhagen und vier anderen Verkäuferinnen, die allesamt älter waren als ich.

Als ich noch lernte, musste man nicht auf die Kundin zugehen. Sie kam, weil sie etwas brauchte und weil sie seit dreißig Jahren Triumph kaufte. Wurde sie dicker, bekam sie eine Nummer größer verpasst. Marienhagen lebte nur von Stammkundinnen, die schließlich ihre Töchter mitbrachten. Sie brauchten etwas, sie kauften etwas. Im Miederwarengeschäft wurden Miederwaren verkauft, und im Wäschegeschäft gab es Nachtwäsche, Tagwäsche, Slips und dergleichen. Im Fachgeschäft Marienhagen wurden ganz andere Ansprüche gestellt als in einem Kaufhaus wie dem DeFaKa mit Laufkundschaft, die kommt und geht.
Wenn die Kundin ein- oder zweimal im Jahr das Geschäft betrat, wollte sie sich ihre Wünsche erfüllen und kaufen. Eine ganz andere Kundengruppe als im Kaufhaus musste ich hier bedienen, eine mit sehr viel mehr Geld, aber auch mit sehr viel mehr Bedürfnissen, vor allem dem nach Qualität. Heute bedeutet Geldhaben ja nicht gleichzeitig gutes Benehmen. Diese Frauen hatten einfach eine bestimmte Art, sich zu kleiden und sich zu geben, auch gegenüber den anderen Verkäuferinnen, ohne überheblich zu sein. Trat die Kundin ein, so wurde ausnahmslos jede sofort mit ihrem Familiennamen angesprochen; dadurch entstand gleich eine

andere Ebene, eine persönliche. Man sprach mit ihr über Privates, bevor es zum wirklichen Verkaufen kam.

Frau Marienhagen erschien täglich um sieben Uhr dreißig als erste im Geschäft, um alles durchzugehen. Zu mir sagte sie anfangs recht abschätzig, ich könne ja ganz gut verkaufen. Aber für ihr Geschäft, ihre Ansprüche und die der Kundinnen sei diese etwas saloppe, schnelle Ansprache nicht das Richtige. Es war ihr eben »nicht gut genug für Marienhagen« – das war ihr geflügeltes Wort. Frau Marienhagen war verwitwet und von Kopf bis Fuß Dame, tagsüber und sicherlich noch nachts. Sie war so Mitte vierzig, wirkte aber älter. Sie gehörte zur Generation der Frauen, deren Männer im Krieg geblieben waren, und sie war sehr selbstbewusst – in dieser Zeit war es ja noch viel schlimmer, eine selbstbewusste Frau zu sein!
Frau Marienhagen gehörte wie meine Mutter zu den Frauen, die sich die neu gewonnene Freiheit und das selbstbestimmte Leben einer berufstätigen Frau nicht mehr nehmen lassen wollten. 1954 gründeten sechs Frauen den Verband deutscher Unternehmerinnen. Öffentlichkeit und Politik belächelten dieses Vorhaben mit den Worten: »Die paar Frauen, das hat sich bald erledigt.« Man war sich sicher, dass die Männer doch bald wieder das Ruder übernehmen würden. Aber es sollte anders kommen. Den Verband der Unternehmerinnen gibt es noch heute, und er setzt sich für das im Grundgesetz festgeschriebene Gleichstellungsprinzip ein. Ich selbst bin Vorsitzende des Landesverbands Berlin / Brandenburg.
Frau Marienhagen lebte ganz und gar für ihr Geschäft. Das war eben inhaberinnengeführt. Bei jeder Kundin, die ich anfangs bediente, spürte ich ihre Blicke blitzen. »Heide! Bruse! So: nicht! Ich: bitte Sie!« Das war eine harte Schule.

Von Frau Marienhagen lernte ich in den ersten Wochen, indem ich im Hintergrund unbedarft Mieder zusammenlegen durfte. Sie führte mich ein, wie das Verkaufen in einem derart exklusiven Fachgeschäft von sich geht. Viel langsamer, persönlicher. Hier merkte ich zum ersten Mal, dass die Kundin teilweise recht ausgefallene Wünsche hat, und die möchte sie sich erfüllen. Ich hinterfragte nie, warum sich diese sehr gut gekleideten Frauen ein Korselett für 199 Mark leisten konnten und ich als ausgelernte Verkäuferin mit 140 Mark im Monat auskommen musste. Es war gut so, dass es Frauen gab, die sich solchen Luxus wert waren. Mir machte es Spaß, ihnen Luxus zu verkaufen. Diese Frauen, die nur beste Konfektion trugen und darunter selbstverständlich etwas Besonderes, hatten Linie, sie hatten Silhouette. Und das dank unserer Formmieder, mit denen wir fast jede auf Mannequinfigur, das war der übliche Ausdruck, bringen konnten. Immer noch stand die wirklich gepflegte Damenmode unter dem Einfluss des Modemachers Christian Dior und seinem New Look: Diese zugespitzten Formen der Brust, runde Schultern, runde Hüften, praller Hintern, Hintern und Hüften lebten noch – und dazu eine sagenhaft schlanke Taille. Ein sehr fraulicher, beschwingter Stil voller städtischer Eleganz, ein Wunder an Volants.
Wir hatten raffinierte Korseletts, trägerlose Formmieder, vor allem von der deutschen Firma Charmant, die das Patent in die USA verkaufen konnte und dort wahnsinnige Nachfrage insbesondere durch die Filmbranche erfuhr. Die Dekolletés wurden plötzlich tiefer, und Jane Russell lud die Kinoleinwand auf mit ihrem wahnsinnigen Sex-Appeal in ihrem neuen Halbschalen-Büstenhalter, dem Balconnet, der von Howard Hughes, Filmproduzent und Luftfahrtpionier, erfunden wurde. So gut wie jede Hollywood-Schauspielerin

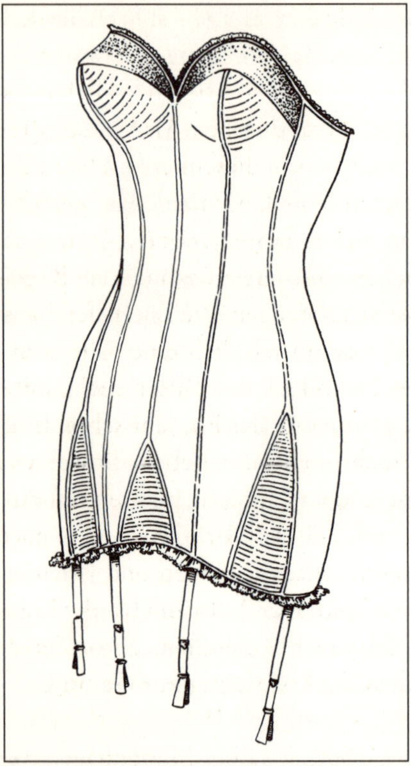
Korselett von Charmant

zeigte sich in Dessous, sei es nun Marilyn Monroe und ihre Unterhose in »Das verflixte siebte Jahr« oder Sophia Loren, die in »Gestern, heute, morgen« Marcello Mastroianni als Sexgöttin gekonnt mit einem delikaten Striptease verführt und den Seminaristen vor dem lebenslangen Orden bewahrt. Ein glatter Sieg der Erotik über die Moralvorstellungen der Kirche. In »La dolce vita« ruft Sylvia, gespielt von Anita Ekberg, im Trägerlosen: »Marcello, komm her!« Marcello, ein Glas Milch in der Hand, antwortet: »Ja, ich komme!« Er zieht sich die Schuhe aus und steigt zu Sylvia in den Brunnen. Diese harmlose Planscherei war ein handfester Skandal. Schlimmer noch traf es Caroll Baker, die 1956 Fingerfellatio in »Baby Doll – Begehre nicht des anderen Weib« vorführt, indem sie im kurzen Nachthemdchen in recht eindeutiger Pose am Daumen lutscht. Die Babydoll-Nachthemden waren der heimliche Renner bei Marienhagen.

Rita Hayworth trägt in »Gilda« von 1946 stets Korselett, und schon mit der ersten Szene, als sie lässig-laszív sich der Kamera und dem Publikum im Schulterfreien ausliefert, ist klar, diese Frau wird trotz aller dunklen Machenschaften der Männer stets die Gewinnerin in diesem erotischen Film Noir bleiben. Das Korselett von Charmant war perfekte Eleganz. Auch wenn man nichts darüberzog: ein Traum aus Perlon, mit vielen Stäbchen und einer besonderen Bügelform. Vorne stakten elastische Stangen, die unter der Brust nach außen kippten. Das machte wirklich eine tolle weibliche Figur – ein schönes Dekolleté, den Busen recht spitz, die Taille schmal und die Hüfte und der Po, sehr schön fraulich geformt, gehörten auch noch zum Leben. Besser war es, einen Mann oder eine andere Hilfe zu Hause zum Ankleiden zu haben: Vorne ließ sich das Torselett ganz einfach schließen, doch die hinteren zwanzig Haken und Ösen erforderten Geschick und Geduld. Der Aufwand hat die Frauen nicht gestört. Schließlich brachte diese neue, erotisierende Form des Korsetts das Kleid erst richtig zur Geltung.

Das Besondere am Fachgeschäft der Frau Marienhagen war auch ihr Kundenservice: Die Kundinnen bekamen ihre Ware nach Hause geliefert. Ich habe mich immer freiwillig gemeldet, weil ich es sehr spannend fand zu sehen, wie die Frauen, die sich solche teuren Wäscheteile kauften, in ihren Anwesen auf Kladow oder Gatow wohnten. Wunderbar fand ich es, mit dem Karton und der von Seidenpapier zart umwickelten Ware in den Bus zu steigen und den Kundinnen ihr gutes Stück nach Hause zu bringen. Wie oft wurde ich eingeladen, wenn gerade Kaffeegesellschaft war, im Garten, oder einfach so nur auf eine Tasse Tee und ein kleines Gespräch. Ich war die Entsandte, die das Ersehnte brachte, ich war die Mittle-

rin zu Schönheit und Sexyness, und dieses Gefühl fand ich unglaublich. Oftmals wurde ich auch gefragt: »Fräulein Bruse, wenn Sie schon mal da sind, hätten Sie nicht noch ein Minütchen?« Dann gingen wir ins dem Schlafzimmer angegliederte Ankleidezimmer mit den Einbauschränken, und ich durfte nochmals der Anprobe beiwohnen, denn es wurde ja abgesteckt und genäht am Büstenhalter oder am Korsett, weil es noch keine Cupgrößen gab. Hatten die Frauen nicht genügend Hintern, mussten wir Abnäher machen, damit dort nicht luftiger Raum entstand. Es gab kaum eine Frau, der einfach etwas passte. Elastische Rückenteile waren nicht vorgesehen, und der BH stand unterm Arm immer ein wenig ab. Oftmals war die Kundin so breit gebaut, der Busen aber nicht so groß, dass wir vorne die Körbchen schmaler nähen lassen mussten, damit hinten mehr Platz war. Der Bügel-BH kam erst Mitte der Sechziger in den Handel, natürlich aus den USA. Triumph und die anderen deutschen Firmen hinkten hinterher. Erst als die vollelastischen Materialien kamen, wurde die Näherin seltener gebraucht.
Mitte der Sechziger drängten viele amerikanische Firmen wie Bali oder Vanity Fair, die ersten, die Cupgrößen anboten, nach Deutschland. Der Flugverkehr brauchte so acht Wochen, die amerikanische Ware war unheimlich teuer durch die Zölle und Einfuhrsteuern, viel teurer als Ware vom deutschen Markt. Neben Marienhagen gab es in der Uhlandstraße noch das Fachgeschäft Osma, das diese Neuerungen anbot. Das Fachgeschäft macht die Marke. Die Kaufhäuser waren – ganz anders als vor dem Krieg – die Konsumtempel fürs Volk, die erst später im Angebot nachzogen. Mit neuen Materialien aus den USA, mit neuen Fasern wie Perlon und Nylon kam endlich etwas Bewegung auf.

Frau Marienhagen hatte ganz andere Ware im Angebot als das DeFaKa mit seinem ewigen Felina- und Triumph-Büstenhalter. Die 1876 gegründete Firma Chantelle ging als eine der ersten französischen Firmen an den deutschen Markt, der lange, lange nicht interessant war, denn die deutsche Frau trug so etwas nicht: Slip und einen kleinen durchscheinenden Büstenhalter, oder BH und Miederhose verbunden durch einen Netzbody, der den Rücken frei ließ. Doch selbst Triumph ließ sich zu Neuerungen hinreißen, etwa mit seinem ersten Retro-Modell, der Wiederaufnahme eines Torseletts mit anhängendem, reizendem Spitzenröckchen. Triumph lieferte Anfang der Sechziger in aufregenden Ideen aus schwarzer Spitze, unterlegt mit Rosa ein Torselett, sehr schick, in der Werbung immer mit einem Mäntelchen darüber präsentiert. Wenn ein neues Produkt kam, erklärte uns Frau Marienhagen dieses eindrücklich. Ganz neu bei Frau Marienhagen und sehr beliebt war auch der »Roll-An« ohne Verschluss: Eine Art Gummischlauch, der von der Hüfte über die Taille bis zu den Rippen gezogen wurde und so jedes kleine Pölsterchen verschwinden ließ. Die guten Teile waren doch immer zu teuer, das konnte ich mir als Verkäuferin nicht leisten. Später, im eigenen Geschäft, versuchte ich dafür zu sorgen, dass meine Mitarbeiterinnen Trageproben von den Fabrikanten bekamen. Bei Frau Marienhagen lernte ich, mich so zu kleiden, dass wir Verkäuferinnen immer unter dem Level der Kundin blieben.

Für mich war die Strumpfhose eine Revolution, die ich herbeigesehnt hatte. Davor trug ich immer einen langen Büstenhalter mit Magenansatz, also ein bis über den Magen reichendes Oberteil, dazu ein Taillenmieder und einen Hüfthalter, später dann Miederhosen, damit die Oberschenkel

nicht so rausquollen. Perlonstrümpfe waren zwar durch die amerikanische Besatzung bekannt, doch sie waren viel zu teuer. Nahtstrümpfe waren der letzte Schrei. Wer sich die nicht leisten konnte, malte sich die Naht ganz einfach direkt aufs Bein. Das ging natürlich auch. Die ersten Perlonstrumpfhosen saßen allerdings noch nicht, da sie noch nicht rundgestrickt waren wie heute. Zudem war das Material nicht elastisch genug, die Strümpfe zogen Falten; oft aber gaben die Beine der Trägerin eine schöne Form einfach nicht her. Die ersten Strumpfhosen waren viel zu empfindlich, die Frauen zogen sie nur mit Handschuhen an. Dennoch: Endlich nicht mehr dieser nervöse Gedanke, wenn jetzt dein Strumpf rutscht. Nein, der saß, alles war abgeschlossen, blick- und zugdicht. Diese Neuerungen, die bequemer waren, setzten sich durch – nicht selten entgegen den Wünschen der Männer. Heute sind Strumpfhosen ein preiswerter Massenartikel.
Miederwaren fungierten nicht als Reizwäsche. Auszusehen wie die amerikanischen Pin-up-Girls kam nicht in Frage. Als anständige deutsche Frau durfte man das nicht, sonst bekam man keinen Mann mehr ab und hatte sich verschenkt. Alles, was mit dem Wort frivol, mit Sex zu tun hatte, war schlecht. Das tat man nicht. Trug eine etwa Strapse, war sie eine von den Frauen, die man kaufen konnte. Abends im Schlafzimmer hieß es: Licht aus. Bestimmt neunzig Prozent der deutschen Männer wussten nicht, wie ihre Frau ohne Korsett aussah.

Frau Marienhagen wollte nicht wieder heiraten, und dieses Solosein ließ ihrer Neigung zum Perfektionismus so jede Freiheit. Das Geschäft war ihr Leben. Es war ihr Geschäft und ihr Leben. Nicht meins. Nach nicht ganz einem Jahr zog ich weiter. Frau Marienhagen schloss ihre Berliner Institution wenige Jahre nach dem Mauerbau und ging nach Stuttgart. Das Eingesperrtsein auf dem internationalen Zankapfel bereitete ihr wie so vielen zu viel Angst und Unruhe. Den Grundstein zur Selbständigkeit, zur Qualität und zum Kundenservice hat Frau Marienhagen sicherlich bei mir gelegt.

Meine Ungeduld trieb mich an. Das Rastlose und die Ungeduld ziehen sich wie ein roter Faden durch mein ganzes Leben. Die nächste Station war eine Billigkaufhaus-, also eine Bilka-Filiale in der Wilmersdorfer Straße in Berlin-Charlottenburg, die zum Hertie-Konzern gehörte. Hertie setzt sich aus den Anfangsbuchstaben des Posener Weißwarenhändlers Hermann Tietz zusammen, dessen Nachfahren seinen wundersamen Aufstieg bis zur Arisierung fortführten. Geblieben ist das Kürzel. Beworben habe ich mich bei Hertie als Einkäuferin, aber verdammt, ich war Anfang 1964 immer noch keine einundzwanzig Jahre alt, immer noch zu jung – und damit nicht einmal unterschriftsberechtigt. Bei Bilka begann ich als Erstverkäuferin und bekam für meine Abteilung die Verantwortung übertragen. Aber um mit Fabrikanten als Einkäuferin zusammenzuarbeiten und mit ihnen Verträge aushandeln zu können und zu Fabriken und Manufakturen zu reisen, um die schönsten Exemplare zusammenzustellen, wie es mein Traum war, musste ich erst einmal einundzwanzig Jahre alt werden.

Bei Bilka verkehrte das Volk, das billig kaufen musste. Der Unterschied zu dem qualitativ hochwertigen Fachgeschäft bei Frau Marienhagen hätte nicht größer sein können. Die Damenwäsche bei Bilka konnte man zu Recht Liebestöter nennen. Das war wie für die lange Herrenunterhose aus Feinripp: Die Schlüpferhosen hatten Ausmaße, die, hingen

sie auch nur tatenlos auf der Leine oder lagen ausgebreitet auf dem Warentisch, einen das Fürchten lehren konnten.
Die Damenunterhosen hatten außen glattes Satin, innen aber waren sie angerauht und dadurch steif wie ein Brett. Bei Bilka gab es diese Schlüpfer bis Größe 54, und wenn man die Unterhose einfach so hinstellte, was bei dem Material durchaus möglich war, sah sie aus wie ein Zelt zum Hineinsteigen. Und dann hatten diese monströsen Unterhosen auch ein langes Bein bis zum Knie. Liebestöter eben, für sie wie für ihn. Verkaufen musste ich hier nicht, es wurde gekauft in der Sinneswahrnehmung von: heute so billig wie nie.
Heutzutage wirft Schiesser infolge der Retrowelle die Trikotqualitäten Feinripp, Mako-Porös und Doppelripp auf den Markt. Auf einmal fühlen sich die Besserverdienenden, die bei Manufactum und im Bioladen ihr Geld ausgeben, von den eigentlich als altbacken geltenden Stoffen, die zu Beginn der 1920er entwickelt wurden, angesprochen.
Für die Schnitte dienen heute die keuschen Spaghettiträgerhemdchen mit Spitzeneinsatz aus den dreißiger Jahren ebenso als Vorlage wie die klassische Herren-Sportjacke mit Kurzarm aus der ach so muffigen Nierentischdekade der Fünfziger. Die Slips, Hemdchen und Leibchen sind auf Friedhelm, Greta, Herbert und Lilly getauft und in Berlin-Mitte der letzte Schrei. Vielleicht auch ein Entsetzensschrei dann vor der Bettkante. Mit Sexyness hat diese Retrowelle nichts zu tun. Das ist so sexy wie ein Still-BH. In meiner »Lady M« führte ich kein Schiesser, kein Triumph, das ist nicht mein Level. Versace, Louis Ferraud, Aubade, Primadonna – alle guten Marken hatten einen Platz in meinen Regalen.

Bei Bilka war ich eine sehr strenge Chefin, eine mit ganz klaren Anweisungen an ihre Mitarbeiter, aber ich war nie arrogant oder überheblich. Als Erstverkäuferin bekam ich alles von der Zentrale vorgegeben. Ich durfte nur sagen, wie viele Hemdchen und Schlüpfer ich in Größe 38 oder doch lieber in Größe 52 bestellen wollte. Einen eigenen finanziellen Spielraum hatte ich nicht. Bei Bilka aber bekam ich die Verantwortung für das gesamte Lager, für meine Mitarbeiter, für den Verkauf und für den Umsatz. Genau das hatte ich gesucht.

Gegenüber von Bilka liegt eine Berliner Institution: das Rogacki, die Berliner sagen: Rockaggi. »Ick jeh nach Rockaggi 'rin, soll ick dir wat Schönet mitbringen?« Neben Salaten, Eingelegtem, Braten gab es dort auch frischen Fisch, gebraten. Ein Geruch und ein Geschmack, die mir den Magen umdrehen. Jeden Freitag kamen die Fischverkäuferinnen zu uns in die Abteilung mit ihrer Lohntüte. Sie rochen fürchterlich nach Fischbratfett. Bei den Anproben hielt ich die Luft an. Ein unhaltbarer Zustand, es war unmöglich, dass die Kundinnen nichts merkten. Ich hatte das Gefühl, als müssten sich alle Organe, die unterhalb der Luftröhre lagen, durch die Speiseröhre nach oben zwängen. Ich esse keinen Fisch, aber es waren Kundinnen, also mussten sie bedient werden.

Später, in meinem eigenen Geschäft, hatte ich eine Kundin, der gehörte eine alteingesessene Currywurst-Bude. Sie kam in einer Wolke von Curryketchup und Wurst, ihre Kleider und selbst ihr Geld rochen nach Currywurst. Hatte sie gezahlt, nahm ich sofort das Geld aus der Kasse und brachte es ins Hintere des Geschäfts. Sonst hätten alle meine schönen Teilchen nach Currywurst-Ketchup gerochen. Selbst das Hartgeld nahm den Geruch an.

Mit der Firmenzentrale handelte ich aus: Ein Jahr Bilka, um dann – endlich volljährig und geschäftsfähig – bei Hertie eine Einkäuferstelle zu bekommen. Das war der Deal. Ohne diese Abmachung wäre ich vermutlich nie zu Bilka gegangen, denn das Sortiment entsprach ganz klar nicht meinen Vorstellungen von Miederwaren, vom Bedienen und Verkaufen. Als Verkäuferin wollte ich mit schönen, modernen Mieder- und Wäscheteilen arbeiten. Und die gab es bei Bilka einfach nicht. Die Aussicht auf meine erste Anstellung als Einkäuferin machte jedoch all das wieder wett. Ich wähnte mich am Ziel. Endlich sollte ich Einkäuferin werden. Und das bei einem so großen Kaufhaus-Konzern. Mit gerade mal einundzwanzig Jahren wurde ich als Einkäuferin für Miederwaren in ein Hertie-Haus nach Esslingen am Neckar geschickt. Auf dem Schulatlas machte ich aus, wo dieses Esslingen lag. Auf der Schwäbischen Alb, bei Stuttgart.
Mit dem Anziehen des Triebwagens am übervollen Bahnhof Zoo, dem Kopfbahnhof von West nach Ost, schloss ich im Februar 1965 mit einem Knall das Schiebefenster. Ich platzte fast vor Aufregung: Ich brach ganz alleine in ein neues Leben auf!

Ich und die Schwaben

Kurz vor Esslingen, nachdem ich in Stuttgart umgestiegen war, war es, als müsste sich der Kurzzug durch eine Wand von Schnee in die Nachtschwärze graben. Nach über zwölf Stunden Fahrt kam ich an dem tief verschneiten Bahnhof in Esslingen an. Ich zerrte meine zwei großen Koffer aus dem Abteil und rief nach dem Gepäckträger. Nichts. Niemand rührte sich. Die Schneedecke lag fast unversehrt, so schnell fielen die Flocken und so wenige Menschen stiegen hier ein und aus, von denen einige mich mitleidig beäugten. Den immer noch gut gefüllten Proviantrucksack auf dem Rücken, ich hatte mir so viele Stullen geschmiert, dass sie für zwei, drei Tage in der Fremde reichen sollten, an jedem Arm einen immer schwereren Koffer tragend, betrat ich das kleine Bahnhofsgebäude. Abends um acht Uhr schlummerte die Halle in einem gelblichen, sparsamen Licht, menschenleer, zugezogen der Vorhang vor dem Schalterfensterchen. Kleine Fachwerkhäuser duckten sich unter niedrigen, von dicken Schneelasten beschützten Dächern, gleich würde der Nachtwächter sein Lied anstimmen mit seinem: »Hört ihr Leut' und lasst euch sagen: uns're Glock' hat eins geschlagen! Ist nur ein Gott in der Welt; ihm sei all's anheimgestellt. Menschenwachen kann nichts nützen; Gott muss wachen, Gott muss schützen. Herr, durch deine Güt' und Macht schenk uns eine gute Nacht!«

Willkommen in Esslingen, willkommen im Mittelalter. Willkommen hieß mich niemand.

Berlin war für mich der Nabel der Welt. Dass hier in Esslingen mit Einbruch der Dunkelheit die Bürgersteige hochgeklappt wurden und es eben keinen Gepäckträger gab, zu Hause wimmelten sie in ihren blauen Uniformen nur so auf Kundenfang, war mir unverständlich. Mühsam schleppte ich mich zu einem Einfamilienhaus im Ort, in dem ich eine Mansarde hatte mieten können. Erst nach längerem Warten wurde mir geöffnet. So spät läutete es hier nie an der Tür, zumindest nicht im Winter, da blieb jeder für sich am eigenen Herd. Eine Frau mit verbrauchtem Gesicht in Kittelschürze öffnete die Haustür einen Spaltbreit als wollte sie sagen: Wir kaufen nichts. Die Frau blieb stumm. Dann stieg sie mir voran die gebohnerten vier Treppen hinauf, und ich konnte mein Zimmer beziehen, in dem ein Heizlüfter wirbelte. Ein Krug mit überfrorenem Wasser zum Waschen, eine Waschschüssel, ein Bett, ein kleiner Tisch mit einem Stuhl vor dem zugigen Fenster, ein Nachttisch mit einer Nachttischlampe. Esslingen lag dunkel, als hätte jemand die Straßenbeleuchtung abgedreht.

Ich würde mich schon einleben, sagte ich mir, und freute mich auf Montag, meinen ersten Arbeitstag als Einkäuferin in Esslingen. Das kleine Hertie Waren- und Kaufhaus in der Bahnhofsstraße war mir auf meinem nächtlichen Weg nicht aufgefallen, so eingebettet lag es zwischen den schwarz-weißen Fachwerkhäusern mit ihren frommen Intarsiensprüchen. Das Kaufhaus bot zwei Stockwerke, und die Miederwarenabteilung lag, das kannte ich ja schon, in die hinterste Ecke gedrängt. Zwei Verkäuferinnen begrüßten mich mit aller sauertöpfischen Strenge, zu der sie mir

gegenüber, diesem jungen Ding aus Berlin, denn fähig waren.
»Ja, dann wollen wir mal!«, sagte ich und rieb mir hoffnungsfroh die Hände. »Wie wäre es denn, wenn wir das Lager neu strukturieren, die wichtigen Produkte, die wir täglich brauchen, nach vorne holen? Damit wir nicht jedes Mal wieder ganz nach hinten kriechen müssen?«
»Desch hamma noch nie so tue! Desch müsche mer net!«
Veränderungen, da bricht ja die Welt zusammen. Wer Veränderungen will, der führt etwas Böses im Schilde.

Ich brauchte meine ganze Kraft, um mich umzustellen. Das Fräulein Bruse ist jung, die spricht anders und viel zu schnell und hat einen Düsenantrieb im Hintern. Die kommt aus Berlin. Berlin, das war doch diese Stadt, in der Adolf Hitler den Krieg verloren hat und das schöne Deutschland in den Abgrund gezogen hatte. Der Krieg war auf der Schwäbischen Alb so weit weg wie der Mann im Mond. In den ersten Gesprächen im Plauderton, bei denen ich mich sehr anstrengen musste, um überhaupt etwas verstehen und antworten zu können, ging es meist um Berlin. Wie es sich dort lebe, so eingesperrt, drum herum die Zone, die Russen, das sei doch schrecklich. Die Russen, dieser Begriff ließ die ältlichen Damen genüsslich erschauern. Herauszuhören war auch, dass sie es als Süddeutsche doch schwer verstünden, warum man diese Ruinenstadt nicht einfach aufgibt, denn schließlich werde sie ja nur künstlich, mit den finanziellen Zuschüssen aus dem Westen und den eigenen, schwer verdienten schönen Steuergeldern am Leben gehalten. Sprach ich mit den Schwaben über Berlin, war immer ein wenig Neid und Missgunst herauszuhören.

Zu uns in die Miederwarenabteilung kamen in der Regel ältere Frauen, in der Mehrzahl Bäuerinnen, direkt vom Feld mit ihren Schnürkorsetts, die sie, als es dem Frühjahr zuging, zum einjährigen Waschen brachten. Die Schnürkorsetts, also Korsetts mit Trägern und mit Büstenhalter, reichten bis über den Steiß. Es waren recht schwere und unhandliche Monstrositäten, mit festen Stangen und aus dicken Jacquard-Stoffen. Diese Gebilde konnten die Frauen mit der Wurzelbürste auf ihren Waschbrettern nicht selbst waschen. Und in den Kochkessel durften sie nicht. Eine Waschmaschine hatte noch keine von ihnen, und aufgrund der schweren Stangen konnte das Korsett nicht ausgewrungen werden. Zwar trugen die meisten Schwäbinnen unter dem Schnürmieder ein Hemdchen, dadurch wurde das Korsett nicht ganz so schmutzig. Doch das Schnürkorsett zog sich bis hinten über den Po. Und so weit nach unten reichte das Hemdchen nicht. In Berlin trug kaum noch eine Frau Schnürkorsett.
Die lang gedienten Korsett- und Miederwarenverkäuferinnen packten ihren Kundinnen einfach an den Busen, hoben ihn an, wogen ihn in Sekundenschnelle und passten den Büstenhalter an. Meine insgesamt fünf Verkäuferinnen, alle vom alten Schlag, hatten mit Mode und Beratung nichts am Hut. Den Kundinnen wurde einfach über den Mund gefahren. Anfang der Sechziger, als es in allen Bereichen und eben auch im Miederwarenbereich entscheidende Neuerungen gab, fühlten sich die schwäbischen Frauen im Schnürkorsett wohl, das kannten und das trugen sie, wie gehabt. Wenn sie schwere Arbeiten zu verrichteten hatten, hatte ein Schnürmieder echte Vorzüge: So ein Korsett mit festen Stangen gab dem Körper den nötigen Halt und machte die Frauen in sich stabil.

Allzu gerne hätte ich geredet oder Ideen entwickelt. Aber genau das war in Esslingen nicht erwünscht. Es war einfach überflüssig. Ich war ja jung und kam aus der Großstadt. Also habe ich die Innendekoration modernisiert, die Schaufenster mit Blickfängen interessanter gestaltet, gar einen modischen Büstenhalter oder einen Slip in die Auslage gelegt. Verkauft wurden die selten. Vielleicht schon mal in Stuttgart, aber in Esslingen? Nein. Meine ganze Organisation war auf schnelle Wege und kurze Abläufe ausgerichtet, denn meine Vorstellung, wie Geschäfte zu machen sind, hatte nichts mit dem Althergebrachten zu tun. Stabile Umsätze, die reichten mir nicht. Den Verkauf wollte ich steigern, indem ich meine Mitarbeiter neu motivierte. Pustekuchen. Ich lag mit meinem Warenangebot immer dann richtig, wenn ich genau das anpries, was die werte Kundschaft gewohnt war. Die Umsätze blieben, wie sie waren. Für mich bedeutete es Stillstand.

Die Schwäbinnen konnte ich einfach nicht verstehen: »So, au dô?« Das meinte guten Tag. »Guad g'aggarad isch halb düngd.« – Gut geackert ist schon halb gedüngt. Meine freundlichen Bitten um Wiederholung wurden mit Nichtachtung abgestraft. Eine Fremde, nein, mit der sprachen diese Frauen mit den geflochtenen Hochsteckfrisuren nicht, schon gar nicht über ihre Miederwaren. Wenn am Samstag die Bäuerinnen aus den hintersten Winkeln der Schwäbischen Alb kamen, wurde ich einfach wüst beschimpft. Weil ich sie nicht verstand: »Vorschtandad Sia koi Deitsch, Sia bluadige Hennakepf?«

Ich hätte genauso gut nach Afrika gehen können. Für die Menschen dort blieb ich eine Ausländerin, der wie allen Zugezogenen, nach dem Krieg musste die Stadt etwa 50 000 Flüchtlinge aufnehmen, mehr oder minder offenes

Misstrauen entgegengebracht wurde. Alle waren so knallgesund und rechtschaffen. Wenn ich in der Mittagspause von der Bahnhofstraße in die Pliensaustraße, dann die Küferstraße entlang schlenderte, war niemand zu sehen. Von der Neckarinsel wehte der Frühlingswind die traurigen Schreie der Papageien aus dem Tierpark Nymphea hinauf. Mittags und abends lag die Stadt wie tot. Nur zu den Arbeitszeiten fuhr einmal ein Auto, bewegten sich die Esslinger fleißig und zielstrebig auf ihren Gängen, ohne nach rechts oder links zu sehen. Mal ein Eis essen gehen oder gar allein ein Bier, hier hieß das Tannenzäpfle, trinken wollen? Nein, ich hatte hier gar nichts zu wollen. Der Schwaben liebstes Gebäck, die Laugenbretzel, konnte ich mir nicht einfach kaufen mit: »Eine Bretzel, bitte.« »Nein, Si han'ne au nô net hier gsäha, sin Si neu zuzôga? Bretzeln, nô, Bretz.« Dazu vom Metzger »Wurscht ond Floisch«, da gab es die Gelbwurscht, innen mit der grüngelblichen Farbe einer Wasserleiche, Leberkäs, Presssack, Schingawurscht, Schwartamaga oder Beitschaschtegga, Landjäger, die sich prima hielten und die ich in meinem Zimmer fürs Abendbrot hortete. Maultaschen gingen ja noch. Aber warum mussten Linsen und Spätzle, zwei Dickmacher zusammen, auf dem Teller liegen? Kroch mit dem Samstag das leere Wochenende heran, stiegen die Schmerzen unaufhaltsam aus dem Steißbein den Rücken hinauf, bis ich mich nicht mehr bewegen konnte. Weinend, vor Schmerz aufschluchzend, quälte ich mich die zwei Treppen von der Mansarde bis zum auf dem nächsten Absatz gelegenen Örtchen. Von der Familie, bei der ich mietete, kam kein nettes Wort. Am Montag stand ich wieder im Geschäft und durfte mich nicht aufstützen. Irgendwann verflog der Schmerz, doch die Angst und der Respekt, er könnte mich gleich wieder besetzen, ließ mich vorsichtig sein. Meine Mutter war weit weg und konnte mir nicht helfen. »Halte durch«, sagte sie, »im Nachhinein ist vieles gar nicht so schlimm.« Doch die Zeit auf der Schwäbischen Alb, bei der vielleicht letzten Bastion der Schnürmiederträgerinnen, erscheint mir heute noch als eine furchtbare und auch seltsame Zeit. Ich war wie gelähmt durch die Grenzen, die mir die Menschen täglich aufzeigten. Sie mögen ja kreativ im Kleinen sein, aber leben eher nach dem Motto: »Warum woanders einkaufen? Machen wir selbst.« So sind die Firmen dort entstanden, es waren Tüftler, die Miederwaren nähen konnten, und Tüftler, die am Bodensee Raketen bauten. Einer dieser findigen Schwaben, Siegfried Lindauer aus dem schwäbischen Bad Cannstatt, ließ 1912 die ersten Büstenhalter »Hautana« aus elastischem Trikotgewebe ohne lästige Längs- und Querstützen industriell herstellen. Er warb mit: »Frauenschönheit ist Frauenmacht« und »Bergauf, bergab, durch Wald und Feld/Hautana straff den Körper hält«. Zwischen 1887 und 1914 meldeten sieben Erfinder aus fünf verschiedenen Ländern eine Art BH zum Patent an. Darunter befand sich die Dresdnerin Christine Hardt mit ihrem »Brustträger« aus zusammengeknüpften Taschentüchern und Männerhosenträgern. Die britische Variante des »Brustverbesserers« war aus Draht und Seide geformt. Während des Ersten Weltkriegs war der Siegeszug des BHs nicht mehr aufzuhalten: Die Frauen mussten die Männer in den Fabriken ersetzen, für aufwendige Schnürung war keine Zeit mehr. Und die Garçonne der zwanziger Jahre hatte sich mit einem Büstenhalter, der alles platt hielt, meilenweit vom Korsett der Kaiserzeit verabschiedet.

Leibwäsche musste schützen, wärmen, stützen, formen und verhüllen. Von Tanga und Bikini war noch keine Rede. Im Zuge meiner Einkaufsreisen verhandelte ich vor allem mit den Firmen SUSA und Triumph mit Sitz in Heubach, und mit Naturana in Gomaringen. Mit dem Schwerpunkt auf Passform und Qualität war Triumph, gegründet 1886 als eine klassische Korsettmanufaktur in einer kleinen Scheune im schwäbischen Heubach, auch international früh erfolgreich und hatte schon in den sechziger Jahren Niederlassungen in Hongkong. Das Traditionsunternehmen SUSA, die Schneider und Sohn AG, ebenfalls aus Heubach, wurde bereits 1859 als kleine Korsettmanufaktur von Gottfried Schneider, dem Sohn einer alteingesessenen Weberfamilie aus Heubach gegründet.

Bevor Triumph begann, wie viele andere große Fabriken, ihre Produktion in die Billiglohnländer nach Fernost auszulagern, ratterten in den Heubacher Nähsälen die tausend Nähmaschinen von tausend Näherinnen. Sie saßen dort in ihren Kitteln und vollführten die immer gleichen perfektionierten Handgriffe. Es war so ohrenbetäubend laut, dass niemand sein eigenes Wort verstanden hätte. An den Stirnseiten des Nähsaales hingen große runde Uhren, die das zähe Voranschreiten der Stunden ankündigten. Da dachte ich bei mir: »Zum Glück bist du diejenige, die das Produkt verkaufen darf und nicht nähen muss.« Mich erfüllte ein Gefühl von Größe, ein unumwundener Stolz auf meine Arbeit. In diesem Nähsaal entwickelte ich erstmals ein Bewusstsein dafür, wie viel Kenntnis und Arbeit und Zeit das Nähen eines Büstenhalters bedarf. Es war faszinierend, wie diese Frauen da saßen und nähten, nähten, nähten.

Auch mit meinen Kolleginnen hatte ich von Anfang an keinen tieferen Kontakt, schon allein aus dem Grund, weil ich mich am Arbeitsplatz viel zu schnell bewegte, zu schnell redete, zu schnell dachte. Wenn ich mich hinter dem Verkaufstresen hundertmal drehte, drehten die Schwäbinnen

sich einmal. Ich war ja ein Mensch, der es gewohnt war, sehr offen zu sein und auf andere zuzugehen. Und auch in Esslingen habe ich versucht, auf die Menschen zuzugehen. Aber das wollten die dort gar nicht. Ich war für schwäbische Verhältnisse einfach zu direkt, zu intensiv und aus deren Sicht zu aufdringlich. Das hat die Schwaben völlig irritiert. Also saß ich am Wochenende in meinem möblierten Zimmer, wartete auf Montag, las und aß langsam, aber unaufhaltsam Stück für Stück hintereinander eine Tafel Schokolade, wohl wissend, dass sonst nur noch Butterstullen, ein Glas der hier heimischen Hengstenberger Gurken und Haferflocken mit Wasser und Zucker vorgesehen waren. Doch eine Tafel Schokolade musste ich haben, das waren die einzigen Glücksmomente. Von meinem geringen Gehalt bezahlte ich mein Zimmer, mein Essen und was sonst noch anfiel. Die Strumpfhosen trug ich ab Mitte des Monats auf links gedreht, damit die Laufmaschen innen liefen und nicht zu sehen waren. Für ein neues Paar war wirklich kein Geld da. Solche karge Zeiten kann ich schon mal aushalten, aber eigentlich nur, wenn ich Menschen um mich herum habe, mit denen ich Spaß und Freude teilen kann.
Sonntags brachte mich manchmal die Bimmelbahn nach Stuttgart. Angekommen ohne ein Ziel, wechselte ich erst einmal den Bahnsteig und setzte mich auf eine Bank. Viele der italienischen Fremdarbeiter taten es mir gleich. Auch sie hatten Heimweh, bissen in ihre tiefroten Salamiwürste und sahen den Zügen beim Ein- und Abfahren zu. Einmal offerierte mir ein junger Mann etwas Süßes, »un dolce«. Zögernd nahm ich an und bedankte mich freundlich. In seinen Augen fand ich die gleiche Verlorenheit und Sehnsucht wie bei mir. Wie Brüder im Geiste versicherten wir uns nickend ein kurzzeitiges gegenseitiges Verständnis, ein Einverständ-

nis, das wir niemals unter den Schwaben gefunden hätten. In der lachenden Redefreude der Italiener auf dem Bahnsteig fühlte ich mich etwas weniger allein. Manchmal machte ich den beschwerlichen Aufstieg zum Schloss Solitude, um von dort oben über die Stadt zu blicken und mir Flügel zu wünschen. Bei Regen schlenderte ich durch die unterirdische Bahnhofspassage, die Klettpassage, mit den geschlossenen Geschäften, das taten auch die Stuttgarter am Sonntag.

Als ich an einem dieser Sonntage durch diese Passage spazierte, lernte ich einen jungen Mann aus dem Hessischen kennen. Er fragte mich, ob wir nicht einmal in die Spielbank nach Baden-Baden gehen wollten. Marlene Dietrich solle gesagt haben, das Casino dort sei das schönste der Welt. Baden-Baden war einfach mit der Bahn zu erreichen. Aber sollte ich als Unverheiratete mit einem mir zwar sympathischen, aber völlig unbekannten jungen Mann in eine Spielbank fahren? Mutter in Berlin fragte ich besser nicht um Rat. 460 Mark verdiente ich im Monat. Ein Besuch in der Spielbank war völlig idiotisch. Schließlich willigte ich ein. Hauptsache raus aus Esslingen. Unter der Woche ging ich zur Sparkasse und hob 150 Mark ab. Ein Riesenbatzen im Portemonnaie. Ich dachte mir: Dann gibt es eben nichts zu essen für den Rest des Monats, auch nicht weiter schlimm. Schon am Bahnhof in Baden-Baden tickten die Uhren anders: langsamer, gesetzter, geschuldet der prachtvollen, aufwendigen Eleganz der vergangenen Jahrhunderte, in denen das Geld diese Stadt wachsen ließ und regierte. In Baden-Baden stiegen Herrschaften ab mit dem Duktus derer, die das ganze Jahr über gewohnt sind, im Hotel zu leben, und auf gewohnten Luxus so schlecht verzichten können wie auf das Silber für den Nachmittagstee und den Kaviar zum

Champagner. Natürlich, nach Baden-Baden reiste man vornehmlich zur Kur, um sich dieser im Thermalbad zu unterziehen. Tagsüber also im Blubberbad, abends dann die rollende Kugel. Wir traten ein durch die vor zweihundert Jahren nach Pariser Entwürfen errichtete prunkvolle Lobby, und der tiefrote, hohe Teppich verschluckte alles Laute schon, als wir die Mäntel abgaben und uns unsere Jetons aushändigen ließen. Ich kam gar nicht dazu, mich meines bescheidenen Aufzugs zu schämen. In dieser gedämpften Atmosphäre klirrten leise die Brillanten an den durch die Jahre in die Länge eines Kinderzeigefingers gezogenen Ohrläppchen der faltigen Witwen, raschelten die brokaten Abendroben, wenn die alten Damen, am Spieltisch sitzend, in stummer Selbstverständlichkeit den hinter ihnen stehenden jungen, hübschen Männern die Jetons reichten, die diese dann setzen durften. Die Luft war geschwängert von Zigarettenrauch und die Wesen um den Spieltisch saßen dort wie Schemen aus einer anderen, fernen Zeit, der Belle Époque. Es roch förmlich nach Geld. In Baden-Baden war der Reichtum deutlich spürbar, so, wie ich es bis dahin nie erlebt hatte. Mir sind schier die Augen aus dem Kopf gefallen. Dann setzten wir uns an einen der Tisch, der Croupier nickte uns höflich zu, und ich werde dieses Geräusch niemals vergessen: das Geräusch der Jetons. Gespielt wurde mit metallenen Münzen, nicht mit Plastik-Jetons. Führte der Croupier mit seinen weit ausholenden Armbewegungen die Münzen zusammen, ergab sich ein Klirren von Geld, Reichtum und Luxus, ein Geräusch, das mich von Kopf bis Fuß schaudern ließ. Heidi Bruse war nur noch Staunen. Ich habe meine 150 Mark natürlich verspielt. Den letzten Jeton wollte ich mir als Andenken aufheben. Doch der letzte Jeton, räusperte sich mein Begleiter, der ebenfalls alles verloren hatte, soll ja

Glück bringen. Natürlich hat er gar kein Glück gebracht. Das ganze Geld war futsch. Wir hatten zwar unsere Rückfahrkarte, aber nicht einmal mehr eine müde Mark, um uns noch ein Würstchen oder Sonstiges zu kaufen. Aber das war mir schnuppe.

Die Spielbank entlässt ihre Gewinner und Verlierer hinaus auf die Kaiserallee. Rechts und links prunken die größten Juweliere mit dem schönsten Schmuck in ihren Auslagen. »Ha«, dachte ich mir, »wenn jetzt ein Dieb seinen Coup erfolgreich hinter sich gebracht hätte, das Schaufenster zerschlagen, die Tür offen liegen würde, ich würde hineingehen und mir ebenfalls nehmen, so viel ich tragen kann.« Durch all den Reichtum und den Luxus im Casino war die Gier in mir derart geweckt, dass ich einfach nur noch mehr haben wollte. Ich wurde mir selbst ein wenig unheimlich. Vor der Spielbank, ihrem Sog und ihrer Faszination fühlte ich Respekt. Finger weg! Das Spielen hat mich sehr gereizt, und es hätte mich Kopf und Kragen kosten mögen. Vielleicht hätte sich auch mein Verstand eingeschaltet? Es ging mir um den Rausch. Und dieser Rausch war der einer Süchtigen. Baden-Baden, das war wie der Eintritt in eine zuvor verschlossene, märchenhafte Welt voller Reichtum und Luxus, in die ich noch nie geblickt hatte. Ich war dort nicht wieder zu Gast, denn angesichts der verspielten 150 Euro musste ich danach immerhin einen Monat lang hungern. Da war dieses Flair, das mich von Anfang an faszinierte, dieser dezente, glimmende Hauch von Luxus, den später die Dessous immer für mich bedeuteten. Es war mir immer wichtig, dass in meiner Abteilung oder später in meinem eigenen Geschäft eine gewisse Atmosphäre herrschte, dass die Qualität, das Ambiente stimmte, dass das Produkt selbst unaufdringliche Eleganz hergab. Stil und Niveau wollte ich vermitteln.

Die wenigen Monate in der Isolation in Esslingen zeigten mir, dass ich etwas ändern musste. Nur wie? Ich konnte doch nicht einfach kündigen, das wäre eine Niederlage gewesen. Aber als ich so jung war, habe ich einfach nicht verstanden, woran es lag, dass ich mit den Menschen vor Ort so gar nicht konnte. In Esslingen nahm ich zum ersten und zum einzigen Mal im Leben ab. Ganze 15 Pfund. Daran konnte man wirklich sehen, dass es mir nicht gutging, weil ich eigentlich nie abnehme.

Nach einem Vierteljahr, auf einer Kollektionspräsentation in der Hertie-Zentrale in Frankfurt-Höchst, packte ich den ganzen Mut meiner einundzwanzig Jahre zusammen und sagte mit der Kraft der Verzweiflung zu meiner Vorgesetzten, der Hertie-Zentraleinkäuferin: »Wenn Sie Ihre beste Einkäuferin verlieren wollen, dann lassen Sie mich hier. Ansonsten versetzen Sie mich.« Heute noch wundere ich mich über all meinen Mut, den ich in dieser Sekunde zusammennahm. Dass ich mich das traute! Aber ich behielt recht und wurde endlich versetzt. Jedenfalls wurde ich in ein größeres Hertie-Haus versetzt. Und zwar nach Frankfurt-Höchst.

Höchstform in Höchst

Das Frankfurter Hertie-Haus lag an der Königsteiner Straße, einer dichtbefahrenen vierspurigen Verkehrstrasse, die die gut betuchte Kundschaft aus dem Taunus in die Stadt ließ. In Kronberg, Bad Soden, Oberursel, in Bad Homberg wohnt das Geld, und die Frauen plagt die Langeweile. Zwischen reiten und Gutes tun passt immer noch ein Einkauf. Beliebtes Ziel war das erste deutsche Einkaufszentrum, das Main-Taunus-Zentrum. Doch auch Hertie profitierte von der Kauflust der einsamen Ehefrauen auf der Suche nach Neuerungen für Kleiderschrank und Schubladen.

Das Gros der Kundinnen aber waren Arbeiterinnen, die zur 30 000 Mann und Frau starken Belegschaft der Hoechst Farbwerke gehörten. Die Türme und Fabrikanlagen der Hoechst Werke dominierten diesen Frankfurter Stadtteil, dessen Grau im Frühjahr und Herbst immer wieder bei Temperaturschwankungen von einer zuckrigen Schicht weißen Industrieschnees überzogen wurde. Zum Ende des Monats kamen die Frauen mit ihren papiernen Lohntüten, auf denen in akribischer Buchhalterschönschrift die Abrechnung mit Brutto- und Nettolohn verzeichnet war. Mitte der sechziger Jahre konnte und wollte jeder konsumieren. Konsum gehörte plötzlich zum Leben dazu, sich etwas zu leisten: ein neues Auto, einen Fernseher, eine Moulinex

und einen Büstenhalter. Alles war leicht, alles schien möglich.
Den günstigsten BH bekam man bei Hertie für 9,95 D-Mark im Angebot, den teuersten für 24,90, doch die Kundin konnte auch 89,90 D-Mark für ein Korsett ausgeben. Noch konnten wir die Kundin leiten: »Das ist gut für Sie, das brauchen Sie für Ihre Hüften.« Doch der Branche dämmerte endlich, da sind Millionen von Frauen, die nichts lieber täten, als sich von ihren alten Miederwaren zu befreien, um sich etwas wirklich Neues, etwas Hübsches zu kaufen. Die Frauen waren einfach ganz wild auf alles, was neu war. Alles, was Brust und Taille betonte, wurde gekauft. Mitte der Sechziger wurden die Büstenhalter spitz wie die Spritztüten für Torten. Groß in Mode war der Büstenhalter »russische Form«, ein BH aus Perlonmaterial oder Satin, bei dem das Körbchen rund gesteppt war und vorne in zwei ganz dünne Spitzen mündete. Der Büstenhalter machte einen absolut spitzen Busen, ganz wie eine Waffe. Um

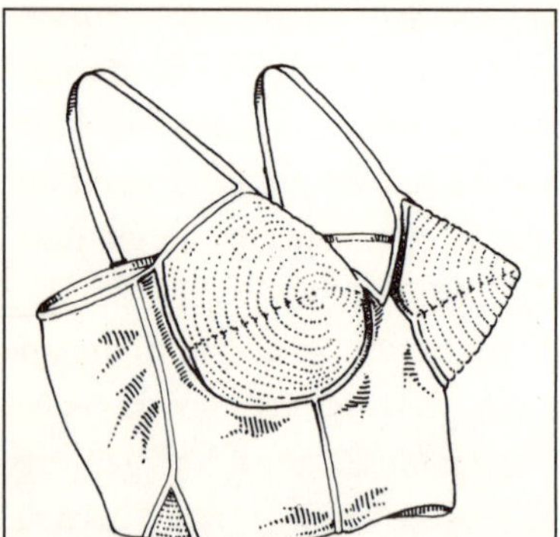

auszusehen wie die üppigen Hollywood-Schönheiten Marilyn Monroe, Liz Taylor und Sophia Loren, behalfen sich viele mit Watte, denn sie hatten nicht die passende Brustform. Jean Paul Gaultier wiederholte diese Spritztüten für Madonna in den Neunzigern. Dazu trug frau die Wespentaille, die ich nicht hatte. Auch die Amerikaner kamen mit

ihrem Cone-BH oder Bullet-BH, zu Deutsch Spitz-Büstenhalter auf den Markt. Noch waren wir in den sechziger Jahren kein Absatzmarkt für die innovativen, aber viel zu frivolen Franzosen. Heute sind wir der beste Absatzmarkt. Aber auch der härteste. Wenn ein Hersteller es auf dem Weltmarkt schaffen will, muss er am deutschen Markt bestehen, denn die deutsche Frau ist überaus pingelig und von Qualität und Passform geradezu besessen.
Wieder war ich im Juni 1965 die Neue. Der gesamten Belegschaft schüttelte ich die Hand und versuchte mir die Namen meiner vier Damen zu merken, mit denen ich in der Abteilung zusammenarbeitete. Die persönliche Anrede war und ist für mich ein Muss. Guten Tag, Heide Bruse, aus Berlin, ja, kräftig mit der Rechten drücken und in die Augen schauen. Schließlich beorderte mich Herr Kramer, der Geschäftsführer des Hauses, in sein Büro. Er saß hinter seinem Schreibtisch und ließ mich stehen, ohne mir einen Stuhl anzubieten. Dabei musterte er mich von Kopf bis Fuß und sagte keinen Ton. Herr Kramer war etwa über fünfzig, das wenige verbliebene Haupthaar ließ seine glänzende Kopfhaut sichtbar werden, er war ziemlich klein und mit einem luftballongroßen Kugelbauch ausgestattet. Mit einiger Anstrengung schob er seinen Oberkörper an der Stuhllehne empor, um größer zu wirken, während seine Beine ohne Bodenhaftung unter dem Schreibtisch baumelten. Herr Kramer murmelte nur: »Ah ja. Hm. Hm. Zu jung.« Eine Frau, Anfang zwanzig, ehrgeizig, erfolgreich, und schon als Einkäuferin bei Hertie tätig, das konnte nicht mit rechten Dingen zugehen. Allein mein Dasein in seinem Büro bedeutete für ihn schon eine Provokation. Dass ich da stand und es wagte, den Mund aufzumachen und ihn anzusprechen, mit natürlich rein fachlichen Fragen. Ich passte nicht in sein Rollenverständnis. Da musste etwas

anderes im Spiel sein, Beziehungen, ein Verhältnis in den oberen Etagen oder dergleichen. Ich fragte Herrn Kramer etwa, ob es in seinem Haus üblich wäre, Überstunden zu machen, und ob er erwarte, dass ich öfters länger bliebe. Herr Kramer, in etwas schärferem Ton: »Eine gute Einkäuferin schafft ihre Arbeit auch während der Arbeitszeit.« Herr Kramer gehörte zu einer Generation von Männern, die sehr hierarchisch dachten und sich als selbstherrliche Gockel aufführten. Eigentlich lächerlich, doch Herr Kramer, ein wirklich unangenehmer Mensch vom Typ Wadenbeißer, schaffte es, eine Atmosphäre der Angst unter seinem Mitarbeiterstab zu verbreiten. Willkürlich kritisierte er seine Mitarbeiter. War das HB-Männchen schon eine Karikatur auf einen wichtigtuerischen Hektiker, der mit einer Zigarette und dem Spruch: »Wer wird denn gleich in die Luft gehen!«, beruhigt werden sollte, erschien mir Herr Kramer als die Karikatur der Karikatur. Einer, der es nötig hatte, sich unablässig auf Kosten anderer mit seiner laut bellenden Art größer zu machen. Herr Kramer ließ mich gerne in sein Büro kommen, schlug in einem Katalog eine Seite auf, zeigte auf ein Produkt und fragte: »Haben Sie diesen Artikel, Fräulein Bruse?«
Ich antwortete wahrheitsgemäß: »Nein, diesen Artikel habe ich nicht vorrätig.«
Er erwiderte: »Ja, warum haben Sie ihn denn nicht?«
Ich wiederholte: »Nein, das kann ich nicht verkaufen.« Darauf erwiderte er nur: »Ja, wenn Sie es nicht haben, können Sie es natürlich nicht verkaufen«, und schlug mit der flachen Hand auf den Katalog: Also, überführt! Kramer ging wieder in die Luft. Demnächst würde ich diesen Büstenhalter, diese Miederhose im Programm haben. Er hatte ja recht, woher weiß ich, dass ich etwas nicht verkaufen kann, wenn ich es nicht ausprobiere.

So ein Chef kann einen den ganzen Tag durch den Laden jagen, der kann einen fertigmachen, und einige Mitarbeiter hatten unter ihm wirklich sehr zu leiden. Ohne jede Begründung beschnitt er mir eines Tages den Platz und rückte wortlos die Rolltische zusammen. Der Sommer stand ins Haus, und ich wusste nicht wohin mit meinen Badeanzügen und Bikinis. Und vor allem mit den neuen, schicken Monokinis. Der Monokini von Rudi Gernreich, einem schwulen Modeschöpfer mit jüdisch-wienerischen Wurzeln, der in die USA emigrieren konnte, war ein Skandal: Er bestand nur aus einer kurzen Hose, die bis unter die Rippen reichte, und zwei Trägern, die sich vor den Nippeln kreuzten und die Brüste selbst somit unbedeckt ließen.

In der Mittagspause kaufte ich mir eine Wäscheleine und Klammern, schon baumelte bunt die Bademode von der Leine mitten durch die Miederwarenabteilung wie auf einer neapolitanischen Piazza. Kramer platzte fast vor Wut. Er verkörperte ein klassisches Führungsverständnis, allerdings ohne jegliche menschliche Komponente. Man musste eben seine Leistung erbringen. Und wer das nicht tat, bekam die Abstrafung deutlich zu spüren. Bei denen, die ihre Abteilung in Schuss hielten, ließ Kramer mal fünf gerade sein. Wir, die Jüngeren bei Hertie, dehnten im Sommer gern unsere Mittagspause im Schwimmbad aus und lagen in der Sonne, bis wir so kross waren wie die Pommes mit der Mayo, die wir uns gegenseitig von den Fingern schleckten.

Beim Einkaufen habe ich weniger an die Kundin gedacht: Wenn die Produkte gut sind, will ich sie einfach haben. Um meine Saison zu planen, fuhr ich jeweils im Herbst für die Frühjahrskollektion und im Frühjahr für die Herbstkollektion zu den Fabrikanten, die nach wie vor auf der Schwäbischen Alb ihre Standorte hatten, und etwa viermal im Monat nach Frankfurt, in die Stadt. Frankfurt war recht unangenehm: Das Rotlichtviertel lag direkt beim Bahnhof, und auch tagsüber wurde mir, alleine unterwegs, als Frau sofort Geld angeboten. Wenn ich in kleinen Orten war, wurde ich abends meist von den Fabrikanten eingeladen. Die Textilindustrie sowie die Wäsche- und Miederwarenfabrikationen lagen zum größten Teil im Schwäbischen, und ich gebe zu, dass ich mich dort aufgehobener fühlte als in der nächtlichen Großstadt von Frankfurt. Als Einkäuferin wurde ich regelrecht hofiert: »Möchten Sie Ihr Spiegelei doppelt gebraten?« Das war ja etwas ganz und gar anderes, als wenn ich im Geschäft stand und etwas verkaufen musste. Doch ich habe immer gerne selbst verkauft, denn nur, wenn du an der Front stehst, weißt du Bescheid: Wie ticken die Frauen eigentlich? Dafür muss man mit in die Kabine, ganz so wie bei Frau Marienhagen. Hier ein bisschen zupfen, dehnen. In der Kabine atmen die Kundin und ich auf engem Raum, natürlich vermied ich es, Zwiebeln oder gar Knoblauch zu essen. Denn nur so, nur so dicht an der Kundin, bekomme ich das Gespür: Was ist machbar? Ich will die Kundin, sie ist ja Nichtwisserin, aus ihrem Denken heraus ändern, damit sie besser aussehen kann und sich besser fühlt. Ich will ihr klarmachen, wie nötig sie das hat. Nicht erst abwarten, bis vielleicht die Kundin fragt, nein, immer entgegenkommend: »Ich habe etwas für Sie. Etwas Schönes.« Frauen sind ja von Natur aus neugierig, und das liebe ich. Männer dagegen tragen jahrzehntelang ihre Hanne-Unterhosen, die nicht besonders sexy aussehen: aus feinem Doppelripp mit einem Gummibandbündchen.

Gereist war ich privat kaum, und von der großen Welt hatte ich noch nicht viel gesehen. 1965, mit zweiundzwanzig Jahren, erhielt ich eine Einladung des US-Herstellers Exquisite Form in die Firmenzentrale nach Duisburg. Das musste ich natürlich erst mit meinem Chef besprechen, aber wenn man mir dort ein paar Sonderangebote offerierte, mit denen ich ein gutes Geschäft hätte machen können, warum nicht. Der Verkaufsleiter von Exquisite Form, ein junger hübscher Mann mit schnellem Witz, bestellte mir eine Suite. Eine Suite? Ich war schockiert. Suite klang französisch, und ich stellte mir unter einer Suite etwas ganz und gar Unanständiges vor. Sowohl der Verkaufsleiter, der mir den Vorschlag unterbreitete, als auch der Firmeninhaber seien an einem solchen Treffen interessiert. In einer Suite? Schließlich nahm ich meinen ganzen Mut zusammen und fragte: »Das hört sich ja alles ganz spannend an. Aber was ist bitte eine Suite?« In Duisburg schlief ich in einem alten, sehr barock ausgestatteten Hotel. Ich fühlte mich wie eine Königin in ihrem seidenüberzogenen Himmelbett. Am nächsten Tag schlug mir der nette Verkaufsleiter, der das Flirten nicht lassen konnte, vor: »Fräulein Bruse, nehmen Sie doch mal eine größere Menge von diesen Miederhosen.« Er meinte, fünfhundert Stück würde ich locker loswerden. Die Miederhosen lösten die Hüfthalter ab. Die Frauen trugen Taillen- und Korsagenkleider, und sie brauchten ein formendes Mieder, sonst saßen diese schönen, weiblich beschwingten Kleider nicht. Exquisite Form lieferte eine echte Neuerung in Sachen Miederhosen, seitlich eingearbeitetes Lycra-Satin, nur längs elastisch – der Kundin zum Vorteil gereichend, denn Oberschenkel und Hüften wurden sehr schlank geformt. Die Miederhosen waren nicht wirklich schön, es gab sie mit langem Bein und als Miederslip. Eine echte Innovation, aber diesen Berg Miederhosen wird doch niemand los? Das war ein Denkfehler, denn: Wer viel hat, kann viel verkaufen.

Bei der samstäglichen Einkäuferbesprechung, die der Geschäftsführer einberief, um neue Ideen zu besprechen, meldete ich mich immer für den Sondertisch, für den es vierzehn Tage Vorlauf gab. In diesen zwei Wochen ließ sich immer etwas Hübsches finden, Büstenhalter oder Slips, aber ich hatte auch Wäsche im Angebot, schöne Nachtwäsche. An das eine Ende des Sondertisches stellte ich eine Puppe im Nachthemd und ans andere Ende eine Puppe, deren Konfektionskleid ich nur halb anzog, damit man sehen konnte, was Frauen unter diesem schicken Kleid tragen konnten. Schick mit Heide Bruse, tags und nachts. Normalerweise bekamen Miederwaren nie einen Sondertisch im Erdgeschoss. Miederwaren verkauften sich immer noch so ungefähr unter dem Ladentisch. In Höchst ergriff ich die Gelegenheit, tolle Fenster zu gestalten, mit richtigen Hinguckern. Natürlich stand die Puppe nie halbnackt im Fenster, sie trug immer ein Mäntelchen darüber.
Erstmals durfte ich als Einkäuferin zur Miederwarenmesse nach Köln fahren. Als Einkäuferin, selbst aus so einem kleinen Haus, war man eine wichtige Person und wurde umhegt. Immer noch war ich als so junge Frau und als Einkäuferin eine Exotin. Ich selbst verdiente 750 D-Mark. Der Einkauf im Miederwarenbereich lag nach wie vor fest in Männerhand. Geschäfte machen, Abschlüsse unterzeichnen, alles eine Welt der Männer, die oft genug ihre letzte Besprechung im Puff hatten. Ich kam jedoch als die Geldgeberin mit einem Jahresumsatz von zwei Millionen D-Mark. Somit konnten die Herren der Welt es sich nicht leisten, mich respektlos zu behandeln. Ich merkte auf: Die Fabrikanten, die Einkäufer reden anders, und ich rede so schön, damit komme ich nicht an. Das Blumige können sie nicht verstehen, dafür sind die männlichen Gehirnwindungen nicht

ausgeprägt genug. Hier oben verläuft bei Frauen zwischen Verstand und Emotionen ein viel breiterer Strang. Männer können uns nicht verstehen, selbst wenn sie es wollten. Wenn ich mit Männern zusammentreffe, achte ich noch einen Zacken mehr auf mein Aussehen und mein Benehmen. Lacht Angela Merkel je öffentlich? Eine Frau, die Macht haben will, darf nicht lachen, denn die Männer geben sich immer ernst. Ich dagegen habe immer gelacht und war sehr charmant in meinen Unterhaltungen. Erst sehr viel später registrierte ich, dass ich langsamer sprechen musste und weniger Worte benutzen sollte.

Trotz meiner zweiundzwanzig Jahre wurde ich endlich ernst genommen, denn ich kam auf die Messe als Abgesandte eines Konzerns. Damals entwickelte ich meinen Spürnasenrundgang: Ich streunte so gar nicht zielstrebig über die Messe, ließ meine Augen die Nischen der Hersteller passieren und wartete. Bis die Kollektionen mit mir sprachen. Beim zweiten Rundgang begegneten wir uns wieder, die Kollektion und ich. Ich trat näher, berührte und befühlte sie. Wie ist die Verarbeitung? Wie schwer lag die Hose, der Slip, wie viel wog der Büstenhalter in der Hand? Ich nahm den Büstenhalter und rieb die Innenseite kurz an meinem eigenen Dekolleté. Wie fühlte er sich auf der Haut an? Während dieser ersten, haptischen Annäherung mochte ich noch keine Gespräche mit den Herstellern. Da wollte ich mit dem Produkt auf Augenhöhe gehen. Und so gehe ich heute noch über die Messe. Dessous sind eine sinnliche Erfahrung, die ihre Zeit brauchen, um ihre volle Wirkung zu entfalten.
Ausländische Hersteller waren 1965 noch nicht vertreten, doch zu den bodenständigen deutschen Marken wie Felina, SUSA, ski und Naturana kam Escora hinzu. Escora bot erst-

mals einen Slip Ouvert, eine Sensation, die schamhaft belächelt wurde, denn der Schritt war, wie es der französische Name schon besagt, offen. Was man aus einem Schlüpper, wie meine Mutter sagte, alles machen konnte! Dazu Halbschalen-Büstenhalter in Farbkombinationen wie Schwarz mit Grün oder Schwarz mit Lila. Escora hatte Strapse im Programm, während Triumph seit Jahrzehnten seine Odette-Büstenhalter verkaufte, der in einem langweiligen Weiß mit spießigen Spitzen verziert war. Bei Escora haben alle geguckt und wenig gekauft. Das waren die kurzen Jahre, bevor die Mieder-Branche große Probleme bekam, weil Beate Uhse den Sexmarkt etablierte und extravagante Dessous wieder eine anrüchige Angelegenheit wurden. Bademoden, Bikinis oder Badeanzüge gab es noch nicht in dem Ausmaßen im Angebot wie heute. Damals ist man noch nicht so viel verreist, und viele konnten nicht einmal schwimmen. Wellnesshotels gab es noch nicht.
Zusammen mit einer sehr viel älteren, aber auch sehr viel tougheren Kollegin aus Berlin ging ich nach der Messe auf Einkaufstour. Die Fabrikanten stöhnten, wenn wir im Anmarsch waren, weil wir uns in den Verhandlungen gegenseitig anstachelten und wie die Weltmeister handelten. Wenn die eine nicht mehr weiterkam, hat die andere angesetzt, und letztlich haben wir immer die Ware und den Preis bekommen, den wir uns in den Kopf gesetzt hatten. Wenn wir beide kamen, waren die Herren der Geschäftsleitung anschließend fix und fertig von so viel geballter Frauenpower und raffinierter Taktik. Aber auch glücklich, denn wir haben sie von einer Menge Warenüberhängen befreit. Wir kauften schließlich nicht päckchen- oder kartonweise, sondern gleich ganze Containerladungen.

Gleich im Herbst hatte ich die glorreiche Idee einer Miederwarenmodenschau, die ich moderieren wollte. Seltsam, Herr Kramer brauchte nicht überzeugt zu werden. Wahrscheinlich versprach er sich den Augenschmaus, den er in seinen Katalogstapeln fand, lebend vorgeführt. Halb, fast so gut wie ausgezogene Frauen, die sich bewegten und vielleicht auch Herrn Kramer mit einem Lächeln streifen könnten! Allerdings hatte ich mit anderen Problem zu kämpfen, denn keine Mannequin-Schule wollte mir Mädchen schicken. Unmöglich, den Models, die Konfektion vorführten, wäre es nicht im Traum eingefallen, sich in Unterwäsche zu zeigen. Das war, als wollte ich sie in der Peepshow auftreten lassen. Schließlich hatte ich vier Hausmodelle und einen Stargast: Roberto Blanco! Er kam mit seiner Schwester und sang mit ihr »Twistin mit Monika«, ein Hit, der monatelang die Charts anführte. Strahlend begrüßte ich meine Gäste, mein Herz pochte vor Freude, und ich moderierte die Schau, als hätte ich niemals etwas anderes getan. Ich fand mich so schick mit dem Mikrofon, so in meinem Fahrwasser zu Hause, erläuterte diesen Büstenhalter, strich hier über ein Mieder, während die Modelle von plätschernder Klaviermusik begleitet sich drehten in einem weiß-rosa getupften Reigen. Natürlich handelte es sich um eine geschlossene Veranstaltung, und bis auf Herrn Kramer waren nur Kundinnen zugelassen. Roberto Blanco verspritzte literweise Testosteron über die plötzlich sich wiegenden, applaudierenden, gar nicht mehr so damenhaften, sondern recht kreischenden Damen im Publikum. Die Stimmung war explosiv und so aufgeladen von Emotionen, dass allen nach »Schiff ahoi« die Tränen in den Augen standen. Zum Abschluss gab mir Roberto ein Küsschen auf die Wange und drückte mich einen Moment fest an sich. Ich ließ das Make-up an dieser Stelle tagelang unangetastet.

Fahrstuhl zum Glück

Bei meinen männlichen Kollegen galt ich als uneinnehmbar, weil ich nicht nur einem von ihnen deutlich die Meinung sagte, als er mich aufforderte, mit ihm auszugehen. Diese Männer waren alle verheiratet! Sie sagten mir glattweg, das mache nichts. Aber mir machte das etwas! Wer wollte mich eigentlich, und wer brauchte nur jemanden, bei dem ich gerade zur Stelle war? Eines Tages fuhr ich im Fahrstuhl mit Blick auf die wandernden roten Zahlen und dachte an gar nichts. Hans Hermann aus der Eisenwarenabteilung trat ein, und der Fahrstuhl schwankte merklich unter seinem Gewicht. Hans Hermann war ein Riese von einem Mann mit langen Koteletten und lachenden Augen, dessen Anzüge in Sonderfertigung erstellt werden mussten. Herr Kramer setzte ihn gern ein, wenn unliebsame Kundschaft, etwa flanierende Jugendliche, die Kramer auf den Tod nicht ausstehen konnte, durch das Kaufhaus zogen. Dann war Hans Hermann im Einsatz, doch er brauchte niemals laut zu werden, allein seine Erscheinung reichte. 1965 wurde er neunundzwanzig Jahre alt, also fast dreißig und war somit uralt, zudem wussten alle, dass er mit einer vierzehn Jahre älteren, sehr ladyliken Einkäuferin aus der Konfektion, die ja immer noch als etwas Besseres galt, liiert war.

Hans Hermann und ich gingen zum Jugoslawen, das war wahnsinnig in, denn hier bekam man riesige Portionen plus

Mittelmeerurlaubsflair und saß ein wenig abgeschieden, jedes Paar für sich wie im Separee, während die Musik spielte und der Kellner in Landestracht dalmatinischen Rotwein in bauchigen Flaschen servierte. Wir aßen Omelett und tranken Bordeaux, was ich nicht gewohnt war.
Das Lokal leerte sich, wir leerten die zweite Flasche Rotwein und wechselten ins Tanzlokal Tiffany. Hans Hermann, dieser tollpatschige Bär mit seinen langsam vollführten Bewegungen, als wolle er andere ob seiner Größe nicht erschrecken, war ein wunderbarer Tänzer. Er twistete, ich twistete, wir twisteten zusammen. Es war, als würden sich unsere Körper auf der Tanzfläche finden wie zwei alte Freunde. Ich war in solch kichernde, leichtlebige Grundstimmung versetzt, dass ich mich nicht wunderte, als Hans Hermann mich mit meinen 68 Kilo hochhob und an der Haustür über die Schwelle trug.
Am nächsten Tag passierte etwas, das mir noch nie passiert war: Ich verschlief. Und ich war krank. Dennoch schleppte ich mich zum Bus, und bei jeder Station musste ich mich durch die Aussteigenden kämpfen, damit ich mich wieder übergeben konnte. Das Eieromelett mit den Pilzen konnte man noch erkennen, allerdings in Rotwein getränkt. Seitdem habe ich nie wieder ein Glas Rotwein angerührt. In der Belegschaft tönte Hans Hermann: »Heide Bruse, das ist die Frau, die ich heiraten werde.« Ich bekam rote Ohren, als ich das erfuhr. Wir besuchten zusammen die Fahrschule und nach der Stunde schickte Hans Hermann sein Fräulein Bruse nach Hause und schlief bei seiner Freundin. Was dachte der sich bloß! Ich war nicht die, die erobern wollte oder erobert werden wollte. Ich wollte nicht heiraten, ich war ja viel zu sehr auf Karriere aus, heiraten, das hat doch Zeit. Es war für mich nicht wichtig. Nachts stand Hans Hermann

unter meinem Fenster, pfiff, und ich wühlte mich aus dem Bett, sprang in Rock, Bluse und Jacke, toupierte den Bienenkorb, bevor ich ihn mit Dreiwetter-Taft betonierte, stahl mich aus dem Haus, in dem ich zur Untermiete wohnte, und fuhr mit ihm in eine kleine Bar mit Tanzkapelle nach Wiesbaden, wo wir unter nebelweißen Schwaden vom Zigarettenrauch Whisky tranken und mit heißen Köpfen diskutierten. Ich sagte ihm klipp und klar: »Ich werde dir nicht die Knöppe annähen und ich werde dir nicht jeden Morgen die Eier im Glas liefern – das bin ich einfach nicht.« Sicherlich hat ihn das gereizt. Wir haben darüber nie gesprochen. Denn dass er mich mochte und mich haben wollte, das war ganz selbstverständlich für ihn. Für mich eigentlich auch. Das habe ich nicht hinterfragt. Wir fuhren im von seiner Freundin geliehenen Auto nach Bad Driburg, wo meine Eltern zur Kur waren. Meine Mutter liebte ihn, ein großer Mann, der Zuversicht ausstrahlte, der lebte. Dass er eine Menge Spielschulden hatte, sich nichts leisten konnte, verschwieg ich. Trotz meiner festen Überzeugung, dass ich nicht heiraten würde, hielt Hans Hermann 1965 bei meinen Eltern um die Hand ihrer Tochter an. An Weihnachten besuchten wir dann seine Familie in Wolfsburg, und seine Mutter schien mir ganz glücklich, dass ihr Charmebolzen endlich unter die Haube kam. Wenn Hans Hermann eine Frau traf, konnte er sich daran erinnern, was sie das letzte Mal getragen hatte, und machte ihr Komplimente. Er hatte einfach einen Blick für die Frauen. Als ich die durchsichtigen Teetassen und den braunen Kluntjes abräumte, half Hans Hermann mir. Wir standen alle in der Küche, auch mein Zukünftiger, und wuschen das Geschirr. Meine Schwiegermutter riss die Küchentür auf und sagte entsetzt: »Mein Sohn muss nicht abwaschen, das ist Frauensache.« So wurde er erzogen als der älteste Sohn, der früh Verantwortung für seine Mutter und seine jüngeren Geschwister übernahm, denn sein Vater kehrte aus dem Krieg nicht zurück. Er hatte auch die Denkweise: »Wir Männer sind die Herrscher der Welt.« »Ich bin der Mann, ich bestimme.« Wenn ich meine eigene Meinung hatte und eben auch das starke Bedürfnis, sie zu äußern, war das für ihn nicht verständlich. Dass ich etwas anderes wollte als er. Ich sagte ihm, wir haben die gleiche Ebene, du bist Einkäufer, ich bin Einkäuferin. Gut, er hatte eine viel größere Abteilung mit viel mehr Budget und Umsatz, zudem verdiente ich gut vierzig Prozent weniger als er. Doch das Geld interessierte mich nicht, ich wollte Inspiration, Anerkennung, Innovation. Ich war zwar beruflich schon sehr weit gekommen als Frau, aber leider auch deutlich weiter als das Rollenverständnis der Männer und der damaligen Zeit. Die echte Herausforderung in Frankfurt-Höchst bestand darin, eine gleichberechtigte Beziehung zu leben.

In Schwalmbach im Taunus hatten wir nach langen Überredungskünsten einen Vermieter überzeugen können, dass wir, ein verlobtes Paar, ernst machen werden mit der Heirat. Unverheiratete durften nicht zusammen eine Wohnung beziehen. Das Thema der sogenannten Unehelichkeit wurde öffentlich heftig diskutiert. Petra Schürmann, als erste Deutsche zur Miss World gekürt und nun Ansagerin im bayerischen Fernsehen, verkündete über die »Hör zu«, jede Frau – auch wenn sie keinen Ehering trage – habe das Recht auf ein Kind. Wir waren noch nicht einmal verheiratet, aber ein Kind? Petra Schürmann erklärte, dass die Zeiten sich eben änderten. Ein uneheliches Kind von einer arbeitenden, selbständigen Frau, das würde mehr und mehr als natürlich angesehen.

Gleichberechtigung war aber trotzdem noch Zukunfts-

musik: Immer las ich Hans Hermanns Strümpfe, seine Hemden, seine Unterwäsche auf, wo er doch niemals auf die Idee kommen würde, meine Strümpfe zu waschen oder mein Kleid in den Schrank zu hängen. Aber eines tat er immer: Er liebte geputzte Schuhe und putzte darum meine Schuhe immer blitzeblank. Ich hatte nie eine Minute für mich. Warum? Weil ich nie fragte, kannst du mir helfen. Könntest du vielleicht heute Königsberger Klopse, mein Lieblingsessen, anrichten, weil ich noch die Aufstellung für die nächste Saison machen möchte? Hans Hermann war es eben nicht gewohnt, Kartoffeln zu schälen. Können konnte er theoretisch alles, aber es war eben Frauensache, eine Kartoffel zu schälen. Ein Mann versteht es eben besser mit seiner Zeit umzugehen – wenn er allen Anforderungen des Haushalts ausweicht. Hans Hermann war ein starker Typ, ein Macho, und ich fand das auch toll. Viele Eigenschaften wie mein Auftreten, meine Art, Gespräche zu führen, mich durchzusetzen, habe ich von ihm gelernt. Er hat im Gegenzug von mir gelernt, dass es nicht nur eine Sichtweise gibt, dass Emotionen einem Mann nicht schaden und dass er Gefühle zeigen kann. Es waren einfach diese vielen tausend, diese alltäglichen Kleinigkeiten, die anfingen, mich zu zermürben: Ich entscheide, wo wir langgehen, ich entscheide, was wir machen, wohin wir fahren. Da habe ich mir gesagt, lass ihn – solange er nicht an meine eigene Persönlichkeit rührt. Wenn er aber versucht, mich klein zu halten, wenn er meinen Kopf und meine Gedanken für minderwertig hält?
Für ihn war sein Verhalten ganz selbstverständlich, aber ich war das erste Mal in meinem Leben mit einer Situation konfrontiert, in der ich um mein mir eigenes Recht aufs Dasein kämpfen musste. Das Gleichberechtigte, das Eheleben, aber auch das Frausein war damals wirklich schwieriger. Wir

sagten nicht einfach: »Das mach ich nicht.« Oder: »Ich gehe heute alleine aus.« Nein, ich wollte wie viele Frauen damals und heute alles können und alles sein. Und das zu hundert Prozent. Doch ihm alles zu sein, die Ehefrau, die Mutter, die Geliebte, eine Frau, die alles konnte, kochen, backen, Kinder erziehen und Karrierefrau gleichzeitig sein, die noch in jedem Bereich perfekt ist, das ist eben utopisch. Ich wusste, dass ich nicht alles hundertprozentig schaffen konnte. Ich bin sonst überhaupt nicht selbstsüchtig. Aber Kinder, da hätte ich gewusst, dass ich auf der Strecke bleibe, das hätte mich zermürbt. Ich habe meinem Mann klargemacht: Deine Macho-Allüren – vergiss es! Andererseits war mein Mann stolz auf seine Frau, dass ich so aufrichtig war und nicht klein beigegeben habe, denn er hatte eine Frau an seiner Seite, die viel weiter war als andere Frauen, eine Frau, die ihre Meinung vertrat, die Ziele hatte und einen großen Horizont, aber vor allem eine mit Herzensbildung. Innerlich war er doch bereit, mich zu akzeptieren. Für ihn blieb ich immer seine kleine Heidi. Darüber konnte ich lächeln.
Wir stritten uns erbittert, scheinbar über Nichtigkeiten. Würden wir jemals heiraten, und ich in die Rolle der Ehefrau und Mutter schlüpfen? Ich begann es zu hassen, dass der Mann immer der Mann sein musste und keine Gefühle zeigte, so dass die Frau immer mehr redete und wie ohnmächtig immer mehr ihrer Gefühle preisgab. Aus meiner Sicht war nicht nachzuvollziehen, warum er als Mann immer der Bestimmer war, und auch sonst gab es keinen Grund, mich unmündig zu machen. Geduld und Nachsicht waren bei keinem von uns als Stärke angelegt, und die Nachbarn wunderten sich am nächsten Morgen über das Mobiliar, das Hans Hermann in nächtlicher Wut in den Vorgarten beförderte. Was macht ein roter Essstuhl mit gespreizten

Beinen im Tulpenbeet? Hans Hermann stieg im Bademantel hinunter und holte den Stuhl wieder hinauf, um ihn mit Liebe, Ausdauer und Holzleim wiederherzustellen, damit er mit seiner kleinen Heidi frühstücken konnte. Wir kauften zusammen einen weißen Opel mit schwarzem Verdeck, unser ganzer Stolz. Hans Hermann faltete sich irgendwie hinters Steuer, denn er war ein fürchterlich nervöser Beifahrer, der ständig Gas und Kupplung trat im Fußraum und rechts und links nach Autofahrern Ausschau hielt, die er brüllend beschimpfte, als litte er unter dem Tourette-Syndrom. Meistens fuhren wir mit heruntergelassenen Fenstern. Also überließ ich ihm das Steuer und genoss die Ausblicke in die sanft hügelige Landschaft des Taunus und folgte mit den Blicken den trägen Bockschiffen entlang des Rheins. Wir wagten zu träumen: Was, wenn wir in Taunusstein, in Eppstein bei Wiesbaden eins dieser alten Miederwarengeschäfte übernehmen würden, komplett renovierten und dort mit Stil und Charme zusammen ein neues, elegantes Geschäft eröffneten, »Chez Heidi et Hans«, vielleicht als Baustein einer groß angelegten Filial-Kette?

Als mein Mann und ich heiraten wollten, gewährte Herr Kramer nur einem von uns Urlaub unter dem Vorwand, zwei Einkäufer könne er nicht entbehren. Das machte uns beide unendlich wütend, aber er rückte keinen Schritt von seinem Entschluss ab. Am Ende wurden unsere freien Tage auf höchster Konzernebene ausgefochten, und Herr Kramer musste klein beigeben. Zu guter Letzt standen wir doch gemeinsam vor dem Traualtar. Im Sommer der Liebe 1967, in Berlin, in meiner Heimatstadt. Wir starteten nachts in Frankfurt, passierten Helmstedt, Marienborn und die Grenzanlagen unter dem grellen Neonlicht, dann die Einfahrt in die Transitstrecke mit der geflickten Hitler-Autobahn, auf der uns kaum ein Auto begegnete. Einmal öffneten die Grenzer unseren Kofferraum und durchwühlten unser Gepäck ganz nach den Anweisungen aus dem Lehrbuch des Ministeriums für Staatssicherheit, und die Zollverwaltung der DDR, Bezirksverwaltung Magdeburg, Grenzzollamt Marienborn, konfiszierte meine Miederwarenkataloge. In tiefem Schwarz lag Magdeburg, kaum zu erahnen die Dörfer an der unbeleuchteten Transitstrecke. Wieder Warten an der Grenzkontrolle vor Dreilinden, ich hörte nur noch: »Gänsefleisch mal 'n Ohr freimachen?«, und dann die abgleichenden Blicke zwischen Passfoto und Insassen, zwischen Insassen und Passfoto. Einfahrt nach Berlin im Morgengrauen, wir machten einen Halt am Wannsee, das Wasser glitzerte im ersten Licht und die Sonne kam hinter den Kieferstämmen hervor. Bei Sonnenaufgang fuhren wir über den Stadtring nach Norden, und Berlin lag unendlich weit und offen vor uns. Siemensstadt erwachte und Mutter erwartete uns in Reinickendorf. Im Grunde war Berlin immer groß und weit, und das obwohl die Stadt geteilt und eingemauert war. In Berlin hatte ich stets das unvergleichliche Gefühl der Freiheit. Hier sagte ich am Samstag, den 28. April, endlich nach zweijähriger Verlobungszeit »Ja« zu meinem Mann.

KaDeWe, 1968

Die donnernden Druckwellen ließen die Scheiben klirren. Regelmäßig jagten die Russen ihre Überschallflugzeuge über Berlin, so dass alle zusammenzuckten und in einem Moment der Erschütterung innehielten. Die Erinnerung an den Krieg saß noch fest im Gedächtnis. Ich wollte zurück in mein Berlin, in die Stadt, in der alle Angst hatten. Hans Hermann war begeistert. Mein Mann wurde im Laufe der Jahre schließlich mehr zum Berliner als ich. Meine Mutter war begeistert, dass ihre Kleine wieder nach Berlin zurückkehrte. Jeden Sonntagmittag kochte sie groß auf, in der Erwartung, Hans Hermann, Peter und mich unter ihre Fittiche zu nehmen. Ein Ritual, das zu der Vorstellung, wie wir leben wollten, nicht passte. Wir schliefen lieber lange und aßen nicht zu Mittag. Wir wollten natürlich nicht das Leben meiner Eltern leben. Schließlich sagte ich meiner Mutter: »Mutsch, ich bin nicht alt genug, um dein Leben zu leben, und du nicht jung genug, um mein Leben zu leben.« Durch eine glückliche Fügung wurde ich nach Berlin versetzt. 1968 wurde ich Einkäuferin im größten Kaufhaus, dem KaDeWe. Es war schon ein wenig eigenartig, im prestigeträchtigen KaDeWe, in diesem großen Haus anzufangen, das ich von früher kannte, wenn wir uns mit Mutter unter die Berlin-Besucher mischten, freundlich knicksend den Portier mit Zylinder und in grauer Livree am Eingang grüßten und staunend, berieselt von Vivaldis »Vier Jahreszeiten«, über die Rolltreppen schwebten. Das Kaufhaus des Westens trug den Geist der Vorkriegszeit noch mit sich als das einzig verbliebene Luxuswarenhaus aus der Gründerzeit der Warenhäuser, als es für die Flaneure der oberen Gesellschaftsschicht zu den angenehmen Zerstreuungen gehörte, fachkundig, aber niemals aufdringlich beraten zu werden. Hier bekam und bekommt der Stammkunde seinen Tabak als Direktimport aus den Kolonien, nur zu beziehen über das Kaufhaus, hier sind erlesenes Porzellan und Besteck zu haben, hier zeigt die Konfektion die neuesten Schnitte aus Paris. Das KaDeWe war und ist ein Erlebnis, in das man purzelt wie Alice ins Wunderland. Hans Hermann hatte ebenfalls Glück: Für ihn wurde eine neue Position geschaffen, er wurde der Einkaufsleiter für Haushalts- und Eisenwaren aller Berliner Häuser. Wie ich war er ständig unterwegs. Ich ließ ihm seine Männerwelt, wenn er mir meine ließ, da bin ich anders als meine Mutter, die immer ihren Peter greifbar wissen musste.

Das Haus gehörte zur Unternehmensgruppe des jüdischstämmigen Hermann Tietz und wurde zum 1. April 1933 von der NSDAP boykottiert. Das Haus musste geschlossen werden, da es von der Weltwirtschaftkrise 1929 angeschlagen war und eigentlich einen Kredit bekommen sollte. Die Banken kauften als Gläubiger einen Teil der Tietz-Aktien und gründeten schließlich die Hertie-Kaufhaus-Beteiligungs GmbH.

1907, als das Kaufhaus eröffnete, sauste die Straßenbahn Nummer 76 den Kurfürstendamm hinauf und hinab, zu den Villen im Grunewald über die Halenseer Brücke, wo nachts tief unten die Bahngleise silbrig blinkten. Dort, wo der Kur-

fürstendamm endete, bot ein Tivoli ganzjähriges Vergnügen zum Billigpreis. Noch längst war der Neue Westen nicht die feine Adresse der Etagenwohnungen mit den Marmorbädern. Die Kundschaft kam aus Wilmersdorf, Charlottenburg und Tiergarten mit dem Wagen vorgefahren oder stieg aus der 1902 errichteten U-Bahn-Station am Wittenbergplatz, überquerte den Tauentzien, und schon verschluckte sie der riesige Jugendstilbau aus fränkischem Muschelkalk, der dort liegt wie ein gestrandetes Kreuzfahrtschiff.
1968 träumten die Menschen in Ostberlin von einem Besuch im KaDeWe, dem Inbegriff des freien Westens in der Frontstadt, während die Parteibonzen sich die Lieferungen aus der Delikatessabteilung mit Granini-Säften, Fanta, Cola und Co. schmecken ließen. Morgens in der Besprechung der Einkäufer beratschlagten wir als Erstes die politische Lage. Kriselte es zwischen den Amis und uns, war sofort das Haus voller Kunden, es boomte wie verrückt. Wenn wir schon eingeschlossen werden, dann noch einmal richtig leben, sagten sich die Berliner.

Als ich anfing, herrschten ja sehr verrückte Jahre. Draußen auf dem Tauentzien und dem Ku'damm gab es ständig Demonstrationen: »Macht kaputt, was euch kaputt macht!«, riefen sie alle. Nun gut, Politik wurde durch das Wirtschaftswunder ersetzt und der Geschichtsunterricht in den Schulen und Hochschulen endete 1932, Faschismus war kein Thema. »Es ist verboten zu verbieten, öffne dein Gehirn wie deine Hosen! Unter dem Pflaster liegt der Strand!« Die freie Liebe wurde mehr zur Nötigung als zur Möglichkeit: Wer zweimal mit der- oder demselben pennt, gehört schon zum Establishment. Wie viel böses Blut es gegeben haben musste, wenn in den WGs pflichtbewusst untereinander gevögelt wurde. 1968 mussten wir die Schaufenster vernageln lassen und die Kundschaft blieb aus, während junge, studierende und studierte Frauen und Männer Steine schmeißend die Straßen unsicher machten. An einem dieser Samstagnachmittage, an denen wir früher schließen mussten, weil wieder Demo war, legte jemand eine Plastiktüte mit Kot in einen Büstenhalter. Die Büstenhalter lagen wohlsortiert in ihren Schränken. In der Sommerhitze platzte die Plastiktüte, und ein unerträglicher Gestank nach Kot strömte am Montagmorgen aus meiner Abteilung. Aber nicht nur das, ein Großteil meiner Ware war nicht mehr zu retten, und ich musste Unmengen von Büstenhaltern und Höschen wegschmeißen.

In den USA kürten im September 1968 vierhundert Feministinnen ein Schaf zur Miss America und warfen die »Instrumente weiblicher Folter«, Wischmobs, Make-up, Lockenwickler, Playboy- und Cosmopolitan-Magazine, High Heels und Büstenhalter, in eine sogenannte Freiheitstonne. Angezündet wurde die Freiheitstonne nicht, das erfand die Presse hinzu. Doch eine Welle wurde in Gang gesetzt, landauf, landab entledigten sich die Frauen ihrer Büstenhalter als dem Symbol weiblicher Unterdrückung. Dabei hatte der BH doch gerade endlich das Korsett abgelöst! Ich verstand die Welt nicht mehr.
Dass die jungen Menschen mehr Freiheit wollten, okay. Aber dass sie dafür meinen Arbeitsplatz beschädigen mussten, das wollte mir nicht in den Kopf gehen. Ich hatte den Eindruck, da ging es nur noch darum, dass alle anderen, die nicht so dachten wie die Aufständischen, für sie sowieso nur dreckige Kapitalisten waren. Und dafür hatte ich wenig übrig. Klar, die Welt nach Adenauer stand für Wiederbewaffnung und Restauration, nun regierte erstmals die Große

Koalition. Die Mehrzahl wollte keine Fragen, keine Antworten, nur Konsum. Die Studenten wollten Krach. Langhaarige und Minirockträgerinnen wurden öffentlich angepöbelt: »Lasst Bauarbeiter ruhig schaffen! Kein Geld für langbehaarte Affen!«

Die Kriterien, die die Gesellschaft zusammenhielten, gegenseitige Achtung und Respekt, waren außer Kraft gesetzt. Alles fiel unter das Schimpfwort Kapitalismus, alles, was angepasst war, wurde verdammt. In diesem totalitären Weltbild wimmelte es von Schweinen, Kapitalistenschweinen, Nazischweinen, Amischweinen, Zionistenschweinen. Die »Ho, Ho, Ho Chi Minh«-Rufe konnte ich nicht mehr hören. Das KaDeWe lag wie gelähmt: Samstags um vier Uhr mussten wir das Haus schließen, immer wieder waren Straßenschlachten und Demonstrationen angekündigt. Die Kundschaft blieb aus. Man wusste ja nie, was kommt. Meine fünfundvierzig Damen, die älteste war über sechzig Jahre alt, hatten alle Angst vor dem Nachhauseweg, vor dem, was Bürgerkrieg bedeuten konnte. Aber die dunkle Miederwarenabteilung im ersten Stock in der Ecke lag geschützt. Unten in die hohe Haupthalle wurde einmal ein Kübel Kot hineingeschüttet. Es gab nichts Schönes mehr, nur noch Hass und Aggressionen.

Dennoch musste ich Umsatz machen. Das KaDeWe war das Haus der Superlative und führte ein internationales Warenangebot, mit dem es selbst Weltläufigkeit und Weltoffenheit zeigte und ein internationales Publikum anzog. Und genau das gefiel mir. Ich hatte im KaDeWe fünfundvierzig Mitarbeiterinnen und das, obwohl die Dessous- und Wäscheabteilung in den sechziger Jahren deutlich kleiner ausfiel als heute. Näherte sich eine Kundin, hatte sie sofort eine Verkäuferin an ihrer Seite. Die Geschäftsleitung wusste, dass Miederwaren ein bedienungintensiver Artikel sind. Beratung war das A und O, und alle meine Mitarbeiterinnen waren ausgebildete Miederwarenverkäuferinnen. Heute ist diese Abteilung dreimal so groß, beschäftigt wird aber nur noch ein Drittel der Mitarbeiter – was sehr bedauerlich ist, da der Artikel Dessous durch die vielen Cupgrößen noch viel beratungsintensiver geworden ist. Wir hatten sattrote Slips und Büstenhalter, die wurden unter den Kundinnen heftig diskutiert. Wer Rot trägt, geht auf den Strich. Eine andere sagte, jetzt erst recht. Heute gibt es noch Frauen, die sagen, ich trage nur Baumwollslips, das ist gesünder, so etwas Sinnliches würden sie niemals anfassen. Der Journalist und Filmemacher Oswalt Kolle ermutigte die Frauen, ihre sexuellen Bedürfnisse zu formulieren, es geht doch mehr als die lieb- und kenntnislose Rein-raus-Praxis vieler Männer! »Sexualität ist mehr als Technik. Sexualität ist Vertrauen und Zärtlichkeit«, so Oswalt Kolle, und seine Filme »Das Wunder der Liebe« und »Deine Frau, das unbekannte Wesen« schlugen ein wie eine Bombe.

Im KaDeWe habe ich als jüngste Einkäuferin aller Zeiten Größe gelernt, groß zu denken. Ich hatte 1,5 Millionen D-Mark als Etat für eine Saison. Ich selbst bekam 1300 Mark Gehalt, lächerlich für diese Verantwortung. Ich ging rauf zu meinem Chef, Herr Cassow war ein großer, stattlicher und dazu charismatischer Mann um die sechzig, der das KaDeWe als ein Alleinherrscher regierte, und fragte ihn: »Meinen Sie nicht, 1300 D-Mark Gehalt sind ein bisschen wenig?« Er sah mich an und schien die Fassung verloren zu haben ob meiner Dreistigkeit. »Sie können stolz und glücklich sein, dass wir Sie in diese Position gehoben haben. So jung, wie Sie sind.« Ich war stolz, glücklich und jung. Kurz darauf passierte das Badehosenmalheur.

Eine meiner Verkäuferinnen brachte einen ältlichen Mann mit grämlichem Gesicht zu mir, er wollte eine Badehose umtauschen. Das Material war brüchig, die Hose bestimmt zehn Jahre alt, und ich sagte ihm freundlich: »Es tut mir wirklich furchtbar leid, aber ich kann diese Badehose nicht mehr als Reklamation anerkennen, da die Garantiefrist überschritten ist.« Bei dem Kunden handelte es sich um einen Professor aus dem Grunewald, der, nachdem er mit seinem Anliegen bei mir abblitzte, nicht locker ließ und an die Geschäftsleitung schrieb. Ich wurde in die Chefetage zitiert. Dann musste ich rauf, dann stehste da als junge Frau und wirst rundgemacht. Aber die Hose hatte doch ihren Preis abgesessen! Es ging nicht um die Badehose. Ich als junge Frau war für Herrn Cassow kein Ansprechpartner. Allein schon, dass er sich mit einer Frau wie mir unterhalten musste, war nicht machbar zu der Zeit. Was ich mir denken würde? Wie ich es mir erlauben kann, eine Reklamation nicht anzuerkennen? Ich hätte doch nicht zu entscheiden, wie konnte ich nur derart handeln? So sollte es sein: »Selbstverständlich hat der Kunde recht und bekommt eine neue Badehose.« Damit war das Thema für ihn beendet, und er wies mir die Tür. Da stand ich nun wie ein begossener Pudel und machte meinen Abstecher in die Silberterrassen im fünften Stock. Die Silberterrassen waren das 1907 eröffnete Restaurant des KaDeWe mit 103 Sitzplätzen und einem separierten Raum, in dem auf Originalporzellan der Königlichen Porzellanmanufaktur zu Berlin Spezialitäten serviert wurden. 1968 war dort nichts mehr terrassenartig. Die Decke wurde tiefergelegt, der Teppichflor fraß alle Geräusche und ich meinen Ärger, zusammen mit einem großen Stück Sahnetorte und einer Tasse Kaffee, in mich hinein. Bald kannten sie mich dort in den Silberterrassen, wenn ich mich mit hochrotem Kopf an ein leeres Tischchen setzte und mir die Kellnerinnen die tägliche Kuchenauswahl zuflüsterten. Stach die spitzfingrige Gabel das erste Mal in die Sahneschicht, vermischte sich das Weiß der Sahnegarnitur mit dem glibberigen Rot der darunter wartenden Kirschen, und registrierte mein Gaumen die Süße, verließ mich die Wut, und es dehnte sich endlich Erleichterung in mir aus. Das war mir ganz wichtig, dass ich den Ärger nicht mit in die Abteilung nahm und an meinen Mitarbeiterinnen ausließ.

In meinem eigenen Geschäft habe ich es niemals auf eine Konfrontation mit der Kundin oder dem Kunden ankommen lassen. Aufgeregten Frauen, keiner Argumentation zugänglich, darf nicht mit Aggression begegnet werden.

Meine Vorgängerin galt als außerordentlich geschickte, resolute und erfolgreiche Einkäuferin, für mich an ihrer Stelle nun eine Herausforderung, die durchaus mit Privilegien gespickt war: Die Einkäuferinnen und Einkäufer benutzten einen eigenen Eingang und aßen in einer eigenen Kantine. Meine Einkäuferkollegen waren alle weit über vierzig Jahre alt. Am Mittagstisch fragte ich freundlich: »Darf ich?«, bevor ich mich setzte. Ich hörte ganz höflich und zuvorkommend, immer darauf bedacht, den Altersunterschied zu respektieren und nicht aufdringlich zu wirken, zu. So erfuhr ich einiges über die Interna und den Geschäftsführer Herrn Cassow. Zum Beispiel, dass die Neuen immer seine Launen abbekamen. Wenn samstags die Wochenumsatzzahlen bekannt gegeben wurden und ich schlechte Umsätze gemacht habe, dann gewöhnte ich mir an, einfach reuevoll den Kopf zu senken. Gab ich einen Kommentar ab, ging das immer nach hinten los. Ich war ja die Jüngste, und jeder wartete nur darauf, dass ich scheitern würde.

Nach und nach habe ich alle Mitarbeiterinnen mit meiner lustigen und offenen Art auf meine Seite ziehen können. Sie haben allmählich begriffen, was ich wollte und dass es Spaß machen konnte, mit einer dynamischen Chefin zu arbeiten und Erfolg zu haben. Noch heute finde ich es immer wieder faszinierend zu beobachten, wann dieser Punkt erreicht ist und meine Mitarbeiterinnen bereit sind, meine Visionen zu verstehen und mir zu folgen. Einer der Erfolgsfaktoren einer guten Teamarbeit ist das gemeinsame Denken und Handeln, aber dafür auch die Verantwortung und die letzte Entscheidung zu übernehmen. Ganz wichtig sind dabei die Mitarbeiterinnen, sie stehen den ganzen Tag im Dienst an der Kundin und sichern den Erfolg. Meine Damen wussten, dass sie bei mir immer ein offenes Ohr finden würden. Und da war wirklich alles dabei, von den Schwierigkeiten, Kinder und Beruf unter einen Hut zu bringen, bis hin zu Auseinandersetzungen in der Ehe oder der Drogenproblematik, die immer größere Ausmaße annahm. Mein Leben lang habe ich mit Frauen zu tun gehabt. Ich kenne Frauen mit all ihren Facetten. Mich kann nichts mehr erschüttern. Die bissige oder ungerechte Chefin war ich niemals, ich legte immer Wert auf ein vertrauensvolles und respektvolles Arbeitsklima.

1969, nach einem Jahr im KaDeWe, hieß es draußen immer noch: »High sein, frei sein, Terror muss dabei sein!«, und der politische Aktivist Fritz Teufel deklamierte, es sei besser, ein Warenhaus anzuzünden, als ein Warenhaus zu betreiben. Aus Protest gegen den Kapitalismus, die Konsumgesellschaft und deren Gleichgültigkeit gegen den Vietnamkrieg legten Andreas Baader, Gudrun Ensslin, Thorwald Proll und Horst Söhnlein am 2. April 1968 in zwei Kaufhäusern an der Frankfurter Zeil Feuer mit außerordentlichem Sachschaden. Verletzt wurde niemand. Kurz vor Weihnachten, am 20. Dezember 1969, brannte in Berlin nach dem unsäglichen Bombenanschlag auf das Haus der jüdischen Gemeinde in der Fasanenstraße, ausgerechnet am 9. November, das KaDeWe. Verantwortlich zeichnete sich die linksmilitante Gruppierung »Tupamaros West Berlin«. Es brannte lichterloh, doch sofort rückte die Hausfeuerwehr an, denn an die 3000 Menschen hielten sich im Haus auf. Wir, die Belegschaft, hatten Feueralarm wöchentlich geübt, keiner stieg in die Aufzüge, alles hetzte die Treppen hinunter, jeder wusste, welchen Ausgang er nehmen musste. Panik entstand unter den Kunden.

Hans Hermann liebte die Stones, ich die Beatles. Ich fand die Melodien schöner, nicht so hart, »Strawberry Fields forever«. Hans Hermann fühlte sich in seiner Position so wohl wie ich mich in meiner. Aber wie sah unsere Partnerschaft aus? Fühlte ich mich verheiratet? Da wir beide aus beruflichen Gründen viel unterwegs waren, hatte ich nicht ständig einen Mann an meiner Seite, und ich musste mir keine Gedanken machen, was ich ihm als ideale Ehefrau heute Abend kochen sollte. Genauso wie ich meinem Chef im Grunde zu schnell, zu gewagt und zu experimentell war, war ich vielleicht auch meinem Mann zu schnell, zu gewagt und zu experimentell.

Hans Hermann und ich zogen in eine wunderschöne Maisonettewohnung im Märkischen Viertel im Norden Berlins, nicht weit von meinen Eltern entfernt. Wir hatten in der oberen Etage drei Zimmer und einen Balkon, die große Terrasse: ein gemeinsames Schlafzimmer, ein luxuriöses Ankleidezimmer und wie immer in unserem Leben ein Gästezimmer. Unten dann Küche, Esszimmer und Wohnzimmer. Wir hätten ein Kinderzimmer einplanen können, doch das Thema war gegessen. Für mich jedenfalls. Hans Hermann wollte so gerne Kinder! Ich wurde und wurde aber einfach nicht schwanger. Es sollte nicht sein.

Das Märkische Viertel grenzte an Pankow und Rosenthal, und wenn wir Party auf unserer Terrasse machten, und das machten wir oft und heftig, flogen die Sektflaschen aus dem sechsten Stock über die Mauer. Nachts und auch tagsüber hörten wir das kurze Knacken der Schüsse. »Halt, Grenze, stehen bleiben!«, ein Warnschuss ging in die Luft, dann erzählte das Maschinengewehrknattern von Schießbefehl und Republikflucht, vom Lauf über den Todesstreifen, den niemand schaffte. Wir hatten direkten Einblick in die öde Arbeit der Soldaten im Grenzbereich, die den lieben langen Tag auf ihrem Turm saßen und mit dem Feldstecher die Hochhäuser des Märkischen Viertels scannten. Bei uns konnten sie am Wochenende eine Gruppe ausgelassener Männer und Frauen beobachten, die komische Tänze aufführten, lachend einander umarmten und den Kopf in den Nacken warfen. In der Morgensonne blinzelten wir nach einer durchtanzten Nacht, der Plattenspieler tischte in Selbstbedienung immer weitere Schlager auf, über die Felder nach Rosenthal, einem verwunschenen Bauerndörfchen im Osten der Stadt.

40 000 Menschen sollten im Märkischen Viertel unterkommen, die Zeichen standen auf Abriss der Altbauwohnungen in Westberlin, damit Speers Pläne der Stadtautobahntrassen doch umgesetzt werden konnten. In der kahlen Ansammlung der Hochhäuser fühlte ich mich wie ein abgeschossener Satellit. Es gab nichts Urbanes, kaum Einkaufsmöglichkeiten, geschweige denn Spielplätze oder Freizeitangebote für die jüngere Generation. Immer wieder rückten Kranken-

wagen und Feuerwehr aus, und um die Todesspringer bildete sich der Kreis der Neugierigen. Die Hochhaussiedlung geriet in Verruf. Selbstmord stand an der Tagesordnung. Selbst der »Spiegel« berichtete über die Einengung, Aggression und Todesphantasien und zitierte den Selbstmordforscher Professor Erwin Ringel, der erklärte, dass Berlin mit seiner Mauer ein Musterbeispiel für eingeengtes Leben sei. Die bunte Mischung der ins »MV« versetzten Menschen brodelte, das spürte man. Ein Jahr später, 1970, mieteten Ulrike Meinhof und Horst Mahler eine Wohnung im MV, die Anonymität garantierte.

Endlos dehnten sich die Stunden, als ich mir auf einer Einkaufsreise den Fuß gebrochen hatte, auf dem Bett lag und mit Wut im Bauch meinen Liegegips anstarrte.
Den ganzen Tag wartete ich in der oberen Etage, dass es Abend wurde und Hans Hermann mich die Treppen hinunterbrachte. Sechs Wochen Liegegips. Zum ersten Mal merkte ich, wie unzufrieden und unausstehlich ich werden kann, wenn ich nur zu Hause sitze. Kam Hans Hermann endlich, grummelte ich grollend: »Haste nicht ein paar Blumen mitgebracht? Oder wenigstens was Süßes?« So eine Heidi war er nicht gewöhnt. Ich hatte alle Zeit, mir Gedanken zu machen, und ich begann zu verstehen, dass Frauen, die den ganzen Tag zu Hause sind, viel stärker und entnervter reagieren, als wenn sie sich täglich ihre eigenen Erfolgserlebnisse schaffen. Das ist schon einfacher für ein Zusammenleben. Meine Schwester Karin lebte zu dieser Zeit in Bad Homburg bei Frankfurt und gehörte somit zu den Taunus-Muttis mit viel Geld und viel Langeweile. Ihr Mann wollte nicht, dass sie arbeitete.

Vom Märkischen Viertel nach Paris

In diesen Jahren des ersten Zusammenlebens hatte ich mich selbst besser kennengelernt, vor allem im Austausch mit meinem Mann. Ich mag das Wort Emanzipation heute nicht mehr hören, es ist überholt. Aber für mich war es zu dieser Zeit wichtig klarzustellen: Es gibt einen Status, wie ich als Frau leben und behandelt werden möchte. Als berufstätige Frau. Als Frau, die ein selbstbestimmtes Leben führt. Immer noch ging mein Mann davon aus, dass alsbald die Anstrengungen der Ehe und die Betreuung der Kinder mich endlich zur Vernunft bringen würden. Zur Vernunft? Meine eigene Persönlichkeit aufgeben und als sanft-käsige, von Glückshormonen getragene Schwangere das Heil meiner Tage zu Hause auskosten? Kinder sind Geiselnehmer, die ihre Mütter oftmals ein Leben lang nicht mehr entlassen. Die Väter flüchten vor dieser Erpressung durch das immerwährende Verantwortungsgefühl. Bei mir gab es entweder Kinder oder Karriere, ich habe mich für Karriere entschieden. Ich wollte es also wagen, dennoch meinem Frauenschicksal ein Schnippchen zu schlagen? Auch meine Mutter sagte mir, sie ginge lieber arbeiten, als meine Kinder zu hüten.

Hans Hermann liebte seinen Beruf heiß und innig, liebte das Reisen, den Austausch, die Geschäftigkeit an sich. Ich sollte mich mit meinem Privatleben begnügen? Nein, ich wollte raus, raus ins Leben. Mit fünfundzwanzig, sechsundzwanzig Jahren war ich nicht anders gestrickt als das fünzehnjährige Lehrmädchen, ich wollte hinaus in den Beruf. Ob das nun alle anderen Frauen anstrebten oder nicht, war mir einerlei. Auch ob das mein Mann sofort verstand oder nicht – wenn nicht, dann musste er eben dazulernen. Natürlich wollte ich mit ihm verschmelzen, wollte eins sein mit ihm und nicht im Dauerclinch liegen. Also übernahm ich, so, wie ich es gelernt hatte, den gesamten Haushalt und die Wäsche. Kochen, bügeln, waschen, aufräumen. Das war Frauensache. Es ging mir ja auch viel leichter von der Hand als ihm. Die nasse Wäsche einmal ausschütteln, auf dem Wäscheständer geradeziehen – zu viel verlangt. Ich wollte meine Blusen anziehen und nicht als verknotete Wülste vorfinden. Auf den Straßen ging kein Mann und schob einen Kinderwagen oder trug die Einkaufstasche. Entweder kaufte Hans Hermann ein Kilo Wurst, oder er vergaß es; für häusliche Geschichten war er nicht zu haben, außer, dass er den Müll hinunterbrachte. Das haben wir schließlich durchgesetzt.

Einmal sah er, wie ich sonntags ein Löffelchen Zucker an die Linsen tat. So gehört sich das für Berliner süßsaure Linsen.

»Den Fraß esse ich nicht!«

»Dann koche ich nicht mehr für dich!«

Wenn er anfing, mich für dumm zu verkaufen, da platzte mir die Hutschnur. Hier ist Schluss. Am darauffolgenden Sonntag schmeckte ihm mein Essen ganz, ganz wunderbar.

Ich hab's gemerkt. Männer können ja so schlecht lügen und sich so schlecht verstellen. Ich weiß sicher nicht alles. Er war eben ein sehr Charmanter, er hatte immer einen Schwarm von Frauen um sich. Hans Hermann konnte wunderbar auf Menschen zugehen, insbesondere auf Frauen, er nahm sich

Mit meiner Mutter Irmgard,
ein Jahr alt (1944)

Drei Jahre alt, mit meiner
Schwester Karin (1946)

Einschulung (1949)

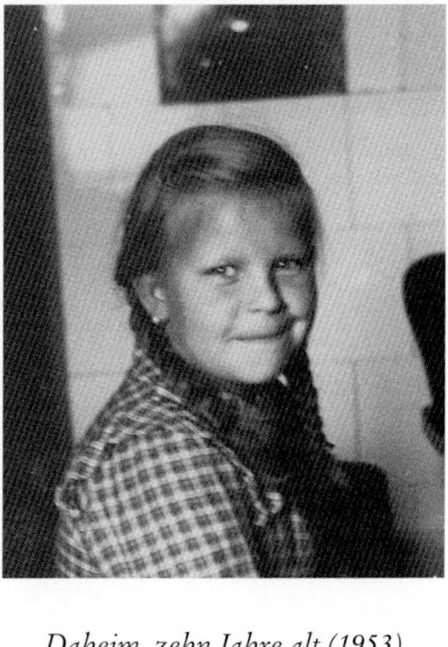

Daheim, zehn Jahre alt (1953)

Unsere Hochzeit (1967)

So sah ich aus, als ich meinen Mann Hans Hermann kennenlernte

Der erste gemeinsame Urlaub in Rimini (1966)

Elegant zurechtgemacht für die Hochzeit meiner besten Freundin (1968)

Als Einkäuferin der KaDeWe-Miederwarenabteilung (1969)

Das Boudoir im KaDeWe (1969)

Premiere: die erste öffentliche Modenschau im KaDeWe (1969)

Eröffnung der »Lady M« im Ku'damm-Eck (1972)

Modenschau (1982)

»Lady M« im Forum Steglitz (1974)

Dessous-Show im Möbelhaus: Pelze und Miederwaren (1985)

Modenschau im eigenen Geschäft (1980)

Ausstellung auf einer Hochzeitsmesse (1991)

Umbau, die Firmenfarbe Rosa ist eingeführt (1987)

Umbau und Vergrößerung (1992)

25 Jahre »Lady M«, mit einer Näherin aus dem Hause La Perla (1997)

Feier zum Gewinn des Awards »Sterne der Wäsche« (2006)

immer Zeit für sie. Es gab mehrere, wir haben darüber gesprochen, aber ich wollte nicht, dass diese Affären etwas mit mir zu tun hatten. Ob das klug war? Heute wäre ich nicht mehr so tolerant wie damals. Wir Frauen haben uns weiterentwickelt, und die Männer sind stehengeblieben. Für die wird es Zeit für eine neue Identität, eine neue Entwicklung, denn sonst können wir sie einfach nicht mehr ernst nehmen. Die Männer müssen langsam aufwachen und sich eine neue Position in der Gesellschaft erarbeiten.

Seine kleine Heidi. Im Prinzip war ich sein Eigentum. Kam mir einer nahe, da konnte er schon sehr wütend werden. Einmal gingen wir aus, in den Hasenstall, eine Kneipe in Charlottenburg. Hierher kamen viele Männer allein, viele Frauen allein. Er flirtete, was das Zeug hielt, und hatte mich dennoch genau im Auge. Als ich mich mit jemandem unterhielt, war er gleich an meiner Seite und raunzte: »Was will denn dieser kleine Pickel von dir?« So war mein Mann. Wenn Frauen und Männer das Gleiche tun, dann ist es oft nicht dasselbe. Und ich bekam es mit, wenn es mal eine andere gab. Ich merkte es an seinem Verhalten, und ich war traurig und wütend zugleich. Vielleicht auch sauer auf mich, weil ich mich so verhielt, was für diese Ehe nicht gut war. Es ist ja immer so einfach, dem anderen die Schuld in die Schuhe zu schieben. Ich zermarterte mir den Kopf. Woran nur kann es liegen? Andere Leute ließen sich dann scheiden. Aber nicht zu unserer Zeit. Ist es wirklich so schlimm, dass nur noch die Scheidung zählt, oder ist im eigenen Bewusstsein angekommen, dass der Mensch, den ich liebe, so ist und nicht zu ändern. Ich gebe ja nicht so schnell auf. Ihn hätte ich auch nicht so schnell aufgegeben. Das wusste er. Gelegenheit macht eben Liebe.

Das Thema Emanzipation lag in der Luft. Die Frauen wurden unruhig, irgendwie wussten sie, dass sie nicht mehr die Frauen sein wollten, die ihre eigenen Mütter noch waren. Es gab zwar noch genügend Frauen, die aus Gewohnheit oder Bequemlichkeit einem alten Rollenbild anhingen, die in vielerlei Hinsicht zurückgesteckt haben. Ich aber wollte immer diejenige sein, die gleichberechtigt mit anderen und auch mit Männern lebte und arbeitete. Das erkämpfte ich mir hart, indem ich nicht so funktionierte, wie es die Norm erforderte. Mit fünfundvierzig Verkäuferinnen unter mir, in einem der größten Kaufhäuser Europas. Das KaDeWe war neben La-Fayette und Printemps in Paris oder Harrod's in London ein Traum in acht Etagen mit der größten und sensationellsten Delikatessenabteilung Europas. Sie bot über tausend Sorten Wurst an, ein großes Becken mit schwimmenden Fischen, die vor Ort gefangen und getötet werden, mit Seeigeln, Meeresspinnen, Taschenkrebsen oder Papageienfischen, mit Pfifferlingen aus Marokko, Bohnen aus dem Senegal, Austern aus der Bretagne, Käsespezialitäten aus der Normandie und dem berühmten Geflügel aus der Bresse. Und zwanzigtausend Miederteilen! Auf gigantischen siebentausend Quadratmetern präsentieren etwa fünfhundert bestens geschulte Mitarbeiter vierunddreißigtausend erlesene Produkte aus aller Welt. Das ganze Sortiment war und ist vom Feinsten, wie die Berliner sagen. Die Anstellung im KaDeWe und die Rückkehr nach Berlin erlebte ich als einen regelrechten Befreiungsschlag. Eine Stadt, die mit ihren großzügigen Bauten und breiten Straßen zum Flanieren einlädt, mit Bewohnern, die es nicht nötig haben, besonders höflich zu sein. Ich arbeitete in einem Haus, das sich hinsichtlich des Sortiments und der Präsentation seiner Waren ganz dem Luxus und dem Dienst am Kunden verschrieben hatte. Das war genau nach meinem

Geschmack. Nur lag die Miederwarenabteilung wieder einmal etwas versteckt im zweiten Stock.
Auch meine Laufbahn war »vom Feinsten« und für die sechziger Jahre sehr ungewöhnlich. Oft genug bekam ich das nicht nur von der Seite meines Mannes überdeutlich zu spüren. Im Bürgerlichen Gesetzbuch stand noch festgeschrieben, dass, wollte eine Frau arbeiten, der Ehemann seine Erlaubnis geben musste. Erst 1977 wurde das Gesetz geändert. Auch wenn der Ehemann seiner Frau erlaubte zu arbeiten – verwaltete er ihren Lohn. Ohne Zustimmung des Mannes durften Frauen noch fünf Jahre zuvor, 1962, kein eigenes Bankkonto eröffnen. Erst nach 1969 wurde eine verheiratete Frau als geschäftsfähig angesehen. Die Gesetze haben mich nicht interessiert, da ich sie ganz einfach für völlig überholt hielt. Alice Schwarzer hatte gerade erst die Frauen öffentlich dazu aufgefordert, ein selbstbestimmtes Leben zu führen – doch die Frauen mussten lernen, was ein selbstbestimmtes Leben überhaupt bedeutete. Ich möchte kein Mann sein! Ich bin eine Frau. Eine Frau, die jede Saison für das KaDeWe auf Geschäftsreise nach Paris ging.

In der Abflughalle wartete ich im Flughafen Berlin-Tempelhof wie so oft als einziges weibliches Wesen. Heute ist dieser Flughafen ja gar nicht mehr in Betrieb, die Fläche liegt brach, Kinder lassen auf dem Flugfeld ihre Drachen fliegen, dahinter dieses unheimliche Monument der Nationalsozialisten. Die Amerikaner benutzten ihn während der Berliner Blockade als Luftbrückenkopf, und DDR-Flüchtlinge fanden in ihm ein Schlupfloch in die Bundesrepublik. Wieder einmal kündigte die Durchsage an, alle Flüge nach Westen seien gestoppt. War es der Nebel, der uns nicht hinausließ? Auch musste mit politischen Gründen gerechnet werden.

Die männlichen Reisenden aus den großen Unternehmen repräsentierten in ihren blauen Anzügen mit schwarzem Schuhwerk, den Aktenkoffer oder die Arbeitstasche wie eine Reliquie tragend, uniform Wichtigkeit. Ein schönes und gepflegtes Bild, wenn auch ein langweiliges. Und ich mittendrin. Als einzige Frau weit und breit. Dabei war ich gerade im Begriff, ganz locker 500 000 D-Mark auszugeben, wenn ich für das KaDeWe auf Einkaufstour war. Für die mitreisenden Männer blieb ich ein Rätsel. Was macht diese junge Frau hier? Ist sie so reich, dass sie nur so in der Weltgeschichte herumreisen kann? Bei den fragenden Blicken konnte ich nur schwer mein amüsiertes Lächeln verbergen. Seriös, ja, aber wie eine Geschäftsfrau wollte ich niemals aussehen. In meiner kleinen ledernen Handtasche lagen neben Schlüssel und Portemonnaie der Lippenstift, ein Notizblöckchen mit Stift, mehr brauchte ich nicht. Auch nicht in einer dieser endlos zähen Nächte des Wartens im Nebel. Während dichte Schwaden über dem Flughafen in Tempelhof hingen, stauten sich in der Abflughalle die Passagiere, die Berlin noch am Abend verlassen wollten, und Besucher, die Fluggäste erwarteten. Heute noch klingt in mir das einsame Stakkato meiner hohen Schuhe über den gebohnerten Marmorboden mit Blick auf den Hangar und seinen schlafenden Flugzeugen in dichte Nebelwolken gehüllt.
Eine junge alleinreisende Frau, die viermal im Jahr nach Paris und Mailand flog? Fliegen war noch etwas ganz Außergewöhnliches. Ich war schon recht viel unterwegs, auf Einkaufsreisen bei Fabrikanten und auf Messen überall in Deutschland und Europa. In Paris hatten wir ein eigenes Büro, dort wurden mir vor der Messe ausgewählte Neuigkeiten gezeigt. Die Firma Scandale wollte im Gegensatz zu vielen französischen Firmen auf den deutschen Markt.

Firmen wie Chantal oder Rosi waren Ende der Sechziger das Aushängeschild der Miederwarenabteilung im KaDeWe. Einfach ein Knaller. Der Werbeeffekt war immens. Französisch … hmmmmm! Die Franzosen hatten eine ganz andere Sichtweise auf den Büstenhalter. Er unterstützte die Frau als Objekt der Begierde. Objekt der Begierde zu sein war etwas ganz Normales für eine Französin. Hier in Deutschland setzte sich dieser Ansatz erst Ende der Neunziger durch. Ich sprach kein Wort Französisch und ich kann auch kein Englisch. Ich spreche meine Sprache. Zahlen lassen sich aufschreiben, eins, zwei, drei, Liefertermine und Rechnungen ebenso. Immer wieder habe ich mich zum Englischkurs angemeldet. Vergebens.

Im Grunde war ich eine Provokation, weil ich so überhaupt nicht in das Frauenbild der sechziger Jahre passte. Im Restaurant wurde mir als Frau ohne männliche Begleitung konsequent der schlechteste Tisch angeboten. Wenn ich überhaupt einen Tisch bekam. Es kam auch vor, dass es hieß: »Tut mir leid, wir haben keinen Platz«, obwohl offensichtlich das halbe Restaurant leerstand. Eine Frau allein am Abend unterwegs? Das gab es einfach nicht. Und wenn sie es schon wagte, so ganz alleine im Restaurant aufzutauchen, hatte sie bestimmt eindeutige Absichten. Dann will sie vermutlich einen abkriegen und wird versuchen, fremde Leute anzusprechen. Eine Frau allein war in jedem Fall suspekt.

Damals war ich noch nicht so weit, dass ich im Restaurant gesagt hätte: »Nein danke, aber den Tisch möchte ich nicht.« Vermutlich hätte der Kellner nur gesagt: »Na, dann gehen Sie doch wieder.« Heute würde das kein Ober mehr wagen, auch nur ansatzweise so zu reagieren. Beruflich erfolgreich hin oder her, damals habe ich im Restaurant den Tisch genommen, den man mir anbot. Und zwar den neben der

Toilette. Ich bekam als Letzte mein Essen serviert, meistens kalt. Alles reine Schikane. Ich hatte einfach nicht das Recht dazu, als Frau alleine in ein Restaurant zu gehen. Im Restaurant konnte die Frau nicht selbständig entscheiden, was sie essen wollte. Das machte der Mann, der ihr das abnahm. Die Frauen ließen es mit sich geschehen. Aus Bequemlichkeit. Aus alter Tradition. Aus dem Selbstverständnis der Frauen- und Männerrollen heraus. Eigentlich weiß ich gar nicht, wie man damals so dachte. Vielleicht machten sich die Menschen überhaupt keine Gedanken. Es war das Normalste der Welt, so zu handeln. Eine Frau alleine war einfach nichts wert.

Dabei sah ich nie so aus, als ob ich jemanden aufreißen wollte. Ich war immer klassisch gekleidet. Eher so, dass ich etwas älter wirkte, um seriös auszusehen. Wenn ich auf meinen Reisen abends im Hotelzimmer saß, dann habe ich mir oft gedacht: »Ach, da geh ich doch noch mal an die Bar, etwas trinken.« Aber eine Frau allein in einer Bar? Undenkbar. Dazu gehörte eben ein Mann. Ansonsten blieb die Frau zu Hause. Und wenn ich es nach langem Hin und Her doch tat, dann wurde mir Geld angeboten. Eine Frau alleine an einer Hotelbar war eine Prostituierte, ganz klar. Dabei war das doch alles andere als anrüchig. Heidi Horten lernte sogar in einer Bar am Wörthersee Helmut Horten kennen. Einer der einflussreichsten Wirtschaftskapitäne der Nachkriegszeit. Heute residiert sie auf ihrer Yacht Carinthia VII und gilt als die drittreichste Frau Österreichs.

Wir Frauen haben diese Herabsetzungen nicht einmal als Diskriminierung empfunden, dass wir den schlechtesten Platz im Restaurant bekamen oder in einer Bar nicht bedient wurden. Auch ich nahm das so hin, ich kannte es ja nicht anders. Das waren vielleicht keine echten Probleme, aber manches grenzte an Schikane. Als Frau musste man schon sehr stark sein, um all das einfach hinzunehmen, aber auch zu merken und verändern zu wollen. Ich wollte mir ganz einfach keine Situation aufzwingen lassen, in der ich abends irgendwo in meinem Zimmer saß und ein trockenes Brötchen aß, nur weil ich nicht alleine auf die Straße gehen konnte. Also habe ich mich den Konventionen widersetzt, habe allen Mut zusammengenommen und mich alleine ins Restaurant gesetzt.

Im Boudoir

Im KaDeWe freute ich mich, den jungenhaften Vertreter der Firma Exquisite Form wieder zu treffen, den Mann der fünfhundert Miederhosen aus Frankfurt-Höchst-Tagen. Als Einkäuferin wurde ich von den Vertretern sehr hofiert, wobei ich schnell spitzbekam, dass nicht alles ernst gemeint war. Schleimer und Speichellecker konnte ich nicht leiden. Dennoch muss ich die Nase wohl recht hoch getragen haben, denn kam ich nach Hause, rief mein Mann: »Heidi, komm mal wieder runter – du bist hier nur meine Ehefrau!« Mit Herrn Höcker glitt ich nach dem Mittagessen mit abschließendem Kaffee im Restaurant vom fünften Stock mit der Rolltreppe hinunter in meine Abteilung. Exquisite Form hatte Miederhosen geliefert, bei denen der Beinabschluss nicht saß. Mit Händen und Füßen veranschaulichte ich meinem Lieblingsvertreter, wie der Beinabschluss dieser Höschen am Oberschenkel einschneidet, ganz unangenehm. So kann ich doch die Miederhosen nicht verkaufen? Für mich eine selbstverständliche Unterhaltung über ein Produkt, das ich jeden Tag in den Händen hielt. Miederhöschen, mein täglich Brot. Doch mitten in unserer Unterhaltung tippte mir eine ältere, sehr gut gekleidete Dame mit behandschuhtem Finger von hinten an die Schulter: »Sagen Sie, empfinden Sie es nicht als außerordentlich unanständig, so öffentlich über solch ein Thema zu reden?

Können Sie das nicht woanders tun?« Die Dame erwartete keine Antwort, sondern blickte blasiert in die Luft. Ich war völlig baff. Über Büstenhalter und Unterwäsche zu reden war für mich das Normalste der Welt. Das musste anders werden.

»Geht nicht. Geht gar nicht«, sagte Herr Cassow und verschränkte die Arme im Nacken. Ich plante im Frühjahr 1970 im KaDeWe eine Modenschau. Geht nicht, gibt's nicht, dachte ich mir. »Nein«, wiederholte mein Chef, »das können wir nicht machen, das können wir unseren Kundinnen nicht zumuten.«
»Herr Cassow, die Dessous sind im Moment ganz stark in der Veränderung begriffen! Die müssen wir vor allem der Verbraucherin zeigen, und dass wir vom KaDeWe natürlich immer die neuesten Ideen haben.«
Meine Argumente prallten an ihm ab. Dass mehr Öffentlichkeit ein Gewinn für das gesamte Haus bedeuten könnte, war ihm nicht beizubringen. Miederwaren, meinte Herr Cassow in seinem immer leicht arroganten Basstimbre, liefen sowieso, da brauchten wir keine Kampagnen und schon gar nicht meinen wohl etwas übertriebenen Aktionismus, den ich an den Tag legte. Ein Vierteljahr redete ich auf ihn ein, es half alles nichts, bis ich mich recht weit aus dem Fenster wagte und ihm zehn Prozent mehr Umsatz in der Miederwarenabteilung versprach. Typisch Mann, mit Fakten, mit Zahlen konnte man ihn ködern. »Vielleicht« und »könnte« ziehen überhaupt nicht.
Im Mai 1970 weiteten die USA ihren Vietnamkrieg auf Kambodscha und Laos aus, aber Politik interessierte mich nur am Rande. Triumph warb mit dem Spruch: »Triumph krönt die Figur«, und das Markenzeichen der Krone erschien grö-

ßer als die Abbildung des Büstenhalters selbst. Dass ein Büstenhalter ein selbstverständlicher Artikel ist, der von selbstbewussten Frauen an selbstbewusste Frauen verkauft wird, die ihn selbstbewusst tragen, sollte doch endlich selbstverständlich sein!

Die australische Frauenrechtlerin Germaine Greer beschimpfte 1970 den BH, der eine irrsinnige Erfindung sei. Sie feierte die BH-Verbrennungen als eine Befreiung von der Unterdrückung durch das männliche Patriarchat. Tja, aber die französischen und amerikanischen Firmen drängten mit neuen, knapperen Formen auf den Markt: mehr Spitze in Weiß, Rot, Schwarz. Sie waren den unsrigen weit voraus mit dem, was neu an Mode kam, als die Wäsche bunt wurde mit neuen Materialien wie Elastan oder mit der Einführung des Cupgrößen-Spektrums A bis L. Wir haben keine deutsche Dessous-Kultur. Weil wir das Thema so lange hinter der Hand gehalten haben. Ich wollte endlich Wertschätzung für die Unterwäsche der Frauen. Überall gab es gesellschaftliche Umbrüche, warum sollten die vor meiner Branche haltmachen? Ich glaube, ich habe nicht bewusst gedacht, ich will gegen diese Prüderie ankämpfen. Die gesellschaftlichen Veränderungen trieben mich mit allem anderen nach vorne.

Das gesamte Wochenende arbeitete ich durch, um die Umbauten zu betreuen. Schließlich schien mir am Montagmorgen die gesamte Etage wie von Zauberhand verwandelt, ein Märchenland, ein Mädchentraum in Rosa. Jede Firma bekam ein eigenes Boudoir, einen Pavillon, der aussah wie eine Bonbonschachtel mit einer eigenen Verkäuferin darin und dem Hausmodell, das vorführte. Überall wisperte es, und leichte Musik von Burt Bacharach ließ den Raum schweben zwischen Spannung und Neugierde. Die Augen der Kundinnen glänzten vor Euphorie, einmal auch so aussehen wollen, las ich in ihren Gesichtern. Ich hatte es erweckt, das Habenwollen, ein Moment, der der Frau unvergesslich wird, denn nun wird sie alles daran setzen, das Wäschestück bald als das ihrige betrachten zu können, als seien diese Dessous ein Heilsbringer oder ein Talisman. Das muss ihr vermittelt werden.

Zwischen den Boudoirs ließ ich geradeaus einen roten Teppich durch die gesamte Abteilung legen, über den die Modelle liefen, bevor sie wieder in ihre Bonbonschachteln zurückgingen. Auch für die Modenschau im KaDeWe war es ungemein schwierig, Frauen zu finden, die bereit waren, Dessous zu präsentieren. Ein gutes Damenoberbekleidungsmodell, das sich auszog? Unmöglich. Im Gegensatz zu heute, wo alle namhaften Models für Victoria's Secret laufen. Für Konfektion musste man schöne Beine und ein schönes Gesicht haben. Meine Models mussten aber auch immer einen schönen Körper haben. Der Bauchnabel ist sehr wichtig, wenn man Dessous zeigt, und die Proportionen müssen stimmen. Zusätzlich habe ich ein ganz tolles rundlicheres Modell gewinnen können. Monika war sechsundzwanzig Jahre alt und hatte Konfektionsgröße 42. Sie war perfekt für die Modenschau, weil ich zeigen wollte, dass modische Mieder auch an einem Körper gut sitzen können, der nicht so schlank ist. Ich hatte schließlich nie nur diese Schlanken, die Frauen sind unterschiedlich, das will ich zeigen. Monika lief für mich, bis sie achtundvierzig Jahre alt wurde.

Später bei »Lady M« hatten die stärkeren Models immer den größten Erfolg. Nicht nur, weil sie rundlich waren und sich heraus trauten, sondern weil sie mit einer Wahnsinnsausstrahlung kamen. Ohne Ausstrahlung geht im Dessous-Bereich nichts. Ich nannte sie die Damen mit der lebensfrohen Linie. Bis zum Ende hatte ich neben den stärkeren

Models mit Größe 42/44 auch immer eine Ältere. Die Älteren und die Rundlicheren hatten die größte Angst, sie beäugten unsicher die Jungen, und ich betonte immer: »Wer klatscht für wen am meisten da draußen? Für dich!«
Die Models wussten, dass sie bei mir nicht vorgeführt wurden. Sie trugen nur das, was ihnen stand. Doch wer bei mir zickte, war nur einmal dabei. Die konnte ihre Setkarte gleich wieder mitnehmen, für: »Nein, mit der anderen will ich nicht laufen, den Hut setze ich nicht auf«, habe ich keine Zeit.
Die Modenschau sollte nach dem großen Aufwand eine Woche lang laufen, und es waren erst wenige Tage verstrichen, als die Rolltreppe einen hochgradig erregten Mann in unserer Abteilung ablieferte. Das Kinn vorgereckt, suchte der Propst der nahe gelegenen Gedächtnis-Kirche nach den Verantwortlichen für die Modenschau. Meine rosawolkige Boudoirwelt ließ ihm die Augen hervorquellen, und sein Adamsapfel bebte heftig über dem enggezurrten Schlips. Unzüchtig! Unerhört! Fassungslos stierte er von den Vorführmädchen zu mir und zurück. »Naschwerk des Teufels! Sofort, aber so-fort aufhören! Aufhören!«, schnauzte mich der Mann Gottes an. Vermutlich war er durch die Anzeigen aufmerksam geworden, die ich überall in der Tagespresse geschaltet hatte. Dass im KaDeWe eine Miedermodenschau stattfand, hatte nun wirklich jeder mitbekommen. Der Geistliche ließ sich beim Chef melden, ich wurde ebenfalls, mal wieder, in die Chefetage zitiert, und dort eröffnete der Propst den KaDeWe-Angehörigen: »So eine Modenschau ist unzüchtig. Damit verdirbt man junge Menschen, wenn man so viel Nacktheit zeigt. Ich stelle Strafanzeige!«
Damals waren die Mieder keineswegs so klein wie heute. Die Büstenhalter reichten bis zur Taille, und die Mieder-

hosen waren mit Bein versehen. Gut, man sah Haut, man sah Dekolleté. Damenunterwäsche war etwas Intimes, etwas, das man darunter trug, und damit etwas, was man aus der Sicht eines Propstes auf jeden Fall nicht öffentlich zeigen durfte.

Da er aber immer nur »Ich« rief, »Ich bin empört«, ging die KaDeWe-Führung nicht davon aus, dass er im Auftrag der evangelischen Kirche handelte, und die Modenschau konnte wie geplant während der gesamten Woche stattfinden. Zur Belohnung für die Modenschau durfte ich das große runde Schaufenster im Erdgeschoss für zehn Tage mit meinen Miederwaren dekorieren. Slips und Büstenhalter im größten Schaufenster des KaDeWe, das große runde Mittelfenster, das heute Vuitton oder Cartier bekommen, mit Triumph vollgepackt!

Im Sommer 1971 kam ein Tag, den ich mir als Dessous-Verkäuferin noch öfters in meinem Berufsleben erträumte: Ein reicher Scheich kauft für seinen Harem ein! Mit seiner reineweg männlichen Entourage besuchte tatsächlich ein junger vermögender Erbe aus den Vereinigten Arabischen Emiraten die Miederwarenabteilung im KaDeWe. Für den normalen Publikumsverkehr blieb während dieser zwei Stunden der Zutritt versperrt. Der Scheich nahm hier ein Höschen, streifte dort mit der Hand über einen Büstenhalter, nickte hier, und eifrig notierte sein Adlatus die Wünsche seines Herrn. Schließlich winkte der junge reiche Araber alles durch, was wir ihm anboten, all die unterschiedlichen Artikel, alle Formen und Farben, alle Größen und Ausführungen. Egal, was wir ihm präsentierten, es hieß nur noch: »Nehm ich, nehm ich, nehm ich.« Am Ende haben wir die Unmengen von Büstenhaltern, Negligés und Höschen in blaue Müllsäcke gepackt, weil wir keine so großen Einkaufstüten hatten. Wie viele Frauen er wirklich hatte, das erzählte er uns leider nicht. Aber es müssen Unmengen gewesen sein. Jedenfalls waren die Umsätze enorm.

Die Aussicht, nun die nächsten dreißig oder vierzig Jahre im KaDeWe als Einkäuferin zu bleiben, mir von Herrn Cassow vorwerfen zu lassen, meine Nähstube sei unordentlich, und einen geschlagenen Tag zu brauchen, um diesen Vorwurf zu entkräften – diese Vorstellung behagte mir ganz und gar nicht. Ich wollte endlich meine eigenen Erfolge für mich verbuchen, aber auch meine eigenen Risiken tragen. Nach vier Jahren im Haus verdiente ich nun gerade mal 1600 D-Mark. Die lange Zeit schien sich schier endlos vor mir auszubreiten. Was konnte da denn noch kommen? Vermutlich hätte ich es bis zur Zentraleinkäuferin für den Hertie-Konzern gebracht. Nein, weitere vierzig Jahre hier im Haus, das alles wollte ich nicht mehr. Also bin ich im Dezember 1971 gegangen, um im darauffolgenden Februar mein eigenes Geschäft aufzumachen. Ausgerechnet in einer Zeit, als der Büstenhalter zur Zielscheibe des feministischen Protests wurde.

1972: Meine erste Lady M

Eigentlich ist das Leben heute stinklangweilig, weil alle so angepasst sind und kaum jemand etwas Neues wagt. Weil es alles schon gibt. Aber die Sehnsucht bleibt und kehrt immer wieder, die Sehnsucht nach exzentrischem Rebellentum, nach Auflehnung gegen alles, was einengt. Lange Haare als Symbol der Freiheit, Gammellook? Interessiert niemanden heute. Der junge männliche Großstädter schlurft in Stoffschuhen mit labbriger Sohle und engen Jeans daher. Auf der Nase eine Brille, die man früher Kassengestell genannt hätte. Sie trägt gern Ballerinas, Leggings und irgendetwas Schlabbriges drüber. Weil aber all die Regeln, die die Jungen damals gerne mitgebrochen hätten, heute schon gebrochen sind, treten sie schließlich seufzend in die Studi-VZ-Gruppe »Ich bin in Wahrheit ein Kind der Siebziger und dreißig Jahre zu spät geboren« ein, erhandeln sich auf eBay einen Plattenspieler für die fünfzig zerkratzten Scheiben ihrer Eltern und headbangen zu den Dead Kennedys. BHs werden nur noch auf penetrant lustigen Junggesellinnenabschieden verbrannt, zu denen ich glücklicherweise nicht eingeladen bin.

Anfang der Siebziger sollte alles anders werden, und zwar sofort. Das aber war nur möglich, wenn die Körper sich aus allen Zwängen befreiten, in die sie eingesperrt waren. Wenn sie im Beat vibrierten, der aus England und aus den USA

herüberkam, und wenn sich endlich die körperliche Liebe von Schuldgefühlen befreite. Damals galt das Küssen in der Öffentlichkeit, das Tragen von Jeans und Sandalen, von Miniröcken als Skandal. Auf einmal zogen die Mädchen Hot Pants und Plateausohlen an, T-Shirts mit der Aufschrift »Lick me all over, 20 $«, durch die sich die Nippel hervordrückten, oder durchsichtige Blusen und nichts darunter. »Make love not war« hatte seit dem dreitägigen Musikfestival im Woodstock-Schlamm als Devise gegolten, und die Liedertexte kündeten von der neuen freien Liebe. Nun, Anfang der Siebziger fixten sich Jimi Hendrix, Janis Joplin und Jim Morrison zu Tode, jetzt waren Glam Rock und Cross Dressing angesagt, das Spiel mit den männlichen und weiblichen Identitäten, das Roxy Music mit ihrem Hit »Virginia Plain« oder David Bowie mit der Konzertshow zu »The Rise and Fall of Ziggy Stardust and the Spiders from Mars« beherrschten. Unter dem damaligen Justizminister und späteren Bundespräsidenten Gustav Heinemann galt Homosexualität unter Männern nicht mehr länger als strafbar, und der Kuppeleiparagraph wurde abgeschafft. Unverheiratete durften nun zusammen eine Wohnung beziehen. Ein neues Scheidungsgesetz wurde eingeführt, das den Frauen mehr Rechte gab, und die Gesetze zum Schwangerschaftsabbruch wurden gelockert. Es war der Bruch mit allem Militärisch-

Zackigem. Auch privat guckte man diese kleinen Sexfilmchen, eben typisch im Look der befreiten Siebziger mit knallengen Schlaghosen und sexy Shorts. Zu der naiven Blumenkinderattitüde gesellte sich die Discomode, heute nennt man das Pornchic, und der Fotograf Terry Richardson versucht mit schmalen jungen Girls in eindeutigen Posen für Sisley oder Gucci zu schockieren. In den Siebzigern lag anregende Lektüre auf den Nachtschränken, neben »Er – Das Herrenmagazin« mit »Eros heute – Die verbotene Zärtlichkeit« oder »Frech« mit »Was wissen junge Mädchen über die Sexualorgane des Mannes«. David Hamilton fotografierte junge Mädchen, die träumerisch in sittsam spitzenbesetzter Unterwäsche dem sexuellen Erwachen hinter der nebligen Weichzeichnerlinse entgegendriften, und drehte Filme wie »Bilitis«, für den Francis Lai den Ohrwurmsoundtrack schrieb. Die fünzehnjährige Juliane Werding aus dem Ruhrpott betrauerte mit ihrem wochenlangen Nummer-eins-Hit »Am Tag, als Conny Kramer starb« den Drogentod ihres Freundes, mit dem sie in der Fußgängerzone Musik gemacht hatte. Und James Last, der Erfinder des Happy Sound, heizte mit seinem vierzigköpfigen Orchester die Tanzflächen auf.

Hans Hermann und ich waren ein wunderbar eingespieltes Tanzpaar. Er führte – und er konnte führen –, und ich ließ mich führen. Mein Körper wusste, wohin seiner wollte, ahnte jede Wendung voraus, dehnte sich, schmiegte sich an ihn wie eine schwebende Schablone. Einen Tanzkurs haben wir nie besucht und konnten doch alles, Samba, Discofox, Salsa, Walzer links, Walzer rechts, nur Tango war uns zu gestelzt.

Mit neunundzwanzig Jahren habe ich mir mit meinem ersten eigenen Geschäft einen langgehegten Traum verwirklicht. Mein Mann bestärkte mich, Mutter bestärkte mich: mein eigenes Geschäft! Es gab ja die Tante Betti, die erfolgreich selbständig wirtschaftete, auch die Großeltern meiner Mutter waren mit Fuhrbetrieb und Kühleisabverkauf selbständig. Das war also nichts Außergewöhnliches von der Denke her. Ich wollte da sein, wo alles neu war, ganz frisch, und nicht mit alten Traditionen behaftet, also mietete ich im Ku'damm-Eck. Der Bauherr schwafelte vor seinen potenziellen Interessenten, bereits achtzig Prozent der Läden seien vermietet, und die verbliebenen zwanzig Prozent würden nun an kleine Einzelhändler wie mich vergeben werden. Und das habe ich ihm geglaubt. 1972 wurde das Ku'damm-Eck als eines der ersten Einkaufszentren Berlins pünktlich fertig mit dreizehn Stockwerken, von denen fünf unterirdisch lagen. Es gab vier Parkebenen und einen direkten U-Bahn-Zugang. Das Ku'damm-Eck war neue Architektur, war ein Wagnis und zugleich das Versprechen einer durch unermüdliche technische Fortschritte gesicherten, leichteren und lebenswerten Zukunft. Zumindest vermittelte das Ku'damm-Eck von außen diesen Eindruck. In seiner weißen Verschalung glich es einer gestrandeten Raumkapsel, die über ihre dreihundert Quadratmeter große Leuchtfläche das gesamte Farbspektrum aufblinken ließ. Von innen erinnerte das Gebäude an die Waben eines Bienenstocks, nur künstlich beleuchtet. Es gab jede Menge dunkle Ecken.

Während meiner Zeit im KaDeWe hatte ich kaum Rücklagen gebildet. Rücklagen interessierten das Ehepaar Meyer nicht. Was sollte das Geld auf der hohen Kante? Hans Hermann und ich führten immer ein gemeinsames Konto. Gütertrennung oder Ehevertrag kam für ihn nicht in Frage. Hatten wir Geld, gaben wir es aus und machten Party oder wir verreisten. Hatten wir keins, blieben wir zu Hause und aßen tagelang Kartoffeln mit Speckstippe. Ein Kredit war damals viel einfacher zu bekommen, heute braucht man 2000 Euro, um 1000 Euro zu bekommen. Ein guter Freund bürgte mit 60 000 D-Mark, und ich ging aus dem Zweiergespräch mit einem Bankangestellten sehr gut gelaunt heraus. Da war es noch möglich, in der Bank von Mensch zu Mensch zu reden: »Könnten Sie mir nicht den Dispo erhöhen, Ende kommender Woche haben wir wieder Geld und zahlen zurück.« Heute dürfen die Banken mit Finanzkonstrukten zocken, die keiner mehr durchschaut. Die Bank will in ihren Büchern keine Risiken haben, die Risiken werden weiterverkauft, und alles wird zu einer großen Blase, die einfach platzen muss. Damals konnte man sich aufeinander verlassen. Geschäfte wurden mit Handschlag abgeschlossen, heute musst du beim Fabrikanten alles unterschreiben.

Die Miete im Ku'damm-Eck war eigentlich zu hoch, als dass sie mit dem Verkauf von Hemden, Slips und Büstenhaltern bezahlen werden konnte. Mit meinem eigenen Geschäft wollte ich zehn Prozent des Umsatzes der Mieder- und Bademodenabteilung des KaDeWe machen. Die Messlatte setzte ich mir hoch. Kleine Brötchen backen, nein, dazu hatte ich keine Lust, ich hatte immer ein gutgehendes Fachgeschäft vor Augen. Wie sollte ich es nennen? Der Name sollte modern klingen, zeitlos und elegant, gleichzeitig aber alles ausdrücken, was ich mit diesem Geschäft erreichen wollte. »Mieder Meyer«? Nein, »Lady M«, das ist ladylike, und so ist Heide Meyer. Also »Lady M Mieder- und Wäschesalon«, das war ein wirklich schöner Firmenname.
Meine Boutique war ein Traum mit Regalwänden aus weißem Schleiflack und goldener Gravur, vom Tischler handgefertigt, mit einem grünen Teppichboden, der die Füße um-

schmeichelte, goldenen Messinglampen, das war damals total in, und als Highlight die »Lady M« mit echtem Gold aufs Schaufenster gezeichnet! Zu unserer Eröffnungsparty am 15. März 1972 legte ich die hochgesteckte Bienenkorbfrisur aus KaDeWe-Zeiten ab und ließ mir eine kinnlange, unkomplizierte Frisur verpassen. Es gab Musik vom Band, Käseigel, gefüllte Fliegenpilze, Russische Eier, Waldmeister-Wackelpudding mit Vanillesoße, Kalten Hund und Asti Spumante von morgens bis abends. Eigentlich habe ich für mich gefeiert: Wieder ein Schritt, den ich geschafft habe. Eingeladen hatten wir vor allem unsere Freunde, die Presse auch, aber die kam nicht, und die Frauen liefen schließlich kichernd in meinen schönen Nachthemden und Shorties über die Rolltreppen und als Mutprobe bis hinauf auf den Ku'damm. Verkauft habe ich an diesem Tag nichts. Wenn drum herum die Stimmung tobt, dann kann ich die Kundin nicht richtig beraten, und die Kundin kauft falsch. Ich sage ihr dann immer: »Wir legen alles zurück für Sie!« An Partytagen will ich so viel einpflanzen an Wünschen, dass sie sich auch halten.
Neben den kleinen Werbeanzeigen in den Tageszeitungen, die ich konzipierte, schrieb ich direkt die Redaktionen an, um klarzumachen, wie wichtig ein gutsitzender BH unter der Oberbekleidung ist, etwa mit dem Wortlaut: »Sie schreiben nur über Damenoberbekleidung große und lange Artikel, aber wenn das Richtige darunter nicht sitzt, sitzt auch das Kleid nicht.« Bei den Journalisten biss ich auf Granit, Mieder war kein Thema, also wurde nicht darüber berichtet. Wenn ich schon immer über Büstenhalter reden wollte, im Geschäft aber lernte ich: Diskretion ist alles im Dessous-Bereich. Wenige Monate nach der Eröffnung hatte ich einen Kunden, der einen Büstenhalter in der Größe 75 A kaufte. Es sollte ein Geschenk sein, das wir hübsch in Seidenpapier

verpackten. Sehr zufrieden verließ uns der Kunde. Nach etwa zwei Wochen betrat er mit einer Frau das Geschäft und wollte für sie einen BH kaufen. Die Kundin war sehr schlank, und ich sah sofort, dass sie Größe 75 A trug. So nahm ich doch an, dass der vorher gekaufte BH für sie war. Ich war so stolz auf mich, dass ich mir das gemerkt hatte, und setzte zu der Frage an: »Und, wie hat Ihnen denn …?« Weiter kam ich nicht. Ein bohrender Blick des Mannes hatte mich getroffen, und ich wünschte mir, ein Loch im Boden täte sich auf, damit ich darin verschwinden konnte. Ich weiß nicht, ob die Frau die Situation bemerkte, aber den Kunden habe ich nie wieder gesehen. Danach fragte ich nicht einmal meine beste Freundin, wenn ihr Mann etwas für sie bei mir kaufte. Auf viele Geschenke durften wir unseren Firmenaufkleber nicht aufkleben. Dann wussten wir, dass es für die Freundin war, die nicht wissen sollte, wo das Teil gekauft wurde, damit sie es nicht umtauschen konnte. Wir sollten ja nicht merken, für wie viele Frauen der Herr kaufte.

Der Sommer kam, und ich hatte mich geweigert, Bademoden zu führen, weil man nie wusste, wie das Wetter wird und ob es sich lohnt. Es wurde ein Bombensommer, und ich verkaufte so gut wie nichts an Miederwaren. Die 68er-Frauen gaben ihr Geld eher für Bücher wie »Sexus und Herrschaft« von Kate Millet aus, jedenfalls nicht für Büstenhalter.

Die Auswirkungen der Emanzipationsbewegung auf meine Branche hatte ich völlig unterschätzt. Dabei waren BHs damals noch nicht einmal teuer. Ein Büstenhalter kostete vielleicht 29,90 oder 39,90 D-Mark. Die Kundinnen hatten größeres Interesse an irgendeiner Spielerei. Ihr Geld gaben sie regelmäßig in dem Geschenkartikelladen nebenan aus,

was ich natürlich grimmig von meinem Ladentisch aus beobachtete. Anstatt, dass sie sich einen Büstenhalter kauften – den sie eher gebraucht hätten!
Seit 1971, seit dem Titelblatt des »Stern« zur Aktion »Wir haben abgetrieben«, als sich 374 Frauen zu ihrer Abtreibung bekannten, wurde oftmals in meinem Geschäft sowohl unter meinen Verkäuferinnen als auch unter den Kundinnen darüber diskutiert. Die CDU / CSU-Fraktion stand 1972 noch unerbittlich für die Indikationsregelung, Abtreibung nur nach medizinischer Notlage; die SPD versprach den Frauen Straffreiheit, wenn sie sich innerhalb der ersten zwölf Schwangerschaftswochen zur Abtreibung entschlossen. Wie viele erzählten mir, ja, sie waren wieder in Holland gewesen. Kaschieren konnte und wollte ich mit meinen formenden Korsagen und Miederhosen keine Schwangere. Eine ungewollte Schwangerschaft war ein großes, meist finanzielles Problem, mit Schmach und Scham behaftet.
Früher hieß es immer, es gehört sich einfach, einen Büstenhalter zu tragen. Doch die Frauen wollten keinesfalls das tun, was sich einmal gehörte und was von ihnen im traditionellen Rollenbild erwartet wurde. Also wollten die befreiten Frauen erst recht keinen BH. Sie wollten nicht mehr unterdrückt sein, und ein Büstenhalter gehörte zum Unterdrückungssystem. Mein Mann scherzte oft: »Warum werden Frauen seit Tausenden von Jahren unterdrückt?« Ich verdrehte die Augen, wenn er diesen Witz wieder brachte, den längst schon alle, meine Verkäuferinnen wie auch unsere Freunde, kannten. »Weil es sich bewährt hat!«, posaunte Hans Hermann schließlich seinen Gag hinaus. Hans Hermann war sechsunddreißig Jahre alt, als bei ihm Diabetes diagnostiziert wurde. Der Arzt empfahl eindrücklich, die Lebensweise grundlegend zu verändern. Aber wenn Hans

Hermann ein Eisbein essen wollte, dann aß er eins. Die Krankheit tut nicht weh, man sieht sie nicht, man spürt sie nicht. Damit ist gegeben, sie zu verdrängen. Mein Mann, der große Verdränger.

Kurz vor Weihnachten, wenn eigentlich der Boom des Weihnachtsgeschäfts in seine hektische Endphase geht, machte ich so gut wie keinen Umsatz. Selbst Nachthemden waren plötzlich kein begehrter Geschenkartikel mehr. Warum gehe gerade ich leer aus? Warum kaufen die Leute nicht bei mir? Habe ich etwas falsch gemacht? An einem der letzten Samstage vor Weihnachten lief ich heulend über den Ku'damm. Ich war so verzweifelt, dass mir alles egal war. Verlaufene Wimperntusche, schniefrote Nase, ohne Mantel. Tatsache war, die Frauen wollten keinen Büstenhalter mehr, sie wollten keine quetschenden Miederhosen mehr anziehen. Ich war neu am Markt, was hatte ich eigentlich erwartet? Der gesamten Branche ging es schlecht. Überall hieß es: »Nieder mit dem Mieder«. Es war die Zeit der lila Latzhosen. Die Frauen durften und wollten nicht sexy sein. Diese Zeit war mir einfach zu unelegant.

Eine nette schmutzige Ecke

Auch im Ku'damm-Eck eröffnete erst ein Sexshop im Erdgeschoss, weitere zogen nach. Sexshops und Schmuddelkinos sprossen in der Innenstadt nur so hervor, seitdem ausgerechnet 1968 ein neunzehnjähriger Esoterikfreak und Kommune-1-Fan, der Immobilienmakler Michael Eschner, den ersten eröffnet hatte. Der Sexshop im Ku'damm-Eck bekam eine Riesenfläche mit einem angegliederten Sexkino. Ich musste einfach mal gucken gehen. Eine Frau allein im Sexshop; damals war das unmöglich, und ich fasste mich bei meinem Mann unter. Allein wäre ich niemals hineingegangen. In den Ecken des Ku'damm-Ecks standen die Exhibitionisten und onanierten. Nicht gerade der ideale Standort für ein exklusives Wäschefachgeschäft. Oft genug versuchte ich den hilflosen Polizisten, die im Ku'damm-Eck Delikten nachgehen mussten, Informationen zu übermitteln. Viele Kunden wagten sich nicht mehr in das Einkaufszentrum, das sich allmählich zu einer echten Pleite entwickelte. Mindestens ein Drogentoter pro Woche wurde aus den Toiletten des Ku'damm-Ecks hinausgetragen.

Wenn schon so viele Sexshops im Haus sind, dann verkaufe ich eben auch sexy Wäsche, dachte ich mir, und mach mir eine kleine, nette, schmutzige Ecke. Natürlich hatten wir viele Kundinnen aus den Freudenhäusern, doch ausschließ-

lich Reizwäsche zu verkaufen, nein, dann würde ich nie ein großes Geschäft werden. Oder dieses Fetischzeugs, das war nicht meins, ich wollte mich nicht damit von der Allgemeinheit abgrenzen. Dennoch baute ich einen Tisch mit aufreizender Wäsche auf: Büstenhalter in Schwarz-Grün oder Schwarz-Lila mit Strapsen und Slips Ouvert. Das waren nicht wirklich Produkte, die mir am Herzen lagen, aber schwierige Zeiten erfordern eben besondere Maßnahmen. Wir nannten diesen Tisch unsere »schmutzige Ecke«. Mir gefiel die damalige sehr aufreizende, fast vulgäre Mode nicht – ein modischer Ausrutscher in eine andere Welt, die nicht meine war. Ein gutes Dessous soll erotisch sein, aber eben nicht billig. Mein Geschäft stand für Qualität und einen Hauch von Luxus, und meine Vorstellung war: Ich sehe die Frau als Person, nicht als Objekt. Doch die »schmutzige Ecke« hatte mich immerhin aus dem akuten Umsatztief gerettet. Sicher, wir verkauften Torseletts mit Strapsen. Mit meiner Mutsch hatte ich viele Diskussionen über die Reizwäsche. Inzwischen führte sie mir die Bücher der »Lady M«, das war so gar nicht meins, die Buchhaltung, viel zu trocken, viel zu wenig beweglich.
Zwischen Reizwäsche und Dessous verläuft nur ein ganz schmaler Grat. Eine weiße Spitzenkombination kann genauso erotisch sein wie das auf den ersten Blick verruchtere schwarz-lila Set. Es kann, es muss aber nicht. Reizwäsche dagegen will immer reizen, will eine bestimmte Situation hervorrufen als einer Steigerung des Dessous. Heute benennen wir im Zuge der Globalisierung alles, was drunter ist, mit Dessous, das altbackene Wort Miederwaren hat ausgedient.

Mit meiner Geschäftseröffnung wurde mein Mann vom KaDeWe freigestellt, denn in der Chefetage befürchtete man

eine Einflussnahme vonseiten der Fabrikanten, um letztlich mich zu unterstützen. Meinen Mann sah ich nur noch am Wochenende; er hatte sich selbständig gemacht als Handelsvertreter für Küchenmöbel und Kleinmöbel aus Messing und Acryl, zudem vertrat er Burlington Socks. Liefen die Möbel schlecht, liefen die Textilien gut und andersrum. Ich war heilfroh, dass Hans Hermann eine neue, so fordernde und attraktive Arbeit gefunden hatte – ich hatte mir ja schon ein wenig Sorgen gemacht. Seine Anwesenheit bemerkte ich nur noch an den Ansammlungen schmutziger Wäsche. Es war ein Kommen und Gehen. Ich habe lieber einen Mann, der nur drei Abende in der Woche zu Hause verbringt und damit glücklich ist. Soll er doch lieber Skat spielen gehen, Männer brauchen auch ihre Freiräume, wunderbar, da kann ich meine Gurkenscheiben auflegen. Es schien mir viel wichtiger, dass er seine männliche Welt zum Leben hatte, ich hatte ja meine frauliche Welt mit meinen vielen Weibern, die ich täglich um mich hatte!
Unsere Hochzeit hatten wir auf zwei Tage ausgedehnt, erst Standesamt, dann Kirche. Und warum bekam ich nun keine Blumen zum Hochzeitstag? »Nö«, sagte Hans Hermann, »wir haben doch erst morgen geheiratet.« Am nächsten Tag hieß es dann, wieso, du wolltest ja gestern feiern. Ich seufzte. Dann ist man halt verheiratet. Dieses Spiel mit den Worten zwischen uns war uns Geplänkel und gleichzeitig Schlagabtausch. Keiner fühlte sich wirklich unangenehm angesprochen. Für die anderen waren wir in unserem burschikosen Miteinander immer ein Lacher. Wenn ich Hans Hermann sehen wollte, musste ich rausfahren zum Ruderclub, unserem zweiten Zuhause. Da saß mein Mann. Er hatte immer ein kühles Bier in greifbarer Nähe und schmirgelte und pinselte an einem der breiten, hölzernen Wanderruderboote.

Hans Hermann wog mittlerweile seine 140 Kilo bei fast zwei Metern Körpergröße. Er stand stundenlang hinter dem Grill und räucherte seinen inzwischen gewachsenen Vollbart ein. Im Ruderclub gab es keine Etikette, es zählten in erster Linie Kameradschaft und Zusammengehörigkeit. Wenn ich in die Frauenumkleide ging und meinen Spind aufschloss, strömte mir der Geruch meiner Teenagerjahre entgegen: Das Gummi der Turnschuhe, das Havelwasser im Trainingsanzug und ein vergessener Apfel. Hans Hermann hätte immer wieder allzu gern im Ruderclub übernachtet, aber ich bestand darauf, dass wir nach Hause fuhren, um wenigstens mit dem Aufwachen den Tag ein wenig zivilisiert zu beginnen.

Durch seine neue Tätigkeit als Handelsvertreter konnte mich mein Mann nach Paris begleiten, wenn ich für den Einkauf auf die Messe fuhr.

Nachdem ich mit dem KaDeWe in den Genuss der ersten Flugreisen gekommen war, fuhren Hans Hermann und ich nun in achtzehn Stunden mit dem Bus nach Paris. Paris war ein Muss. Die Franzosen waren so viel weiter als die Deutschen. Ich wollte unbedingt jedes Jahr dabei sein, auch wenn ich nicht viel kaufen konnte. Das Einzige, was wir uns dort leisten konnten, war ein schäbiges Hotel für umgerechnet 20 D-Mark am Gare de l'Est, eigentlich war es ein Stundenhotel mit quietschender Federkernmatratze. Aber uns war das egal. Ich zog mich schnell knitterfrei um; Hauptsache, ich war auf der Messe. Hans Hermann hatte ein fabelhaftes Gedächtnis für alles, was mit Frauen zusammenhing. Natürlich auch für Dessous. Wenn er mich auf der Messe begleitete, musste ich mir keine Notizen machen, Hans Hermann speicherte alles ab. An welchem Stand hatte ich dieses hinreißend roséfarbene, mädchenhafte Bustier gesehen? Kein Problem für Hans Hermann. Durch mein begrenztes Budget musste ich immer Ausschau nach neuen und jungen Marken halten. Da ich zwangsläufig sehr knapp bei Kasse war, musste ich mir immer wieder neue Fabrikanten suchen und kam so an ein stets abwechselndes, sehr modernes Sortiment. Die Kundinnen konnten nicht jederzeit denselben Büstenhalter bei mir kaufen, weil ich ihn gar nicht vorrätig hatte. Das habe ich ihnen natürlich nicht erzählt und schon gar nicht die Hintergründe. Mit meinem permanent wechselnden Angebot erweckte mein Geschäft den Anschein, dass da etwas passierte. Nun, gezwungenermaßen. Später entwickelte ich daraus meine Strategie. Aber damals war es das Gebot der Stunde. Schließlich konnte ich mir so den Namen eines modernen und interessanten Geschäfts machen.

Während der Messe bin ich ganz strikt, keinen Alkohol, kein Glas Champagner. Auf dieser Ebene kann ich keine Geschäfte machen. Das ist sicher auch eine recht frauenspezifische Sichtweise. Die Messe selbst ist mir die Kohlensäure im Champagner. In Paris über die Messe zu gehen war wie einer Theateraufführung beizuwohnen, denn die Franzosen zelebrierten regelrecht den Verkauf. Die Dessous wurden kaum ausgelegt, schon legte mir ein charmanter Franzose mit Zigarette im Mundwinkel das feine Material in die Hände, die befühlten, oh, und er redete und redete, er schwelgte in seinen Worten. Wir Deutschen sind ja eher so: Wir kommen, arbeiten und gehen wieder. Die Franzosen lebten hier ihren Beruf. Das war wunderschön anzusehen, weil es eine ganz andere Art von Arbeiten war mit einer Leichtigkeit, die mir sehr imponierte. Ich war fasziniert. Ich habe die Sprache zwar nicht verstanden, aber alleine die Worte, die da so flossen, wenn die Vertreter mir einen neuen Büstenhalter oder einen Slip präsentierten, das klang wie Poesie. La vie en

France. Der schöne Schein. Französisches Lebensgefühl und echter Glamour. Aber hinter der Fassade bröckelte es eben manchmal ein wenig. Mal ging das Licht einfach aus, mal krachte die Deckenverkleidung von den Messeständen. Entsprach die Organisation der Pariser Dessous-Messe nicht der deutschen Vorstellung von Korrektheit und Ordnung, so waren die französischen Firmen sehr viel innovativer. Es war nicht das Modische, aber die Dessous waren sehr viel femininer, sehr viel zarter – französisch eben. Das Frauenbild ist einfach ein anderes und ließ sich an der Dessous-Mode ablesen. In Deutschland gab es nach dem Krieg die Trümmerfrauen, die Wirtschaftswunder-Hausfrauen und schon recht bald die frauenbewegten Frauen. Vielleicht hatten die Französinnen ein anderes Selbstverständnis, das sie viel natürlicher ihre Weiblichkeit inszenieren ließ. Doch Deutschland war für die meisten Franzosen politisch ein rotes Tuch – nicht nur der deutsche Markt, sondern eben die Deutschen. Seit dem Krieg herrschten zwischen Deutschen und Franzosen große Ressentiments. Die Firma Aubade erklärte mir: »Nach Deutschland verkaufen wir nicht.« Meine Antwort: »Ich kann warten.«

Paris zusammen mit Hans Hermann war wunderbar. Neben dem Trubel der Messe fanden wir immer etwas Zeit, um uns auch etwas treiben zu lassen. Morgens hatten wir den Duft der buttrigen Croissants und der braunknusprigen Baguettes in der Nase, wenn der scharfe Pernod noch in der Kehle brannte und der Magen doch auf der Suche nach Essbarem rumorte. An diesen Apriltagen schien selbst die schwebende Wolkendecke wie ein durchsichtiges Kissen über der Stadt den Duft von Paris abzugeben, die Luft wurde lau und frühlingshaft, und die Seine glitzerte. Wir erwanderten uns die Stadt, wir streiften durch die verschlungenen Wege in Montparnasse. Hand in Hand bestaunten wir die bombastische Notre-Dame und den Justizpalast auf der Île de la Cité. Wir gingen bis zum Gare du Nord, wo alles düster und dreckig erschien, heruntergekommene Absteigen für die vielen nordafrikanischen Einwanderer. Auf den doppelstöckigen Autobussen mit offener Plattform, wenn die Hausfrauen ihre Gemüsestangen in die Anzugrücken der Männer drücken, begegneten wir den Parisern, die täglich in den anliegenden Vierteln ihren Geschäften nachgingen. Ruhig und verlässlich brummte der Autobus uns vorbei an den Terrassen und den hell erleuchteten Verkaufstempeln durch das Verkehrsaufkommen der großen Boulevards. Die Warenhäuser waren voller Menschen, in den Modesalons drehten sich die Mannequins. Abends suchten wir uns immer nette Restaurants und schlemmten wie die Könige.

Im Forum Steglitz

Meine zweite Dependance eröffnete ich 1974, da ich wieder einem charmanten Mann nicht widerstehen konnte, der mir erzählte, wie lukrativ so ein Geschäft in seinem neuen Einkaufszentrum doch sein könnte. Wie dumm ich damals war. Aber es bedeutete einen Ausweg für mich, da die viele Ware, die im Ku'damm-Eck auf Kundinnen wartete, verkauft werden musste.

Das Einkaufszentrum Forum Steglitz an der Schlossstraße liegt in dem Berliner Bezirk Steglitz direkt an der Stadtautobahn, dahinter wohnen in den vielen langen Reihen der mehrstöckigen Mietshäuser Beamte. Die Beamtin ist ja eher sparsam und selten modisch orientiert. Nach wie vor kamen die jungen Frauen nicht zu mir, weil sie einfach nicht kaufen wollten. Und die älteren haben nicht gekauft, weil sie viel zu geizig waren und nur einen neuen Büstenhalter kauften, wenn der alte kaputtging. Davon kann ein modisches Fachgeschäft nicht leben. Ich konnte es drehen und wenden, wie ich wollte: Mitte der siebziger Jahre ging so rein gar nichts bei den Miedern.

An den Wochenenden strömten die Menschen aus den Nachbarbezirken nur so in den Konsumtempel des Forum Steglitz, seit April 1970 mit der Eröffnung die Attraktion auf der Einkaufsmeile der Schlossstraße und direkte Konkurrenz zum Ku'damm-Eck und Europacenter. Vor meinem Geschäft im Forum Steglitz gab es eine große freie Fläche, die Ebene, von der die Kunden überallhin ausschwirrten, nur nicht in meine »Lady M«. Wenn ich mein Geschäft auf- und zuschloss ließ ich den Blick über den glatten, dunkelgrünen Teppichboden gleiten: Musik! Spot an! »Can't Get Enough Of Your Love, Babe« von Barry White summte in meinem Kopf, und mir war klar: Das hier ist der Ort für Showtime! Es war an der Zeit, wieder eine Modenschau zu inszenieren. Exquisite Form brachte transparente Büstenhalter auf den Markt, die ohne dick auftragende Nähte auskamen. »Wir verkaufen Sexappeal. Können Sie noch ein bisschen gebrauchen?«, warb die Firma. Für die dunkle Wäschelinie Brasil zeigte Exquisite Form zwei Blondinen mit Zigarillos in dunklen, formenden Miederhosen und durchsichtigen BHs. Die beiden knien ohne Lächeln auf einem Doppelbett und starren frontal in die Kamera, als wollten sie keinesfalls gestört werden: »Brasil. Zu heiß zum Anfassen.« Die BHs von Exquisite Form waren fast so dünn wie ein Nylonstrumpf und nur ganz leicht formend, aber eben doch ein Büstenhalter. Das war neu und traf den Nerv der freiheitsliebenden Frauen.

Die Präsentation im Einkaufszentrum Forum Steglitz war für mich eine Riesenaufregung. Erst einmal musste ich Models finden, die sich in den strumpfartigen, also durchsichtigen BHs und Slips überhaupt zeigen wollten. Das war eine Sensation. Dieser ach so kleine BH war zumindest Futter für die Presse, und ich bekam meine erste Berichterstattung in der *BILD* und der *Berliner Morgenpost.* Ich zauberte ein sommerliches Flair auf die freie Fläche, wir hatten schöne Musik und hübsche Mädchen, die sich gerne anschauen ließen. Flirrende Champagnerstimmung lag über allem und

allen, obwohl ich mir nur Mineralwasser und Keller Geister, den prickelnden Perlwein, leisten konnte.
Bei den ersten Modenschauen ließ Hans Hermann ein Band mitlaufen. Anschließend im Auto, wenn ich mit meinem Mann nach Hause fuhr, haben wir immer wieder meine Moderation durchgesprochen. Hans Hermann: »Und hier hast du drei Mal ›äh‹ gesagt und hier fünf Mal ›ah‹. Das geht gar nicht. Ständig sagst du ›außerdem‹ und ›zudem‹. Außerdem haben wir zudem. Das kannst du nicht sagen. Da hast du zu viel, da hast du zu wenig gesagt.« Mein Mann war mein bester Kritiker. Auch mein härtester. Im Frühjahr 1974 zogen wir um in eine traumhafte Altbauwohnung am Olivaer Platz, direkt am Ku'damm, 170 Quadratmeter mit vier Meter hohen Decken, an denen goldene Putten hingen, mit Schiebetüren mit Bleiverglasung. Eine Wohnung, so wie ich sie mir immer vorgestellt hatte. Wieder hatten wir ein Gästezimmer, noch heute habe ich eins. Gäste beherberge ich gern, aber sie sollen sich im Zimmer ausbreiten, nicht im Rest der Wohnung. Eine Eigentumswohnung kam für uns nicht in Frage. Ich bin keine Frau für feste Werte. Ich brauche kein Haus, keine Wohnung, die muss ich nicht haben. Seitdem ich selbständig war, beschäftigte ich eine Putzfrau, weil ich sechs oder sieben Tage die Woche arbeitete. Noch das Putzen, nein, das schafft man nicht, wenn einen der Beruf ausfüllt. Lieber habe ich die Zeit in der Firma oder im Ruderclub verbracht, als zu Hause zu putzen. Ich führte ja einen Geschäftshaushalt, mein Mann brachte seine Kunden mit nach Hause, und ich habe während dieser Gespräche dafür gesorgt, dass es an nichts fehlte. Das gefiel den Kunden. Aber mir wurde es zu viel: »Hans Hermann, ich habe jetzt vier Wochen am Stück jedes Wochenende die Wohnung auf Vordermann gebracht! Und du?« Wenn wir ausgingen,

hatten alle Spaß, und ich hing in den Seilen. Wie sollte man sich da um den Haushalt kümmern. Also bekamen wir einen Butler, obwohl sich mein Mann auf die Hinterbeine stellte und energisch dabei blieb: »Ein Mann kommt mir nicht ins Haus!« José war sehr belesen, ich konnte mich wunderbar mit ihm unterhalten. Er hatte in Frankreich und in England gearbeitet, war Restaurantchef auf Kreuzfahrtschiffen und hatte beste Referenzen. José kam jeden Tag ganz normal im Anzug. Er sprach sechs Sprachen fließend, und wenn wir nach Paris zur Messe anreisten, rief er in den Restaurants, die wir besuchen wollten, an und bestellte für seine Herrschaft einen guten Platz. Ich brauchte gar nichts mehr zu machen. José hat gekocht und serviert. Kamen wir von einer Reise, hingen die Sachen wieder im Schrank wie mit dem Zentimetermaß abgemessen.

Als Newcomer ohne Namen hätte ich damals kein Jahr im Geschäft durchgehalten. Aber die Fabrikanten haben sehr viel Vertrauen in mich gesetzt und immer daran geglaubt, dass ich es schaffen kann. Nun, im Forum Steglitz musste ich nicht nur meine aktuelle Ladenmiete, sondern zudem den Mietrückstand aus dem Ku'damm-Eck abbezahlen, also sagten mir einige Fabrikanten: »Na, Frau Meyer, jetzt warten wir erst mal wieder ab, bis Sie bezahlt haben.« Aber ich habe ihr Vertrauen nie enttäuscht und hatte zu vielen Fabrikanten eine sehr lange und intensive Geschäftsbeziehung. Partnerschaften waren mir immer ganz wichtig. Treue ist eines meiner Lebensprinzipien, nicht nur im Geschäftsleben, auch in meiner Ehe.

Es war auch nicht so, dass ich gar nichts verkauft habe. Als Büstenhalter nicht mehr gut gingen, habe ich eben mehr Nachtwäsche und Slips verkauft. Irgendwann merkten die

Frauen, dass sie doch ab und zu Frau sein wollten. Und wenn schon nicht öffentlich in der Gemeinschaft, dann doch wenigstens nachts. Die Frauen wollten gerne einkaufen gehen und schöne Materialien auf der Haut spüren.
Aber es reichte trotzdem vorne und hinten nicht. Auch die Hoffnung, dass ein zweites Geschäft mir weiterhelfen könnte, bestätigte sich nicht. Zwei Geschäfte waren völlig unsinnig, weil ich ständig die Ware hin- und hergetragen habe und immer dann, wenn ich sie in dem einen Geschäft gebraucht hätte, die Ware gerade in dem anderen war und umgekehrt. In beiden Geschäften lag ein Arsenal an Büstenhaltern, das für eine ganze Frauenarmee ausgereicht hätte. Kartons stapelten sich auf Schritt und Tritt. Drüben am Ku'damm rauschten die Frauen in ihren hellen Kleidern in den Frühling, der Verkehr brummte und mein Geschäft war kein Geschäft mehr, sondern ein wirres Warenlager. Ständig fuhr ich mit meinem klapprigen Käfer vom Ku'damm zur Schlossstraße, immer stapelweise Dessous auf dem Rücksitz. Wenn es in die Kurve ging, musste ich die Fahrertür, die nicht mehr richtig schloss, zuhalten. Zudem war die Kundenklientel jeweils eine völlig andere, und so musste ich noch Ware hinzukaufen. Mehrere Geschäfte lohnen sich nur, wenn es viele Filialen sind. Zwei Geschäfte waren ein völliger Irrsinn, da ich in keinem mehr wirklich präsent war. »Lady M« sollte aber immer ein individuelles Fachgeschäft sein. Doch ich wollte andere nie wissen lassen, wer in meinem eigenen Geschäft die Chefin ist, damit ich mir die Freiheit bewahrte, kommen und gehen zu können, wie es mir passte. Aber als Inhaberin eines Geschäftes muss ich als solche präsent sein, schließlich stehe ich für mein Unternehmen, und die Kunden brauchen ein Gesicht, um sich mit dem Geschäft zu identifizieren: Wer ist die Chefin, wer steckt dahinter, was

strahlt sie aus. Guten Tag Frau Sowieso, danke für den letzten Einkauf. Wie geht es dem Hund, wie geht es dem Mann? Die Modenschau war ein Aufbruch, sorgte aber nicht wirklich für einen Umsatz, der mich retten konnte. Wenn das Telefon klingelte, zuckte ich zusammen. Entweder die Bank rief an oder die Fabrikanten, die ihre Rechnungen bezahlt haben wollten. Auch in Steglitz merkte ich, dass ich das Ruder nicht herumreißen konnte. Schließlich habe ich nach zweieinhalb Jahren kapituliert. Ich versuchte, meine Probleme nie nach außen zu tragen, weil Schwierigkeiten kein Grund zum Verzweifeln sind, sondern zum Nachdenken und Handeln.

Ich dachte allerdings nie darüber nach, zu Hause zu bleiben. Längst war ich nicht am Ende meiner Vorstellungen von Karriere und Beruf. Dass ich zu Hause bleibe, haben wir nicht einmal diskutiert. Hans Hermann war auf meiner Seite. Dieser Punkt existierte nicht in meinem Denken. Ich brauche meine Bühne. Wie es ist ohne Arbeit, wie es ist, zu Hause zu bleiben, ich wusste es nicht. Heute sage ich mir, Heidi, du musst nicht hetzen, du kannst dir Zeit lassen, aber ein straffes Zeitmanagement ist für mich ein Muss. Wehe, ich habe keinen vollen Terminkalender, schon werde ich nervös. Die Zeit, die ich nicht mit Arbeit verbringe, ist mir eine verlorene. 52 Jahre habe ich ununterbrochen mit Herz und Seele gearbeitet. Arbeit ist mir Lebenselixier.

Lady M: I will survive!

In einem Einkaufszentrum ist nicht nur vorgeschrieben, wann das Licht anzugehen hat und wann es wieder aus ist, wann ich mein Geschäft aufsperren oder zumachen sollte. Selbst ob ich Blumen vor der Tür hatte oder nicht, konnte ich nicht selbst entscheiden. Von den Machern des Einkaufszentrums fühlte ich mich nach Strich und Faden gegängelt, wie ich meine Geschäfte zu machen hatte. Das passte mir überhaupt nicht.

Zudem zahlte ich in beiden Häusern mindestens zwei Mieten zusätzlich. Für die Reinigung. Für die Werbung. Für alles Mögliche. Am Ende waren es nicht zwölf Monatsmieten, sondern vierzehn, die erst einmal verdient werden mussten. Ein individuelles Fachgeschäft kann nicht in einem Einkaufszentrum funktionieren. Entweder man ist individuell und hat nur ein Geschäft oder man macht gleich eine Kette auf. Dazwischen gibt es kaum etwas.

Um die Mietschulden vom Ku'damm-Eck einzutreiben, wurde ein Prozess gegen mich initiiert. Ich hatte die Miete gemindert, da der Leerstand des Kaufhauses geschäftsschädigend war. Ein Konkurs schien mir fürs Erste die größte Niederlage, die überhaupt passieren konnte. Aber die Insolvenz war für mich die einzige Möglichkeit, dort herauszukommen! Meine Mutter neigte den Kopf zur Seite und sagte leise nur Heidi, Heidi. Ganz so, als hätte ich ihr Persipan vernascht. Doch ich weigerte mich ganz und gar, den Konkurs als Eingeständnis einer Niederlage anzuerkennen. Ich werde nicht daran zugrunde gehen. Meine innerliche Heide ist so stark, sie hat einen absoluten Willen, dieses Leben so zu leben, damit es sich richtig anfühlt. Bis zum letzten Moment. Mit meinen Fabrikanten traf ich ein Gentleman's Agreement und versprach ihnen, dass sie ihr Geld bekommen. Es hat funktioniert, die Fabrikanten vertrauten mir, und auch bei der Bank glaubte man mir. Mit den Fabrikanten vereinbarte ich ein Zahlungsziel und ich zahlte meine Raten ab. Zusätzlich zu den enorm hohen Mietrückständen. Zwischenzeitlich übertrug ich die Firma meinem Schwager und übernahm die Geschäftsführung. Aber ich fand keine Ruhe mehr am Ladentisch, auf dem ich für die Kundin meine Schätze ausbreiten konnte. Ich war viel zu absorbiert für das Tête-à-Tête in der Kabine, den zärtlichen Schlagabtausch mit der Kundin.

Meinen Traum vom eigenen Geschäft als einer Institution, von einer echten Adresse wollte ich aber nicht aufgeben. Mir war, als hätte ich Entzugserscheinungen, ich schlief schlecht und hatte keinen Appetit, es sei denn auf Schokolade. Ein ganz schlechtes Zeichen. Wie sollte es nur weitergehen? Eines Abends kam Hans Hermann und sagte bloß: »Ich habe etwas für uns.«

Einer meiner Vertreter hatte ihm einen Tipp gegeben. Wir gingen aus dem Haus und Hans Hermann schlug seinen schnellen, zielstrebigen Schritt ein, dem ich kaum folgen konnte. Ich hielt inne und ließ einen Riegel Marzipan im Mund schmelzen. Hans Hermann blieb gleichfalls stehen und tätschelte mir liebevoll meine Wange mit der Schokolade, was ich noch niemals leiden konnte. Aber mein Mann

hatte einen Plan, und wenn er etwas im Schilde führte, konnte er unbeirrbar sein. Kommt man vom Grunewald, liegt die Westfälische Straße breit und gemächlich da wie das Einfallstor zum Kurfürstendamm. Früher hieß die Westfälische Kuhtrift, doch Berlin wuchs in einem Höllentempo, und sehr schnell wurde die Westfälische Straße Anfang der achtziger Jahren des 19. Jahrhunderts zur Anbindung an die reichen neuen Villenviertel im Grunewald mit Wilmersdorf. Von hier ging es zu den »Terrassen am Halensee«, und das Vergnügungsparadies »Lunapark« lockte.
An der Kreuzung zur Joachim-Friedrich-Straße führte mich Hans Hermann siegesgewiss lächelnd vor ein Ladengeschäft. »Korsett- und Miederwaren« stand in altmodischen, verblichenen Lettern über der Tür, an der ein kleines Schild mit dem Vermerk »Inhaberin Frau Sina Wege, Korsettmeisterin« angebracht war. Hans Hermann knuffte mich in meine wohlproportionierte Seite. Seit einigen Wochen kam er fast jeden Tag in die Westfälische, spionierte vor allem den Korsettladen aus und zählte die Kunden, die ein- und ausgingen: Wer war hier die Laufkundschaft, wer kaufte in der Nachbarschaft in welchen Geschäften? Hans Hermann war ja alles andere als unauffällig mit seiner Statur, wenn er so mir nichts, dir nichts durch die Straßen schlenderte. Heute nennt sich seine Anstrengung Geomarketing. Die Korsettmeisterin wollte verkaufen und das zu einem unschlagbar guten Preis, berichtete mir Hans Hermann.
Eine Stufe hoch und ich stand in einem Ladengeschäft mit porösen Dielen, die Stromleitungen zogen sich kreuz und quer durch den Laden mit seinen unendlich verstaubten Ecken. Die Wände glänzten hellgekachelt, denn vor Jahren einmal war dieses Miederwarengeschäft eine Fleischerei. Wo jetzt die Korsetts baumelten, hingen die Würste und

Schweinehälften. Überall lagen Ersatzteile wie Haken, Ösen und Abertausende von Stangen. An einem großen Tisch saß die Korsettmeisterin in ihrem Arbeitskittel, das wenige grauweiße Haar zu einem dünnen Knoten gedreht, und zog mit traumwandlerischer Sicherheit neue Stäbchen in ein Mieder. Mein erster Besuch bei ihr hatte etwas Unwirkliches, als wenn gleich puderzuckriger reinweißer Schnee in dieses Traumbild fallen würde.
Als wir zurückgingen, spürte ich das leise Glühen des Glücks aufziehen. Wieder ein eigenes Geschäft! Nach zwei kompletten Niederlagen setzte mein Hans Hermann weiterhin auf seine Heidi. Wir kratzten alles Geld zusammen, 12 000 D-Mark, und kauften das Geschäft.

Den Laden am Ku'damm hatte ich zwar noch, aber ich verkaufte nur noch wenig. Und den Mietvertrag für das Forum hatte ich nach wie vor an der Backe, dennoch, die Vorbereitungen für meine erste ganz eigene »Lady M« liefen auf Hochtouren. Handwerker waren uns zu teuer, aber Hans Hermann und unsere Ruderfreunde konnten alles. Also zog auch ich mir Jeans und T-Shirt an und begann mit der Arbeit. Schnell sprach sich auf der Straße herum, dass dort eine junge Frau am Werkeln war, und die ersten Nachbarn und Geschäftsleute begrüßten mich freundlich.
Weißen Schleiflack konnten wir uns nicht leisten, also wurden die Holzvertäfelungen und Regale einfach glänzend weiß lackiert. Ein hochwertiger Teppichboden war wichtig, damit die Kundin ein Gefühl des Schwebens hatte, sobald sie die »Lady M« betrat. Doch der Firmenname »Lady M« für Heide Meyer musste natürlich als goldener Schriftzug auf die Fenster. Alles, was an die Korsettmeisterin und ihr Geschäft erinnerte, alle alten Mieder mit ihren Haken, Ösen

und Stangen warf ich fort. Ich wollte einen Neuanfang. Heute tut es mir leid, denn es waren museumsreife Stücke darunter, aber ich war immer schon recht radikal. Um die wenigen Stammkundinnen nicht zu vergraulen, behielt ich vorerst das Sortiment der Korsettmacherin bei, schmuggelte aber immer wieder meine aus dem Ku'damm-Eck geretteten Luxusteilchen unter, die die Frauen mit Ah!- und Oh!-Ausrufen entdeckten. Nach und nach musterte ich die Ware der althergebrachten Firmen wie Susa, Triumph oder Felina aus.

Zum Jahreswechsel 1976/77 floh ich heimlich aus dem Einkaufszentrum des Ku'damm-Ecks. Bei Schnee und Eis packten Hans Hermann und ich in der dunklen Silvesternacht die letzten Kartons und die Kasse in meinen Käfer. Ich hatte Mietschulden von 50 000 D-Mark am Hals. Hans Hermann peitschte den Käfer die Ausfahrt aus dem Parkhaus hoch. Wenn wir nun in letzter Minute vom Sicherheitsdienst aufgehalten wurden! Und man mir meine Ware nahm!

Männerträume

Mit der neuen »Lady M« wollte ich eine einzigartige Frauenwelt kreieren. Eine Welt, in der sich die Frauen schön und sicher fühlen. Niemals hätte ich männliche Mitarbeiter einstellen können. War mein Mann im Geschäft, kam sicher einmal eine Kundin aus der Kabine und spreizte sich ein wenig halbnackt, weil sie endlich einmal gesehen werden wollte. Meinen Mann akzeptierten die Kundinnen, weil ich ihnen sagte, das ist der Herr Meyer. Ein Mann gehörte einfach nicht in dieses Geschäft. Ein Mann unterbricht die Intimsphäre, er kann nicht nachvollziehen, wie sich eine Frau fühlt, wenn etwas nicht passt. Ich aber, ich weiß, was du jetzt durchmachst. Wenn es drückt.

Natürlich gab es die Transvestiten, die bei uns ihre Miederhosen kauften. Sie hatten ja keine Taille wie wir Frauen und brauchten sehr feste Mieder. Die Transvestiten, das war kein Problem. Das machten wir doch locker. Wir hatten auch einen homosexuellen, sehr gepflegten älteren Herrn, obwohl wir eigentlich nicht das Geschäft für die Männer waren, die sich als Transsexuelle kleideten, und auch nicht das Geschäft für die Frauen, die sich prostituierten. Die gingen alle woandershin. Dennoch kam immer wieder der ältere Herr, der sich für Babydolls interessierte, das waren diese kurzen Nachthemdchen, vorne offen, und dazu ein kleines Höschen. Wenn der Mann in der Kabine stand, im

Shorty, stellte ich mir immer meinen Vater vor mit seinen dünnen Beinen, die dort unten einsam und haarig herausguckten. Und ich musste immer so lachen. Meine Mutter, die zu dieser Zeit öfters im Laden einsprang, konnte hier wunderbar helfen. Der ältere Herr meldete sich telefonisch, um sich zu versichern, dass meine Mutter anwesend war. Nach dem Einkauf berichtete er regelmäßig, wie gut das seinem Freund gefallen habe und dass sie beide einen wunderbaren Abend gehabt haben.
Immer wenn das Telefon die intime Atmosphäre der »Lady M« zerriss, atmete ich tief ein und mit einem Seufzer in den Hörer wieder aus: »Lady M, was kann ich für Sie tun?« Oft genug wurde mir nur mit einem Stöhnen geantwortet, das nicht von einem hechelnden, durstigen Hund stammte. Ja, wir waren auch die Hotline für die erotischen Wünsche unserer Kunden. Ein roter BH mit Pelzbesatz sollte es also sein, so die telefonische Bestellung. Wozu, bitte schön, den Pelz? Er sagte, er habe eine Nichte in Kanada, die schwanger ist, und er möchte, dass die Brust und die Milch warm bleiben, dafür den Pelz. Ein roter BH für die Nichte? Wir wunderten uns über den komischen Onkel, ließen aber nichts unversucht, und so kam das Gewünschte: ein roter BH mit Pelzbesatz. Zuvor wollte er aber den roten Pelz-BH an einer Puppe fotografieren. Soso. Aber auch das durfte er. Monate später rief er wieder an, sagte, der BH passe seiner Nichte ganz genau und die Milch für das Kleine werde dank Pelzbesatz nun auch nicht kalt. Der BH war also tatsächlich für die Nichte bestimmt.

Später hatten wir einen guten Kunden, der hatte freitags seinen Freigang aus dem Zuchthaus Tegel. Jede Woche brauchte er etwas Neues, vielleicht nahm er die Slips und BHs nicht mit zurück in die Zelle, oder sie wurden ihm abgenommen. Er kam gleich nachdem ich aufgeschlossen hatte und probierte an. Schließlich nähten wir ihm seine Schaumstoffschalen in den Büstenhalter ein. Der Mann sah so aus, wie man sich einen Kindermörder vorstellt, ziemlich brutal, und er trug immer karierte Holzfällerhemden und darunter diese schwarze Wäsche mit Strapsen. Schon recht eigenwillig – was natürlich meine Neugierde anheizte. Und er erzählte mir, wie er da so lebte im Gefängnis, was er den ganzen Tag tat. Er verbrachte etwa eine halbe Stunde bei mir, weil er eben morgens schon so früh entlassen wurde, und bis zu seinem ersten Termin, mit dem er sich sein Geld verdiente, blieb noch Zeit. Und so lange saß er bei mir auf dem Sofa. Anfangs war ich fasziniert, denn so bekam ich einmal eine andere Welt zu spüren, aber bei den Kundinnen fand er keinen Zuspruch. Er war eben ein Fremdkörper. Dieser Mann hatte eine Aura um sich, die einfach nicht in das Geschäft passte. Er war klar erkennbar als Freak. Eines Tages sagten wir, dass wir ihn nun nicht weiter bedienen können, weil sich Kundinnen beschwert haben.

Als ich mit meiner dritten »Lady M« loslegte, kauften viele Männer für ihre Frauen und Freundinnen ein – oder zum Muttertag auch für die eigene Mutter. Weihnachten aber, das war der Moment für die Männer, um ihre eigenen Wünsche zu verwirklichen: ein schwarzes Nachthemd, ganz kleine Strings oder rot-schwarze Büstenhalter. Ob es ihre Frauen für sie trugen? Einer hatte mal ein Nacktfoto seiner Frau dabei, was sagt man dann, wenn man den Moment der Verwunderung überwunden hat, natürlich: »Ihre Frau sieht aber nett aus. Sie hat ja eine tolle Figur!« Zu Weihnachten tragen plötzlich alle Frauen wieder Größe 38. Entweder erzählen das die Frauen ihren Männern, oder die Männer betrachten sich ihre Frau das letzte Mal in der Hochzeitsnacht. »Was, Sie sind dreißig Jahre verheiratet? Na, dann nehmen Sie mal gleich zwei Nummern größer.« Die waren dann auch noch zu klein. Aber das Wunschbild blieb.

Gegenüber einem Mann als Kunden sollte eine Verkäuferin ihre Weiblichkeit nicht ausspielen, sich nicht allzu oft bücken oder ihr Dekolleté präsentieren, das verunsichert die Männer kolossal. Männer dürfen nicht überfordert werden. Also nicht mit zu vielen Argumenten kommen. Und nicht mit zu viel Ware. Alles das soll eine Verkäuferin bei Männern vermeiden. Alles muss klar bleiben. Zu viel Gerede, das ist nichts für die Herren. Weil sie sich ja sowieso unwohl mit diesem Thema fühlen. Bei den jungen Männern ist das anders, aber sie lesen ja auch Frauenzeitschriften. Die wissen, was schön ist. Die wissen genau, was ihre Freundin will, und haben selbst eine eigene Vorstellung. Also nicht so wie die Männer bis Mitte der 1990er Jahre, die einfach nur das gekauft haben, was sie selbst schön fanden. Ob das jemals getragen wurde, oder ob der Frau es gefiel, das war egal. Hauptsache, sie hatten ein Geschenk. Trotzdem waren sie enttäuscht, wenn ihre Frauen es nicht trugen.

Wenn die Männer nun warteten, bis ihre Frauen endlich mit der Anprobe fertig wurden, die Blicke gelangweilt ins Leere gingen, ihre Opferbereitschaft die Grenzen erreichte, fragten sie mich oft, warum diese kleinen Teilchen denn so teuer seien. Ich erklärte, wie viel Technik darin steckt, wie viel Handwerk, dann verstanden sie, warum der Preis so hoch ist. Um einen guten BH herzustellen, mit einer perfekten Passform und einer guten Qualität, mit Komfort, Trage- und Sitzkomfort, dauert es ein Jahr. Die in Fernost gefertigten Kopien, die es bei Aldi, Lidl und Co. gibt, sitzen einfach

nicht, haben keine gute Qualität, schaden der Gesundheit, und schön sind sie schon gar nicht.
Aber dass sich manche Frauen überhaupt keine Gedanken machten, was es eigentlich für einen Mann bedeutet, in dieses Geschäft zu gehen und diese Dinge einzukaufen! Oftmals beobachtete ich Männer auf der anderen Straßenseite, wie sie auf und ab liefen. Oder sie kamen mit einem Freund und gingen vorher in die Kneipe nebenan, um sich Mut anzutrinken. Wenn man das alles weiß und dann die Art und Weise erlebt, wie die Frauen mit diesen Geschenken umgehen! Es machte mir wirklich keine Freude, dabei zu sein, wenn die Frauen ihre schönen Sachen nach Weihnachten für zwanzig Baumwollslips umtauschten. Diese geringe Wertschätzung gegenüber dem Schenkenden erlebte ich in den letzten Jahren recht ausgeprägt, und die älteren Männer kauften in der Regel nur noch einen Gutschein. Mir hat Weihnachten in den letzten Geschäftsjahren schließlich keinen Spaß mehr gemacht.

Die Freiheit zu entscheiden, welche neuen Produkte mir gefielen und was ich kaufen mochte, dass ich selbst entscheiden konnte, ob ich etwas beim Fabrikanten kaufe oder auch nicht, weil es nicht in mein Sortiment passte, oder mit welchen Fabrikanten ich zusammenarbeiten wollte, diese Freiheit war mir unbezahlbar. Das war mein Leben. Niemand konnte mir etwas vorschreiben. Niemand gab mir eine bestimmte Stilrichtung vor. Niemand diktierte mir irgendeine Verkaufsphilosophie. Ich konnte den Kurs vorgeben, wo ich hinwollte, wie ich »Lady M« auf dem Markt positionieren und mit welchem Profil ich es ganz weit nach vorne bringen wollte. Obwohl ich meine Firma meinem Schwager überschrieb, musste ich alle offenen Mietrückstände plus

Zinsen auf Heller und Pfennig zurückbezahlen. Drei Jahre dauerte es, bis ich alles abbezahlt hatte. Endlich wurde meine »Lady M« auf mich zurücküberschrieben, und das Geschäft gehörte wieder mir. Das musste gefeiert werden. Also organisierte ich 1979 die erste Modenschau in meinem Geschäft.

Dieses Mal konnte ich meine Kundinnen zu mir einladen, in meine Räume. Dort, wo die Kundin die Modenschau sah, konnte sie später einkaufen. Das Konzept, das Zusammenspiel im Geschäft zwischen den Mitarbeiterinnen und den Kundinnen herzustellen, ging auf. Natürlich kostete das Geld. Die Models. Der Sekt. Die Häppchen. Aber ich konnte nach außen hin zeigen, dass hier ein Geschäft mit besonderem Stil war. Darüber redeten die Kundinnen am nächsten Tag im Büro oder beim Friseur. Ich bot eben ein breites Spektrum, für die ganz schlanken bis zu den etwas stärkeren Frauen.

Praxis Dr. Meyer

Den der Verkaufsfläche angeschlossenen Arbeitsraum richtete ich mit einem breiten Tisch als Lager und Aufenthaltsraum her. Zur Mittagszeit wurde damals nichts verkauft, da Frau Sina Wege geschlagene zwei Stunden Mittagspause hielt. Ich hielt das für ein Fachgeschäft in einer Weltstadt für unpassend. Dazu kam, dass ich für meine Kundinnen da sein wollte. Oft klopfte es und der Sohn der Korsettmeisterin stand vor der Tür. Er war im Geschäft seiner Mutter aufgewachsen und suchte noch als erwachsener Mann bei uns das Örtchen auf. An diesem Tisch mit dem dahinterstehenden Sofa führte meine Mutter mir die Bücher, oder wir hielten unseren mittäglichen Kaffeeplausch ab. Ich hatte immer Blumen im Geschäft und auch hinten auf dem Tisch, zur Weihnachtszeit den Adventskranz. Und natürlich lag auf dem Tisch mein Strickzeug. Wenn ich es denn einmal aus der Hand legte. Stricken war plötzlich in Mode gekommen, und ich strickte morgens, mittags, abends, nachts. Pullover und Pullunder für meinen Mann wuchsen Reihe um Reihe, ich konnte einfach nicht aufhören. Getragen hat er sie nicht und ich auch nicht. Ich war wie besessen von der Stricknadel, die flink Masche um Masche aufnahm. Ende der Siebziger gründete sich der erste Landesverband der Grünen in Baden-Württemberg, und es sollte nicht lange dauern, bis strickende Politiker und Politikerinnen im Bundestag saßen.

Da hatte ich das Strickzeug schon längst wieder in der Ecke vergessen.
Das rückwärtige Lager war unser Rückzugspol, hier schmiedeten wir Pläne für unsere Aktionen: Wir schrieben der Presse, fertigten Einladungen für Kunden an, wir versuchten auf vielen Wegen unsere Kunden auf neue Produkte aufmerksam zu machen. Von hier konnte ich genau hören, was im Verkaufsraum passierte, kein Tonfall entging mir. Versuchte eine Kundin meine Mitarbeiterin kleinzumachen, war ich schnell vorne. Frau Buscheck war eine verdiente, erfahrene Mitarbeiterin, die ich Frau Salomon aus ihrem »Osma« abgeworben hatte. Allerdings musste ich nichts dafür tun, sie kam von selbst. Ein Vertreter sagte ihr, dass ich eine neue Mitarbeiterin suchte, daraufhin hatte sie sich beworben. Frau Salomon war die einzige Jüdin, die im Miederwarenbereich ihr Geschäft seit Jahrzehnten führte, wahrscheinlich war sie die einzige Jüdin der Stadt, die überhaupt noch ein Geschäft führte. Anfangs machte sie mir das Leben schwer als Konkurrentin, sie hatte das beste Miederwarengeschäft, das an der Uhlandstraße lag, mit einem Verkaufsraum, aus dessen unendlichen Tiefen sie doch das Gewünschte hervorzaubern konnte. Frau Salomon setzte den Fabrikanten die Pistole auf die Brust: »Wenn Sie an Frau Meyer verkaufen, bekommen Sie von mir keinen Auftrag.« Zu der Zeit war sie nun die Größere, und die Vertreter wussten nicht, wie ich mich entwickeln werde. Ich habe nur geantwortet: »Überlegen Sie es sich gut, was Sie tun. Ich bin jünger und werde länger auf dem Markt bleiben.«

»Sind das alle Nachthemden, die Sie hier haben? Da ist ja überhaupt nichts Schönes dabei«, hörte ich auf meinem Bürostuhl, kurz darauf die beruhigende Stimme von Frau

Buscheck, die hier aber nichts ausrichten konnte. Der Tonfall der Kundin ließ mich schon zusammenzucken. Nichts als Vorwurf in der Stimme. Hinten habe ich alles mitbekommen, selbst das, was die Mitarbeiterinnen erzählten und glaubten, ich hörte sie nicht. Bei solch unzufriedenen Kundinnen musste ich meine Verkäuferin schützen, in diesem Fall Frau Buscheck, und ich ging strahlend nach vorne zur Kundin: »Ach, das ist ja schön, dass ich Sie wieder treffe. Wie geht es Ihnen denn? Ist alles in Ordnung?« Die Kundin seufzte: »Also wissen Sie, ich brauche ein Nachthemd. Aber Ihre Nachthemden sind ja alle so schön. Ich kann mich gar nicht entscheiden.«

Trete ich als Chefin nach außen auf, ist alles gut, die Verkäuferin ist doch nicht so dumm, und die Ware ist toll. Viele der Frauen gehen einkaufen, um ihren Frust, meist ist es der Frust zu Hause, loszuwerden. Bei »Lady M« erkauften sie sich die Streicheleinheiten, die sie von ihren Männern nicht bekamen. Oftmals sind sie den ganzen Tag in der Stadt herumgeirrt und wurden schlecht bedient. Das muss man wissen, es geht gar nicht um uns, wir sind die Letzten, die die schlechte Laune abbekommen. Die darf an uns abperlen, und schon kommt die Kundin wieder auf ein normales Maß, denn so toll findet sie sich ja auch nicht in ihrer Rolle. Zickige Frauen, das musste doch nicht sein. Bei solchen Gesprächen bin ich oft genug nach hinten gelaufen, um einen BH zu suchen – und um Luft zu holen. Du dumme Kuh, dachte ich mir, seufzte tief, dann ging ich wieder nach vorne und lächelte. Wir sind ja Profis und lächeln. Eine im Gesellschaftsleben sehr bekannte Kundin behauptete, einer meiner Büstenhalter hätte nicht die richtige Passform. Ich antwortete ihr: »Wissen Sie, ich bin ja noch so jung, ich lerne das schon noch.«

Mit meiner »Lady M« wurde ich so nach und nach als innovatives Fachgeschäft über die Straße hinaus bekannt. Sicherlich lag es auch an meiner Verkaufspsychologie, die aber keine aufgesetzte Masche ist, sondern von Herzen kommt. Mit ein wenig Kalkül, zugegeben. Wenn die Kundin einen Büstenhalter in 75 B wünscht, die Verkäuferin bloß den Artikel aus dem Regal nimmt und den Preis nennt, »49,90 D-Mark«, heißt es schnell »auf Wiedersehen«. Dann war's das. Will ich aber etwas anderes verkaufen, und vielleicht auch mehr, muss ich mich ein bisschen anstrengen. Ich muss mit der Kundin reden, auf sie eingehen. Da sage ich: »Ja, hab ich da. Aber ich habe auch etwas Schönes, Neues, von dem ich denke, das wäre doch vielleicht etwas für Sie. Ich zeige es Ihnen.« Ich rede und erkläre. Schließlich berührt die Kundin das Material, sie merkt, wie es ihr schmeichelt: »Der ist ja schön. Ich zieh ihn mal an.« Sie zieht den Büstenhalter an, und dann habe ich sie. Ich weiß, was ihr steht, ich weiß, was sitzt, und der Kundin wird schlagartig bewusst, dass sie besser aussieht. Das erstgenannte Verkaufsgespräch dauert keine fünf Minuten, und das andere dauert gut und gerne zwanzig Minuten. Zum Ende der siebziger Jahre hin kamen die Frauen nicht unbedingt, um Büstenhalter zu kaufen, sie interessierten sich für die Höschen. Verkaufsschlager waren Slips in allen Formen, mit neuen Schnitten und neuen Materialien. Zudem hatte ich traumhafte Nachtwäsche im Angebot.
Selbst die 68er-Frauen und die Ökofrauen entdeckten, dass es vielleicht noch etwas anderes gab als den einfachen weißen Baumwollslip, der ja so gesund und atmungsaktiv ist. Es war die Zeit dieser typischen friedensbewegten alternativen Frauen mit langen Röcken, nur einem Ohrring und einer selbst geschnittenen, asymmetrischen Frisur und einem Geruch nach ungewaschenen Norwegerpullovern und Schrot-

mühlen in Aktion, die gerne Seide kauften, weil Seide für sie neben der Baumwolle als einzig politisch korrektes Material für ihre intimsten Stellen in Frage kam. Reine Seide. Aber nicht diese schönen, eher frechen Teile von La Perla, sondern ein einfaches, gewirktes Seidenhemd, dazu einen Slip aus reiner Seide. Mein Vorurteil, dass die Ökofrauen keine müde Mark ausgeben für teure Seidenunterwäsche, verkehrte sich ins Gegenteil.

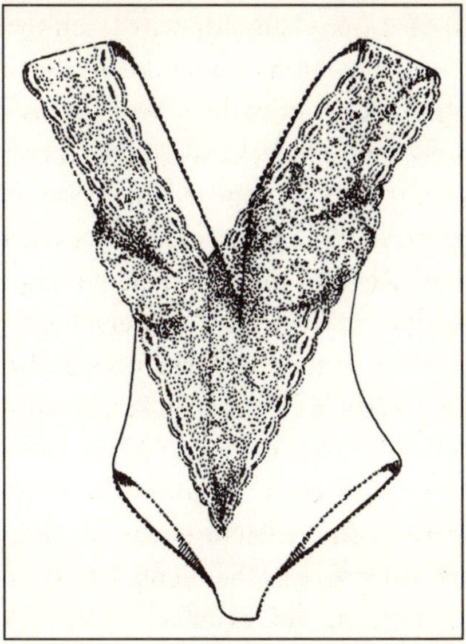

Ich war die Erste, die satinierte Seide von La Perla kaufte, weil ich es so toll fand, sie anzufassen. Tragen konnte ich es nie, ich hatte ja keine Perla-Figur und freute mich also mit meinen Kundinnen. Romy Schneider sagte einmal, eine Frau über dreißig sollte sich nur in Seide kleiden. Ein Hemdröckchen aus Seide, ein Camisol mit inkrustierter Spitze am Körper zu fühlen, da umweht dich dieser Hauch von Luxus, von Stil und Niveau. Seide war nach dem Krieg ganz weg vom Markt, in den Fünfzigern konnte sich Seide niemand leisten. Ich merkte, dass die Frauen sich wieder als Frauen spüren wollten mit einer gewissen Sexyness, weg von dem Image des frauenbewegten Neutrums.

In meinen Anfangsjahren, Ende der Siebziger, Anfang der Achtziger in der Westfälischen hatte ich viele Frauen, die unheimlich selbstbezogen waren. Ich wollte nun nicht jede Problemzone in ihrem Leben kennenlernen! Doch da musste ich durch. Einmal kam eine noch junge Frau mit einem ganz eigenen, sehr schönen Gesicht. Sie mochte ihren Busen nicht. Sie hatte wirklich keinen schönen Busen, er hing und driftete nach links und rechts auseinander. Furchtbar unglücklich war sie, dass sie nie im Leben etwas Passendes finden würde. Und dann kam sie zu mir, und ich sagte erst mal ganz pragmatisch zu der Aufgelösten: »Das schaffen wir, ist doch gar kein Problem.« Also zeigte ich ihr mehrere Büstenhalter, und sie probierte gleich den ersten an. Plötzlich stand sie aufrecht. Viele Frauen, die den falschen Büstenhalter tragen, ziehen die Schultern nach vorne und stehen gebeugt wie unter einer schweren Last.
Beim zweiten Büstenhalter leuchteten ihre Augen auf. Den behielt sie gleich an. Auf der Türschwelle drehte sie sich zu mir um und sagte in den Laden hinein: »Ich bin ja so glücklich.« Aber das sagte sie nicht mehr zu mir, das sagte sie für sich, weil es aus ihr heraussprudelte. Sie lief über die Straße, und eine Vertreterin, die auf dem Weg zu mir war, wunderte sich über die beseelte Kundin mit unserer rosafarbenen Einkaufstüte. Die Vertreterin fragte: »Was haben Sie bloß mit Ihrer Kundin gemacht?« »Gar nichts. Ich habe ihr nur etwas verkauft.« Darauf die Vertreterin: »Ach was, sie lief ja noch am Ende der Straße und murmelte vor sich hin: ›Ich bin ja so glücklich, ich bin ja so glücklich!‹«

Dann begannen so langsam die kleinen Erfolge von »Lady M«. Die Kundinnen sprachen miteinander über ihre Besuche bei mir. Sie wussten, da war eine Frau mit echtem Fach-

wissen, aber auch viel Geduld und Verständnis. Es ist ja eine Branche, in der man Frauen mögen muss. Auf eine ganz selbstverständliche Art und Weise, genau so, wie sie sind. Ganz egal, ob dick, ob dünn, ob groß, ob klein, ob alt, ob jung, ob einen schönen Busen oder einen weniger schönen Busen. Das spielt alles keine Rolle. Die Frauen kommen zu mir, und es ist total egal, wie sie aussehen. Es kommt einzig und allein darauf an, dass sich eine Kundin bei mir gut fühlt. Das war die Philosophie des Hauses. Alle Verkäuferinnen, die das begriffen haben, sind lange geblieben, und alle anderen sind sehr schnell wieder gegangen. Was überhaupt nicht geht, ist, über die Kundin herzuziehen: »Na ja, die hatte einen ganz schön dicken Hintern.« Das steht uns nicht zu.
Keine Frau findet sich so schön, wie sie sein möchte. Und jedes Mal muss ich diese Unzufriedenheit erst einmal abbauen mit all den typisch weiblichen Problemen: Ich bin zu dick. Ich hab zu kurze Beine. Ich hab einen zu dicken Bauch. Gehe ich auf die Kundin ein, dann mache ich sie so dazu bereit, sich fallenzulassen. Ich will nicht, dass Frauen sich verlieren, sich ihrer selbst so unsicher sind. Diese Unsicherheit will ich ihnen nehmen, damit sie mit einem besseren Gefühl wieder hinaus ins Leben treten können.

An manchen Tagen hätte ich wohl besser mein Geschäft in eine psychotherapeutische Praxis umbenennen sollen: »Heute berät Sie wieder Ihre Therapeutin Heide Meyer.« Lag es an der Mondphase? Immer wieder kamen Frauen, die ihre Sorgen bei mir loswerden wollten, meistens alle zusammen an einem Tag. Für mich war es eine Herausforderung, diesen Problemen zu begegnen, mich ihnen zu stellen.
Ich hatte eine Kundin, meine beste Kundin noch aus KaDeWe-Zeiten, die etwa zweiundzwanzig Morgenmäntel im

Jahr kaufte, die sie niemals anzog. Ich versicherte ihr immer: »Sie müssen nichts kaufen. Sie können auch so kommen. Wir können zusammen einen Kaffee trinken. Das ist gar kein Problem.« Da erwiderte die Kundin: »Ja, wollen Sie mir denn verbieten, mein Geld auszugeben?« »Nee«, sagte ich und lachte, »das will ich wirklich nicht.« Mich haben diese Begegnungen mit den Frauen manchmal sehr mitgenommen. Das waren Frauen, die gut verheiratet waren, die ausgesorgt hatten, wo es keinen materiellen Mangel gab. Doch sie bekamen zu Hause in ihrer Familie überhaupt keine Zuwendung und genossen es umso mehr, bei mir einkaufen zu gehen, wo ihnen in den Mantel geholfen wurde und wir ihnen ihre schönen Sachen nach Hause brachten. Dafür gaben diese Damen sehr viel Geld aus. Solche Frauen sind entweder latent depressiv oder völlig abgehoben, normal sind sie jedenfalls nicht. Eine Kundin rief schon auf der Schwelle: »Oh Gott, es ist ja so furchtbar, es ist ja so furchtbar!« Ist jemand gestorben oder sonst etwas ganz Schlimmes passiert? Die Kundin: »Ich habe hier eine Falte, und der Arzt, der sie wegspritzen soll, ist heute nicht da. Und die Freundin hatte auch eine, aber die war gestern beim Arzt. Ist das nicht entsetzlich?«

Mir hat die Ruderei geholfen und mich zurückgeholt auf den Boden der Tatsachen. Es ist natürlich so, wenn ich etwas für das Äußere verkaufe, habe ich eine Klientel, die sehr auf sich und die Selbstwahrnehmung fixiert ist. Natürlich hatte ich Ware in einer Preislage, die sich nicht jeder leisten konnte. Aber was ich einkaufte, war immer so, dass ich mir gesagt habe, das kann ich auch mit gutem Gewissen verkaufen. Die Philosophie war immer: Selbst wenn die Kundin ein Jahr nicht einkaufen kam, weil der Artikel zu lange hält, ist mir das lieber, als wenn ich schlechte Qualität verkaufe.

Die Kundinnen legten manchmal ein wirklich schlechtes Benehmen an den Tag, gleichzeitig nahmen sie für sich in Anspruch, dass niemand anders sich so verhalten durfte. Da lebten die Frauen möglicherweise Freiheiten aus, die sie im sonstigen Leben einfach nicht hatten. Eine Kundin sah ich immer nur im Ausverkauf, auf einem großen Tisch offerierte ich Slips in hundert Variationen, und ich wusste, sie würde kommen, darin herumwühlen und wieder an der Kasse seufzen: »Frau Meyer, bei Ihnen Slips zu kaufen ist wie Champagner trinken.« Da gab es diese French-Höschen, die unten offen wie ein Röckchen aussahen. Es machte mir wieder Spaß, ich konnte wieder schöne Wäsche verkaufen.

Denver und Dallas

Nach der ersten Ölkrise 1973 folgte 1982 gleich die nächste Rezession. Die Ölpreisexplosion und eine anhaltende Konsolidierungskrise ließen das Wirtschaftswachstum 1981 auf praktisch null und 1982 auf etwa minus ein Prozent sinken. In meinem Geschäft merkte ich diese Entwicklungen sofort am Umsatz. Aber wenn die Kundinnen fragten: »Wie geht es Ihnen?«, antwortete ich immer: »Mir geht es gut!« Das ist mir ein wichtiger Grundsatz. Ein Lamento über die schlechten Zeiten hätte bei der Kundin nur ausgelöst: »Ach ja. Dann kaufe ich mal heute besser nicht so viel. Wer weiß, was morgen ist.« Und schon habe ich mich selbst ins Aus katapultiert. Meine Probleme und Befindlichkeiten habe ich nie in mein Geschäft hineingetragen.

Anfang der achtziger Jahre habe ich ganz stark auf die Werbung gesetzt. Ich ließ mich nie davon beirren, dass ich ein Thema habe, das keiner will. Im Gegenteil! 1982 berichtete die *Berliner Zeitung* über »Mode am Spieltisch«: »Über 800 Gäste amüsierten sich gestern Mittag in der Berliner Spielbank (Europacenter). Mit dabei: Anne Momper und Ober-»Stachelschwein« Wolfgang Gruner. Allerdings wurden weder die Kugeln gerollt, noch die Black Jack Karten gemischt – die Jetons blieben in der Tasche. Die Berliner Designer Daniel Rodan und Vicente zeigten ihre neuesten

Kreationen.« Und die Bildunterschrift: »Ein starkes Duo: Feine Dessous von Lady M und edle Perlen – schön extravagant.«
Zum Advent 1985 startete ich eine ungewöhnliche Modenschau an einem ungewöhnlichen Ort: »Wir präsentieren Ihnen Geschenkideen der modisch aktuellsten Pelzkreationen, verbunden mit den aufregendsten Dessous und traumhafter Nachtwäsche.« So lautete der Einladungstext. Bei »Möbel Jan« flanierten meine Models im Pelzmantel, darunter trugen sie nichts als Dessous. Ich musste im Pelzgeschäft, in der Nähe der Westfälischen gelegen, wirklich Überzeugungsarbeit leisten: »Bei uns ist nichts anrüchig, das wird ganz edel. Das wertet Ihre Pelze auf, wie umgekehrt unsere Ware durch die edlen Felle aufgewertet wird.« Im Interview mit einem Wäschefachmagazin erklärte ich meine Geschäftsstrategie: »Nur warten, dass der Kunde kommt, womöglich noch von alleine, das ist nicht der richtige Weg. Ohne Frage erregt man durch Aktivität Aufmerksamkeit. Diese Eigeninitiative, das Etwas-bewegen-Wollen ist durchaus nicht selbstverständlich. Wenn ich so rausgucke und sehe, dass manche Geschäftsleute dreimal im Jahr umdekorieren und sich dann wundern, dass nichts passiert, das kann man ja nicht verstehen. Aber das sind meistens die, die klagen. Wenn man alles, wie ich, alleine macht, von der Moderation über die Organisation bis hin zur Bewirtung und lediglich die Hilfen aus dem Geschäft und aus der Familie heranzieht, dann kommt man bei einer Einzelschau so auf 5000 D-Mark. Wenn man das angeboten bekommt, von einem Spezialunternehmen, kostet das nicht unter 10 000 D-Mark, und das ist mir nicht persönlich genug und für einen Laden meiner Größenordnung auch finanziell nicht ohne weiteres tragbar.«

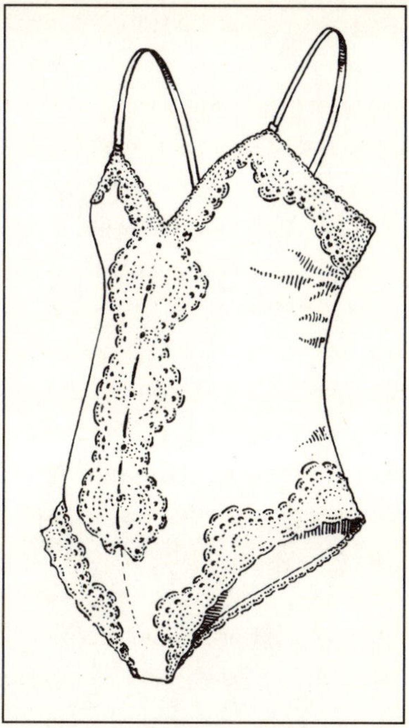

In den 1980er Jahren habe ich immer nach Neuigkeiten Ausschau gehalten. Ich war auf jeder Messe, hungrig danach, ob es endlich etwas Neues gab, dass sich der Markt verändert. Die Achtziger waren das Jahrzehnt der Nachthemden in den allerschönsten Formen und Farben. Wir hatten Nachtkleider von einer Italienerin namens Flora Lastraioli, sie fertigte in Handarbeit Seide mit inkrustierter Spitze, in zwei Farben. Wir verkauften dieses Kunstwerk für 2000 D-Mark. Fast jede Frau wollte so sein wie Linda Gray als Sue Ellen Ewing oder Joan Collins als Alexis Carrington. Es waren wunderbare Zeiten, als im Fernsehen »Denver-Clan« und »Dallas« liefen. Von diesen überaus populären, langlebigen Fernsehserien, die ihre Dramen in äußerst begüterten, geradezu neureichen Lebensformen zelebrierten, profitierte die gesamte Nachtwäscheindustrie. Auch ich hatte Nachtwäsche in Satin und in Seide. Es waren keine einfachen Nachthemden, nein, das waren Nachtgewänder, Roben, die mit Perlen und Champagner präsentiert werden konnten. Jede glaubte, diesem bestimmten Lebensstil nacheifern zu können, sobald sie sich ähnlich kleidete. Ganz so, wie es in den letzten Jahren mit

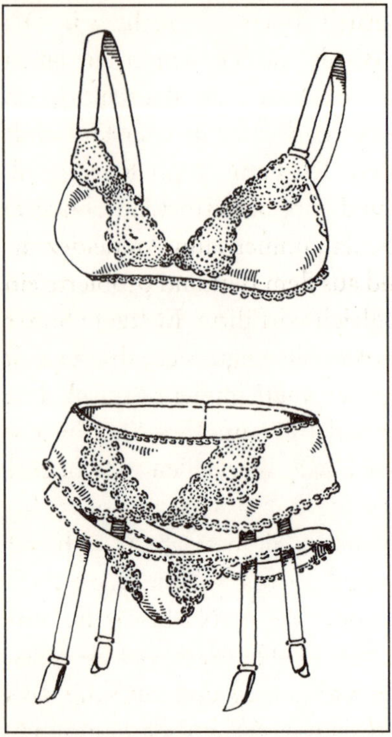

der Serie »Sex and the City« für die Konfektion funktionierte. Das war so ein Moment, wie eine Massenhysterie. Normalerweise wurde ein Nachthemd fürs Bett oder fürs Krankenhaus gekauft, nicht aus Prestigegründen.

Catherine Deneuve ließ bei mir anfragen und liefern, auch Hildegard Knef. Sie kamen natürlich nicht zu uns ins Geschäft. 1986 kehrte die Knef aus den USA nach Deutschland zurück, wo die Boulevardpresse weiterhin heftig über sie herzog. Medikamentenabhängigkeit und Morphiumsucht nach der im Frühjahr 1973 durchgestandenen Brustkrebs-OP – und das Interesse an ihren Filmen, Konzerten, Platten und Büchern verblasste. Mir klingt immer noch ihre melancholische Stimme nach aus ihren wunderbaren Chansons: »Berlin, dein Gesicht hat Sommersprossen!« …

Ich bekam einen Termin und durfte die Knef zu Hause in ihrer großzügigen alten Villa in der Herthastraße im Grunewald besuchen. Die Hausdame ließ mich warten und marschierte die geschwungene Treppe hinauf, um die Herrschaften zu fragen, ob mein Besuch ihnen nun recht war. Die Knef war nicht diese Lady, als die sie sich nach außen präsentierte. Paul Freiherr von Schell zu Bauschlott, ein fünfzehn Jahre jüngerer Amerikaner ungarischer Herkunft und Frau Knef lagen im Bett. Ich hatte längst Feierabend. Mit meinen Negligés, BHs und Slips bewaffnet, durchquerte ich auf Zehenspitzen das Schlafzimmer zum Ankleidezimmer. Die Knef stieg seufzend aus dem Bett und probierte ein Nachthemd, das sie ihm sogleich vorführte. Er fragte hinter seiner Zigarette, was das koste. Sie zeigte sich, drehte sich vor ihm und vor dem Spiegel; er fragte immer nur nach dem Preis. Im Ankleidezimmer fiel mir auf: Ihre Slips waren unter aller Würde. Die Knef ließ alles fallen, ich bückte mich, das machte mir nichts. Ich war ja nur eine von vielen Personen, die ihr etwas brachten. Sie betrachtete sich nur von der linken Seite im Spiegel, rechts war die Brust flach nach der Brustkrebsoperation. Meine Nachtwäsche war dem Ehepaar Schell / Knef mit 2000 D-Mark viel zu teuer. Sie entschied sich für einen Badeanzug und ein schlichtes Nachthemd. Die Kundin, die zu mir ins Geschäft kam, kaufte mehr. Zu Hause nähte ich der Knef die Schale in den Badeanzug. Mein Butler wies mich darauf hin: Es war die falsche Seite. Ich hatte die Knef immer nur im Spiegelbild wahrgenommen. Als ich den Badeanzug überbrachte, gab ich ihr einen Stapel Slips und verließ sie mit den Worten: »Vielen Dank, Frau Knef, dass ich bei Ihnen sein durfte, das ist mein Geschenk.« Ob sie es begriff, warum ich das getan hatte? Mädel, deine Slips gehörten echt auf die Müllkippe! Die Ehefrauen von Günter Pfitzmann und Harald Juhnke gehörten ebenfalls zu unseren Kundinnen, obwohl diese Frauen für Wäsche nicht viel übrighatten. 20 000 D-Mark gaben sie locker für Konfektion aus, aber 100 D-Mark für einen Büstenhalter? Die Damen waren entsetzt. Bei all dem Glamour – mir ist die normale Kundin von der Straße lieber. Hans Hermann sagte immer: »Du musst rausgehen und dich zeigen!« Ich dachte immer, dass jeder weiß, wie gut ich bin. Aber woher sollten das die Kundinnen denn wissen, wenn ich es nicht laut sagte? Frauen warten immer darauf, dass sie entdeckt werden. Als ob jeder wissen müsste, dass sie gut sind. Sie verharren in der passiven Position, das haben sie so gelernt. Aber damit verpassen sie meistens die Gelegenheit, für sich Werbung zu machen. Wir, das Ehepaar Meyer, zeigten uns. Heute nennt man das »netzwerken«. Abends war ich manches Mal einfach müde, dann wollte ich mich ein bisschen drücken und dachte, ach, heute bleibe ich zu Hause, muss doch nicht sein. Hans Hermann drängte mich regelmäßig, auf Veranstaltungen zu gehen. Wir besuchten jede Premiere im Theater, sind jeder Einladung gefolgt, um immer wieder zu zeigen: »Mich gibt es – Lady M«. Sei es auf dem Presseball, auf dem Filmball, dem Ball der Wirtschaft im Internationalen Congress Centrum, wir schwebten und grüßten über alle Tanzflächen Berlins. Mindestens genauso präsent waren wir auf allen Premieren, um die wirklich wichtigen Männer und Frauen der Stadt zu treffen, um sich vorstellen zu lassen. Es kamen viele Schauspieler und Prominente zu »Lady M«, aber es blieb doch eher ein unpersönliches Verhältnis. Aber wenn wir uns auf einer Veranstaltung begegnet waren, kamen sie beim nächsten Mal zu mir und begrüßten mich mit: »Ach, Frau Meyer, wie geht es ihnen?« Ich sammelte Prominente und betrieb meine Sammelleidenschaft bis zur Perfektion wie alles in meinem Leben. Alles, was sich vor dem Mauerfall als Elitegrüppchen, als Westberliner Upperclass-Zirkel gerierte, gab sich bei mir die Klinke in die Hand. Doch Dessous heißt Diskretion. Die Schauspielerinnen Angelika Milster oder Ursula Monn kauften bei mir, natürlich erwähnte ich dann den letzten Film, die letzte Theatervorstellung, in der ich sie gesehen hatte. Zur Kundin musste ich einen emotionalen Zugang finden, sei es über ihre schauspielerische Präsenz oder sei es über den Hund.

Wie gerne hätte ich einen Film wie »Viva Maria!« mit Brigitte Bardot und Jeanne Moreau beliefert. Diese Korsagen, Mieder, der ganze Film ist ein einziges Statement für selbstbestimmte, freie weibliche Sexualität, die die beiden auf der Leinwand plakativ ausleben. Zwischen Revolution und Liebe legen sie locker einen gekonnten Striptease hin. Bei »Lady M« gab es diese Staffagen, die Schauspielerinnen auf der Bühne oder im Film tragen. Das ganze Repertoire hatte ich im Angebot, egal, ob für einen Film aus den Vierzigern oder ein Nachthemd aus den Sechzigern, Heide Meyer besorgte. Schließlich lieferten wir für die ersten Traumschiff-Staffeln die Badeanzüge oder Pareos. Alle Badeanzüge, die die Schauspielerin Angelika Milster auf dem ZDF-Traumschiff trug, kaufte sie bei »Lady M«. Auch ich konnte 1986 erste Dreherfahrungen sammeln mit dem Frühstücksfernsehen von SAT.1. Meine zwei Minuten konnte ich regelmäßig überziehen, denn ich brachte hübsche Mädchen und ein Thema, das jeden interessierte. Offenbar vor allem die Herrenwelt. Zur »Lady M« kamen jetzt die Männer, die ihre Frauen zu uns schleiften: »Du gehst da jetzt hin, mir langt das, dass du sagst, du kriegst nirgendwo etwas, das passt.«

Am 29. April 1986 wurde die Folge von »Dallas« ausgestrahlt, in der Bobby Ewing starb. Die Tagesthemen meldeten direkt nach der Ausstrahlung, dass drei Tage zuvor im Kernkraftwerk von Tschernobyl ein Reaktorunglück ge-

schah. In Folge 216 war Bobbys Tod nur ein schlimmer Traum seine Ex-Frau Pam, der Reaktorunfall dagegen unumstößlich. Die alternative Protestbewegung wurde für viele zur Doktrin, Sitzblockaden wurden Kult, Weihnachten galt als religiöse Verschwörung. Das Private war immer noch politisch und das Politische privat.
Schon als die Wolke im Anflug war, herrschte eine diffuse Angst. Niemand wusste, was da auf uns zukam. Vielleicht war es wirklich nicht so gefährlich? Aber psychologisch wirkte das sehr stark auf die Leute. Es hatte etwas Apokalyptisches. Das Wetter war an diesem Tag unheimlich gut. Die Knospen gingen endlich auf, es war ein richtig klarer Frühlingstag, alles wirkte so surreal. Verstrahlt? Als dann der Saure Regen kam, eine bessere Metapher für etwas derart Zerstörerisches konnte man ja kaum finden, da hatte das durchaus auch eine symbolische Bedeutung. Klar, da musste Radioaktivität darin sein. Ich glaube, in Deutschland war man sehr empfänglich für diese Art der Hysterie. Wir haben einen Hang dazu, bestimmte Dinge zu übertreiben. Alle sind hier doch sehr aufgeregt und panisch. Ich kann mich nur noch daran erinnern, dass zu Hause meine Yuccapalme draußen auf dem Balkon stand. Wo die Yuccapalme heute steht, weiß ich leider nicht. Ich bin kein Mensch, der Angst hat vor diffusen Dingen, ich brauche etwas, das ich sehen kann, damit ich mich davor fürchte.

Mütter und Töchter

Die Frauen haben sich seit den sechziger Jahren sehr stark verändert, dazu kamen die veränderten Essgewohnheiten und die Lebensmittel selbst: Kälber und Hühner werden hochgezüchtet mit Antibiotika. In meiner Kindheit war ein Kohlrabi so groß wie meine Faust. Heute ist ein Kohlrabi groß wie ein Blumenkohl. An den Cupgrößen, wir haben jetzt F-, G-, H-, I-Cups, lassen sich die Veränderungen ablesen. Was passiert eigentlich mit den Frauen nach der dritten, der vierten Pillengeneration, nach der ständigen Einnahme von Hormonen? Auch wenn die wissenschaftlichen Langzeitstudien fehlen, ich sehe doch, wie die Mütter heute mit ihren Töchtern kommen, die mit dreizehn Jahren einen F-Cup brauchen.

Auf den ersten Nacktbildern aus den Anfängen der Fotografie hatten Frauen üppige Hüften, aber eher eine kleine Büste. Die Frau damals hatte eine völlig andere Figur. Nicht nur, dass die deutsche Frau zu der Zeit, als ich angefangen hatte zu lernen, noch sehr viel kleiner war, sie war auch in sich runder. Die Frauen früher nahmen zu mit jedem Jahr, und sie hatten eine rundlichere, eine fraulichere Figur. Aber der Busen, der war bei weitem nicht so groß. Mit Beginn der achtziger Jahre wurden die Cupgrößen stärker. Die Frauen veränderten sich in ihrer ganzen Art, sie wurden größer, sportlicher, fast auch ein wenig maskuliner. Das weiche

Weibliche von früher gab es nicht mehr. Überall und zu jeder Zeit begannen die Frauen Sport zu treiben. Jane Fonda feierte ihren Körper im Aerobic-Gymnastikanzug und schwärmte vom Training, das sie so intensiv betrieb, dass sie danach keinen Hunger mehr spürte. Jede turnte mit selbstgestrickten Neonstulpen vor den Spiegeln im Studio, das gehörte einfach dazu.

Heute wie vor hundert Jahren sind junge Mädchen verunsichert, wenn sie merken, es wächst ihnen eine Brust. Wenn plötzlich diese Fettansammlung sich verstärkt an zwei bestimmten Stellen. Sie sind noch Kinder, doch sie richten ihr Körperideal an »Germany's Next Top Model« aus. Die Pubertät beginnt immer früher, mit neun oder zehn Jahren, und die Brüste werden merklich größer. Mag sein, dass die sexuelle Befreiung in einen permanenten Leistungsdruck umschlägt. Was früher wild wuchs, wird heute rasiert und in Form getrimmt. Die Auswahl der Damenrasierer im Drogeriemarkt übersteigt längst die der Herren. Sex springt dich an von jeder Plakatwand, aus jedem TV-Spot. Grundschüler werden mit Aufklärungskoffern konfrontiert, darin Beschreibungen zum Anal- wie zum Oralverkehr. Die Gesellschaft ist einfach durch und durch sexualisiert, niemand kann sich dem entziehen. Schon gar nicht die Frauen. Heute buchen sie Burlesque-Dancing-Workshops und kaufen Korsagen, manche absolvieren gleich den Striptease-Kurs, nur um im Konkurrenzgeschäft der Körper vorne zu bleiben – oder sieht so der heutige Feminismus aus? Dabei geht doch jede Individualität, jede romantische Regung flöten: oversexed und underfucked.

Natürlich bin ich mit meinem Dessous-Angebot Teil des Ganzen, doch ich sehe Dessous als ein Werkzeug – es ist kein Spielzeug –, als das Kapital des Begehrens, das ernsthaft Macht ausüben kann. Denn wenn frau sich anders und besser fühlt, ist sie bereit, mehr Macht zu übernehmen. Und Macht macht ja bekanntlich sexy. Dessous stehen für ein bestimmtes Erlebnis, das die Frau selbst forcieren will. Die, die nur ihrem Mann einen Gefallen tun wollen, damit er sich nicht abwendet, wird es immer geben. Vor dreißig Jahren hätte ich gesagt, die Frauen machen das nicht für sich selbst. Heute trauen sie sich mehr zu, auch in der Wäsche, weil sie selbst entscheiden wollen, was an einem Abend passieren soll. Früher hätten die Frauen sich ihre Wünsche nicht zugestanden, sie hätten sie nicht einmal erahnt, und wenn sie es gewusst hätten, hätten sie sich nicht getraut. Heute tun sie es, um ihre eigene Persönlichkeit, die eigene Lust und die eigenen Gefühle zu steigern.

Die Jungen wollten nicht so aussehen wie ihre Mütter, die den Paukenschlag der 68er-Befreiung noch selbst miterlebt und mitgetragen hatten. Die die ganze Zeit davon schwafelten, freie Liebe zu machen, aber unmöglich herumliefen. Wenn noch in den späten Achtzigern Mutter und Tochter zusammen kamen, wandten sich meine Verkäuferinnen gern ab und gaben vor, etwas Wichtiges erledigen zu müssen. Also blieben die beiden meist bei mir hängen. Ich stand immer dazwischen, konnte nichts sagen und musste der Schiedsrichter sein. Die Mütter verstanden einfach nicht, dass ihre Kinder ihren eigenen Geschmack entwickelten. Das war für die Mütter etwas Neues. Heute suchen sich ja schon die Sechsjährigen ihre Klamotten aus. Und wenn die Mütter alleine kamen und für ihre Töchter einkauften, riet ich immer, mehrere Teile zur Auswahl mitzunehmen. Wenn das Mädchen ihrer Mutter noch vor einer Woche erzählte, sie wollte einen lilafarbenen Büstenhalter oder Bikini, dann musste der schon die Woche darauf rote Punkte haben. Egal was die Mutter auswählte, es war immer falsch. Für uns im Geschäft bedeuteten Mutter-Kind-Besuche totalen Stress. Mir war ja selten etwas zu anstrengend, aber die Besuche wurden selbst mir zu viel. Eine Mutter, eine sehr gute Kundin, kam mit ihrer Tochter, die gar nicht glücklich war über ihre für ihr Alter enorme Oberweite. In anderen Geschäften konnte sie nichts finden, doch ich versuchte immer, große Größen vorrätig zu haben. Leider waren die großen Cupgrößen nicht Junge-Mädchen-Geschmack, und die Tochter war so wütend und verzweifelt, dass sie in der Kabine auf den BHs herumtrampelte. Ich hatte noch nie eine Kundin aus dem Geschäft gewiesen, aber ich sagte zur Mutter: »Auch wenn ich Sie als Kundin verliere, mit Ihrer Tochter kommen Sie bitte nicht mehr. Das halte ich nicht aus.« Dieses Mädchen kam noch mit Mitte vierzig zu mir zum Einkaufen. Damals sehnte sie sich nach etwas Jungem, Schönem, und das gab es in ihrer Größe noch nicht.

Für ihre Kinder wollten viele Frauen nur die beste Baumwolle, nur die ledernden Schuhe mit Fußbett, aber ihre eigenen Bedürfnisse stellten sie hintan. Beim Büstenhalter, bei der Wäsche, bei dem, was die Mütter täglich an intimster Stelle an sich trugen, wurde gespart. Auch bei der Nachtwäsche: Ins Bett zu gehen und ein Wäscheteil am Körper zu fühlen mit kratzigen Nähten oder ungesunden Farbeinwirkungen, das wird nur eine unruhige Nacht mit Schwitzen, wenn so etwas zwölf Stunden am Körper klebt. Wäsche ist ein wichtiges und schönes Stück Körperkultur! Für Gesichtscremes, Wellness, gesundes Bioessen geben wir unser Geld aus. Wie absurd ist es doch, auf eine teure und hochwertige Körperpflege zu achten und einen billigen Büsten-

halter zu tragen. Dass ein Büstenhalter von hochwertiger Qualität genauso zu einem gesunden Körpergefühl gehört, ist noch nicht ins Bewusstsein vorgedrungen.
Aber musste es für die Tochter wirklich das Badeensemble des exklusiven israelischen Herstellers Gottex sein? Bikini, Bluse und Hose waren mit großen Steinen und Gold bestickt, aus höchst dünnem, durchsichtigem Material mit breiten Manschetten und Goldbesatz. Die Jacke für 1200 D-Mark, die lange Hose für 999 D-Mark und den Bikini für 1490 D-Mark kaufte eine Mutter für ihr 14-jähriges Kind. Aber ich kann ja nicht in die Erziehung einer Mutter hineinreden. Dies war einer der Verkäufe, die mich nicht glücklich gemacht haben. Diese Kinder haben keine Steigerungsmöglichkeiten. In der Größe der Vierzehnjährigen hatte ich das Ensemble nicht vorrätig, aber ich habe der Tochter versprochen, es zu besorgen. Das Mädchen kam jeden zweiten Tag, fragte nach und weinte, weil ich es noch nicht bekommen hatte. Dabei hatte ich gern junge Mädchen bei mir. Ich empfahl mich ihnen als die Oma ihres Vertrauens. Viele der Fünfzehn-, Sechzehnjährigen beherzten meinen Rat, wenn sie allzu scharfe Bikinis und Badeanzüge anhatten. Mädchen, natürlich willst du, dass dich die Männer anschauen. Aber doch nicht so. Heute lassen sich sechzehnjährige Mädchen, die noch mitten in der Entwicklung sind, die Brust operieren. Was das bedeutet, welche Tragweite diese Entscheidung haben kann, zum Beispiel dass sie nie ihre Kinder werden stillen können, das wissen sie doch noch gar nicht.
Hennes & Mauritz hat zu einer entscheidenden Trendwende im Dessous-Bereich geführt, wir hätten dieses Bewusstsein im Fachhandel niemals schaffen können. Büstenhalter sind dank H&M zu einer Selbstverständlichkeit wie Lipgloss oder Deo für die jungen Mädchen geworden. Die schwe-

dische Kette machte den neuen Generationen ab Mitte der neunziger Jahre klar, dass unter ein Kleid oder eine Bluse ein Büstenhalter gehört. Genauso wie ein Slip. Was vorher No-Go war, ein schwarzer Büstenhalter unter einem weißen T-Shirt, bei dem die Träger des BHs rausguckten, erfanden die jungen Mädchen als ihr Kontra gegen die konventionelle Denke, wie ein BH sitzen musste. Aber wie, bitte, sollen sich junge Frauen heute von ihren Müttern abgrenzen, wenn die Elternteile nackt und kiffend durchs Wohnzimmer spazieren? Wenn in den Patchwork-Konstellationen alles erlaubt und alles, aber auch alles möglich ist und toleriert wird? Kindern macht es doch Angst, wenn ihre Eltern in einer ewig anhaltenden Postpubertät stecken!

Heute kommen viele Frauen um die vierzig zu mir, mit guten Berufen, steilen Karrieren und erzählen mir, dass sie alles hinschmeißen. Endlich wollen sie ausbrechen aus dem Leistungsdruck, der sie von klein auf beherrschte. Mit schönen, neuen Dessous können sie erst mal ein bisschen ausbrechen, ganz anders sein. In meiner Generation war es so, man hat gelernt, blieb vierzig Jahre im Beruf, Handschlag, Blumenstrauß, Pralinenkasten, Rente. Die Frauen fragen: Ist denn das alles gewesen? In jungen Jahren waren sie viel zu zielorientiert, als dass sie etwas hätten ausleben können. Jetzt nutzen sie die Freiheit, ihren BH zu zeigen, die Freiheit, in einer Bar eine transparente Bluse zu tragen.

Der Körper der Frau verändert sich nach meinen Erfahrungen etwa alle sieben Jahre. Bis zum einundzwanzigsten Lebensjahr ist sie glücklich mit ihm, etwa bis achtundzwanzig, da findet sie ihn gerade noch gut, mit vierunddreißig fängt sie an zu maulen und mit einundvierzig Jahren wird der Umgang mit ihm bei den meisten Frauen schwieriger.

Je schneller sie auf die Wechseljahre zusteuert, desto gravierender die Veränderungen. Plötzlich ist da das Gefühl, es sind nicht mehr sieben Jahre, sondern sehr viel weniger. Eine Kundin, die mit ihrer Tochter vorbeikam, schämte sich anfangs so sehr, dass ich ihr hoch und heilig versichern musste, nicht in die Kabine zu kommen. »Und, passt es?«, fragte ich von draußen und bat sie, den Vorhang doch wenigstens einen Schlitz zu öffnen: »Wenn Sie mich nicht gucken lassen, verkaufe ich Ihnen nichts, Sie können alles probieren, aber ich verkaufe Ihnen nichts.« Beim ersten Mal war es noch sehr viel schwieriger, ihr die vermeintliche Peinlichkeit zu nehmen. Beim dritten Einkauf aber stand die Mutter plötzlich nur im BH und Slip mitten im Laden, alle Hemmungen hatte sie völlig abgestreift, und ihre Tochter staunte. Alles eben eine Frage des Vertrauens.

Das Altern der Frauen macht es uns im Verkauf nicht leichter. Frauen haben bestimmte Körperstellen, die sich, je älter sie werden, umso unschöner entwickeln. Da ist die Partie der Haut rund um die Achseln, da ist nur noch Hüftgold und keine Taille mehr zu ertasten. Frauen haben ein sehr viel weicheres Bindegewebe. Wenn die Kundinnen bei mir klagten, fragte ich sie: »Aber Ihre Kinder, die wollten Sie doch?« Meistens lautete die Antwort: »Ich habe wunderbare Kinder.« »Sehen Sie, die hätten Sie sonst nicht bekommen können ohne ein weiches Bindegewebe.« Wenn die Frauen kamen und seufzten: »Ich will, dass der Bauch weggeht und dass der Busen kleiner wird«, antwortete ich: »Wir haben doch kein Loch innen. Wir können es nicht irgendwo hinschieben. Alles ist da, wo es hingehört.«

Achtundneunzig Prozent der Frauen sind mit ihrem Körper unzufrieden. Aber nicht nur zwei Prozent überhaupt haben eine gute Figur. Die überkritische Wahrnehmung resultiert daraus, dass die Frauen sich jahrzehntelang sagen ließen, wie sie auszusehen hätten. Da ist es doch nicht verwunderlich, wenn keine mit ihrer Figur zufrieden ist. Daher habe ich bewusst bei meinen Modenschauen immer rundlichere Models gehabt. In der Werbung hat die Frau drei Meter lange, glatte, braune Beine, keinen Bauch, einen knackigen Po, einen superfesten Busen, schöne Haare, schöne Zähne und ein schönes Gesicht. Ja, denkt die Frau, ich kaufe mir den Badeanzug und komme gleich rattenscharf rüber. In solchen Momenten wird klar, was eine gute Verkäuferin überhaupt zu leisten hat. Ein hinsichtlich der physischen wie vor allem der psychischen Leistung völlig unterschätzter Beruf. Die Modewelt ist nicht dazu bereit, auf Magermodels zu verzichten. Nur »Dove« wirbt für die Seifen und Bodylotionen mit Frauen, die wie nach dem Natürlichkeitsprinzip gecastet wurden, und sie zeigen Models mit dickeren Beinen. Die *Brigitte* setzt inzwischen auch keine professionellen Models mehr ein.

Aber Frauen wollen das gar nicht sehen, denn so wird ihnen aufgezeigt: So siehst du eigentlich aus. Obwohl das ja normal ist. Die Vorstellung, wie Models auszusehen, ist den Frauen nicht aus den Köpfen zu bringen.

Das Problem ist, man muss total ehrlich sein, ohne ehrlich zu sein. Wenn Sie wissen, was ich meine. Ich kann der Kundin ja nicht sagen, sie sieht aus wie ihr Ideal, das weiß sie auch, dass sie das nicht tut. Sie sieht ja auch nicht so aus. Aber ich kann nicht sagen: »Wenn man so aussieht wie Sie, dann werden Sie nie so aussehen, wie Sie sich das vielleicht erträumen.« Aber ich muss es ihr sagen, ohne es ihr zu sagen. Das erfordert wirklich jegliches Fingerspitzengefühl: Wegzukommen von diesem Bild, das sich eine Frau macht, und ihrem Bild, wie sie zu sehen ist. Du musst das Positive benennen: ihren tollen Brustansatz. Oder die langen Beine. Oder dieser wunderschöne Rücken. Was verkauft wurde, muss so top aussehen, dass die Freundin sagt: »Wow, so toll hast du ja noch nie ausgesehen.« Und dann hat die Frau nie mehr den Wunsch, wie das Model auszusehen. Insgeheim vielleicht noch. Aber dieser Wunsch ist nicht mehr so präsent.

Die Werbung streut so viele Idealvorstellungen, die wir nicht umsetzen können, weil die Kundin das nicht hergibt. Ich hatte Kundinnen, die hätten das Geld für La Perla, aber deren Ausstrahlung passte nicht dazu. Die sehen in einem weniger exklusiven Teil unter Umständen besser aus, und passender.

Ich hatte eine sehr attraktive Kundin mit der Körbchengröße 75 H, also eine sehr große Cupgröße bei einem sehr schmalen Brustumfang, eine sehr schlanke Frau mit einem wirklich sehr großen, sehr schönen Busen: »Ich würde aber lieber so was Kleines anziehen.« Ich antwortete ihr: »Na, wie sieht das an Ihnen aus? Doch ganz komisch. Das sieht in der Hand schöner aus, aber wenn der Körper dazu nicht passt?« Sie aber wollte partout ihren Busen kleiner haben.

Wöchentlich kam sie mit einem Katalog voller nackter Frauen in der Hand, um mit mir zusammen ihren neuen Busen auszusuchen. Ein enormer Vertrauensbeweis. »Frau Meyer, würde der zu mir passen?« Ich meinte nur, auf alle Fälle nicht zu klein, weil sie durch die Operation zu einer völlig anderen Person werde. Sie lief von einem Schönheitschirurgen zum anderen, und der eine sagte, ein Busen über 75 B, das geht gar nicht, ab der Größe gebe es keine schönen Büstenhalter mehr. Da sagte ich nur: »Na, dem werden Sie ja hoffentlich nicht geglaubt haben, denn Sie wissen ja, dass es schöne Büstenhalter auch in größeren Größen gibt!« Was weiß denn ein Schönheitschirug von Dessous? Ich riet ihr, dass sie sich nicht für einen Busen unter 75 D oder sogar E entscheiden solle, das passe ganz einfach nicht zu ihr. Als sie sich endlich einen Busen ausgesucht hatte, der ihr gefiel, musste ich anmerken: »Denken Sie daran, Sie haben einen anderen Körperbau. Sie sind viel kleiner, nicht so groß wie die Frau, die dort abgebildet ist.« Ganze fünf Mal legte sich diese Kundin unters Messer. Sie hatte nun mal ein etwas eigenwilliges Brustgewebe – im Ergebnis dann ein eckiger Busen, nie ein rund geformter. Ihr Brustgewebe rutschte einfach immer zur Seite, und sie war todunglücklich, sie schimpfte mit mir, weil sie dachte, jetzt habe sie endlich einen kleinen Busen, jetzt kann sie so schöne Sachen kaufen. Dabei wurde es nun für sie schwieriger, etwas Passendes zu finden. Nach der fünften Operation hatte sie wirklich Unmengen von Geld ausgegeben. Aber richtig glücklich wird sie damit wohl ihr Leben lang nicht mehr werden.

Normalerweise ließen sich meine Kundinnen die Oberweite vergrößern. Meine erste Kundin, die diesen Eingriff machen ließ, erzählte, sie würde sich im Leben nicht mehr dafür auf einen OP-Tisch legen. Durch meine Arbeit habe ich ja wirklich enorm viele Vergrößerungen zu Gesicht bekommen. Eine Operation ist und bleibt immer ein Risiko. Nur weil ich einen etwas größeren und schöneren Busen haben will, setze ich doch nicht mein Leben aufs Spiel. Wegen einer Brust-OP sterben? Das kam vor. Natürlich hat sich die Qualität der Operationen sehr verändert. Die ersten Implantate wurden nach spätestens einem Jahr vom Körper abgestoßen. Ich hatte Kundinnen, da war das ganz, ganz grausam. Da liegt ja alles offen und tut furchtbar weh. Wir Frauen haben eben ein paar Körperteile wie die weibliche Brust, die besonders empfindsam sind.

Die ersten Frauen, denen aufgrund von Brustkrebs eine Brust amputiert wurde, waren ja wirklich verschandelt. Da hieß es nur: »Seien Sie doch froh, dass Sie überhaupt noch leben.« Auch da haben sich ja das Bewusstsein und glücklicherweise haben sich auch die operativen Möglichkeiten ganz enorm verändert, so dass man der Frau das Gefühl geben kann, sie ist eben auch weiterhin noch eine Frau. Aber es bleiben viele Unnormalitäten, die der Übergrößen, die andere von Natur aus haben und sie gerne kleiner hätten, weil sie wissen, was das für eine Belastung ist; auf der anderen Seite geben viele Frauen viel Geld dafür aus, um sich damit erst so ein Problem zu schaffen. Wenn man auf dieser Seite wie ich steht und die Frauen beobachtet, frage ich mich, ob die Frauen wirklich alles tun müssen, um einem Idealbild zu entsprechen. Ganz einfach, weil es immer Operationen sind, immer Eingriffe, die risikobehaftet sind. Und es sind immer Dinge, die nicht in den Körper gehören. Bei Frauen, die sich die Brust aufbauen lassen, weil sie nicht so schön ist, wird regelmäßig das Bindegewebe am Brustansatz wieder weich. Es wird also nie so bleiben wie kurz nach der OP. Da rutscht die Brustwarze nach oben, da ist sie nicht mehr mittig. Nach einem echten Busen sieht das jedenfalls nicht aus. Wenn ich mir die Körperformen der Frauen genauer anschaue, am Strand oder im Sommer, wenn sie nur diese knappen T-Shirts tragen, dann ist der Brustkorb selbst oft ganz schmal und daran hängt links und rechts ein runder Ball. Legt sich eine Frau hin, dann verändert sich die Lage der Brust, die geht ja ein bisschen zur Seite. Und unechte Brüste, die liegen einfach immer wie so zwei Bälle oben drauf. Das sieht man einfach. Okay, ich kann die Welt nicht retten, und die Frau, die glaubt, dass das unbedingt für sie wichtig ist, die soll das eben machen.

Höchstwahrscheinlich macht einen Teil meines Erfolges aus, dass ich mit mir so im Reinen bin. Und dabei habe ich, selbst als ich noch schlanker war, nun keine Modelfigur und Problemzonen en masse. Dann ist es eben etwas anderes, wenn die Kundin zu mir kommt und sich mit ihren Problemen mir anvertraut. Viele Verkäuferinnen gehen ganz unachtsam mit diesem fremden Körper um. Und ich finde, das dürfen wir nicht tun.

Die Mauer ist weg

Hans Hermann und ich waren zu Besuch in Frankfurt am Main bei meiner Schwester Karin, die fünfzig wurde. Da ging es Hans Hermann noch gut. Wir saßen bei Karin im Wohnzimmer in den verstellbaren Fernsehsesseln mit Massagefunktion und betrachteten einigermaßen ungläubig die johlenden Trabifahrer, Vokuhilas mit Bierflaschen und Jeans im notorischen Sagrotanlook, Frauen, die sich tanzend auf Grenzsoldaten zubewegten und sie mit Küsschen überstürmten. Das sind sie also, die Menschen aus dieser dunklen Masse, die noch am 4. November auf dem Berliner Alexanderplatz und überall in der Republik riefen, wir sind das Volk? Am 7. Oktober 1989 feierte die DDR ihr vierzigjähriges Bestehen mit einer großen Militärparade in Berlin – obwohl bereits seit dem Sommer Tausende über Ungarn in den Westen flohen.

Günter Schabowski, linientreuer Zentralkomiteeler par excellence, beschwerte sich bei Erich Honecker, weil sich die DDR-Bürger größere Antennen wünschten, um diesen »Drecksender SAT.1« empfangen zu können. Am 6. November 1989 wurde die Position eines Sekretärs des Zentralkomitees der SED für Informationswesen geschaffen und mit dem sechzigjährigen Schabowski besetzt. Zwei Tage später leitete er eine internationale Pressekonferenz zum neuen Reisegesetz der DDR, in der er, mit einer zähen Kette verunsicherter »ähs«, mitteilte, dass die Reisemöglichkeiten erweitert werden. Schabowksi kramte ein paar Papiere hervor und las daraus ab: »Ständige Ausreisen können über alle Grenzübergangsstellen der DDR zur BRD bzw. zu Westberlin erfolgen.« Und zwar sofort! Der »Kurs der Erneuerung« war abgeschrieben wie die ganze DDR. Das war der Knaller! Auf der Hinfahrt nach Frankfurt zusammen mit meinen Eltern war noch alles ruhig, die Dörfer und Städte der DDR lagen nachts schwarzdunkel ohne Lichter, wie immer. Hans Hermann war ein sehr visionärer Mensch, er dachte über eine Solaranlage auf dem Bootshaus des Ruderclubs nach, da wusste kaum jemand, wie man das schreibt. Seit 1985 behauptete er immer wieder: »Die Mauer fällt, und ich werde es erleben!« Ich belächelte ihn. Hatten wir Gäste, brachte er sie immer in den Ostteil Berlins. Ich hatte genug zu tun, mir war das nicht so wichtig.

Auf der Geburtstagsgesellschaft meiner Schwester hielt Hans Hermann eine flammende Rede. Er hatte Tränen in den Augen: Dass es jetzt endlich passiert ist, ein einheitliches Deutschland – und die Frankfurter guckten nur gelangweilt. Für Westdeutsche war der Mauerfall nichts, was sie ernsthaft berührte. Hans Hermann wollte sofort nach Hause. Doch es ging kein Flug, es ging kein Zug, alles war verstopft.

Am nächsten Morgen setzten wir uns verkatert ins Auto und fuhren los, wir mussten nach Berlin, wir mussten dabei sein. An den Grenzen Unmengen von Menschen, die klatschten und jubelten. Vor den Grenzanlagen entdeckten wir einen Trabifahrer, der mit seinem Abschleppseil wie mit einem Lasso winkte. Wir machten das Autochen an unserem kastenförmigen, langgestreckten Achtziger-Jahre-Mercedes fest, ein richtiges Schlachtross in Braun. Vor den Grenzanlagen mussten sich die Autos einordnen, »West« links und »Ost« rechts. Die Grenzer wussten nicht, was tun mit unserem Gespann. Schließlich sagte einer, ist ja auch egal, fahrt nur. Und wir starteten unter tosendem Beifall in Richtung Osten, sinnbildlicher ging es kaum, der dicke Benz und der kleine Trabi, der nicht mehr konnte. In Magdeburg machten wir das Abschleppseil auf einer Tankstelle los. Wir umarmten den Mann und er uns und schenkten ihm unseren ganzen Reiseproviant, die belegten Brote und das Obst.

Diese Stimmung hier in der Stadt, dabei zu sein, bei solch einem geschichtlichen Erlebnis, verschafft mir heute noch Gänsehaut. Wir sind aber nicht an die Mauer gegangen, ich mag solche Massen nicht.

Ich muss sagen, den Zusammenschluss erlebte ich hauptsächlich auf der kaufmännischen Ebene. Natürlich wusste ich, es gab Dissidenten, Dichter, Intellektuelle, Wissenschaftler in der DDR und ich hatte ja als Einkäuferin noch im KaDeWe immer einen Prozentsatz an Ware aus der DDR abzunehmen. Eingetütet wurden diese Kontingente, die sich durch alle Abteilungen zogen, von der KoKo, der Kommerziellen Koordinierung unter den Fittichen des Alexander Schalck-Golodkowski, der sich drei Wochen nach dem Mauerfall mit seiner Frau, wie er Oberst des Ministeriums für Sicherheit, in Richtung Bayern, das Land der verdienten Franz-Josef-Strauß-Amigos, absetzte. Eine »Prachtsammlung Bayern« in Briefmarkenform schenkte Golodkowski zu DDR-Zeiten mit Zustimmung des »Genossen General Mielke« dem bayerischen Devisenvermittler Strauß: eine kleine Aufmerksamkeit für den Millionär in Münchens Staatskanzlei. Durch Scheinfirmen erwirtschaftetes Westgeld setzte Schalck-Golodkowski zur Finanzierung geheimer Operationen und Auslandsspionage ein. Nun ist der Mann alt und krank, und man lässt ihn und sein Vermögen in Ruhe.

Die DDR-Familien wanderten durch das KaDeWe und die anderen Berliner Kaufhäuser und hielten sich vor den Fleischtheken an den Händen, stumm untereinander vor Staunen. Sie rauchten jetzt West, Golden American, Pall Mall und trugen die Aldi-Tüten stolz am Handgelenk wie Handtaschen. Doch vor den Ossis kamen die Polen. Seit 1988 ließ Warschau seine Bürger in den gelobten Westen reisen, zu Tausenden kamen sie in die visumfreie Stadt Berlin. Reisefreiheit. Im Juni 1989 waren es 40 000. 1,80 D-Mark kostete das Ticket für Berlin-Stettin und zurück. Sehen, was geht in der Millionenstadt. Berlin war erster Anlaufpunkt für die Glücksucher aus Osteuropa. Ich beobachtete, wie schnauzbärtige Männer, Frauen mit dem typisch polnischen Make-up, pinkfarbene Lippen, grellblaue Lidschatten, die ersten steifen Schritte machten, als sie in Berlin aus den Omnibussen mit den von innen nassen Scheiben taumelten. T-Shirts, die in Polen umgerechnet fünf Pfennige kosteten, konnten sie in Berlin für 2 D-Mark das Stück verkaufen, das ergab einen Monatsverdienst in Polen. Am Reichpietschufer und später am Potsdamer Platz auf der Brachfläche zwischen der Staatsbibliothek und dem Anhalter Bahnhof breiteten die Polen in Staub oder Schlamm ihre Decken aus in der illegalen Freihandelszone, die täglich bis zu zehntausend Händler anzog. Ein Geruch von kaltem Rauch, Schweiß und Alkohol lag über dem Ganzen. Hans Hermann und ich bestaunten polnische Würste, eingelegte Pilze, Kaviar, Kameras und Kalaschnikows aus der Sowjetunion, ungeschliffene Bernsteinketten, Nazi-Orden, aus Kunstfaser gestrickte Pulloverungetüme, Jagdgewehre, Gasmasken, Kristallgläser, Zigaretten und, und, und, und wir kauften den Bisonwodka mit dem Grashalm darin. Es war das Urbild des jahrtausendealten Markttriebes des Menschen, sein Bedürfnis zu handeln. Ich war fasziniert, manche dieser Männer und Frauen sahen aus wie Bauern, andere hätten ebenso gut Ärzte oder Lehrer sein können. Oft genug saßen auch die Kinder hinter der Ware wie festgezurrt. Das Elend eines vom Stalinismus heruntergewirtschafteten Osteuropa grub sich in die alten, in die jungen Gesichter, alle hatten Stresshormone im Blut. Berlin als die östlichste Hauptstadt des Westens wurde mit der harten, blanken Not – dem Hunger nach Leben von jenseits der Oder – konfrontiert. Wenn die Dunkelheit über den Platz dort kroch, schoben die wasserstoffblonden Polinnen für wenige Mark eine Nummer mit den Berliner Freiern im Dixie-Klo.

Im Winter 1989/90 saß das Geld locker, dazu kam die Angst der DDRler vor der Währungsunion. Sie hatten gespart, und es gab nichts, wofür sie es hätten ausgeben können. Jetzt war der Damm gebrochen, und sie hauten besinnungslos das Geld raus, für das sie jahrelang gearbeitet hatten. Und wer einmal in der Woche für 10 D-Mark die Stunde im Westen putzen ging und anschließend eins zu zehn tauschte, stand finanziell besser da als jeder DDR-Malocher.
Im Einkaufszentrum Europa-Center-Berlin wurde eine schwarze Tafel aufgestellt, mit weißen Klebelettern stand da drauf: »Sie erhalten für 100 000 DDR 10 000 DM.« Unglaublich! Und dreizehn Stockwerke höher drehte sich der Mercedes-Stern als Wahrzeichen des Kapitalismus. Und sie kauften, als ob es keinen Morgen gäbe, die Kunden aus der ehemaligen DDR – bei Aldi. Die ehemaligen Aldi-Kunden kauften bei Reichelt. Die Reichelt-Kunden bei Edeka, die

Edeka-Kunden bei Hertie, und die Hertie-Kunden gingen ins KaDeWe. Und die KaDeWe-Kunden kamen zu »Lady M«, das war mein Eindruck. Alles verschob sich von unten nach oben. Die Menschen wurden ausgesprochen gierig. Geld spielte keine Rolle, Hauptsache es war teuer. Es herrschte Goldgräberstimmung, jeder brauchte ein neues Auto, alle machten enorme Umsätze, aber insbesondere Luxusartikel waren begehrt. Autos wurden en masse gekauft, und wie oft hatte ich Autohändler in meiner »Lady M«, die mir mit ihrem Spuckefinger das Geld für eine La-Perla-Rundumausstattung für gleich zwei Damen à 1000 D-Mark vorzählten. Die Scheine quollen aus der Anzughosentasche, das pralle Bündel nur von einer Metallklammer gehalten.

In den Morgenstunden des 16. Dezember 1989 brannte das Hotel Haus Cumberland, vom gleichen Architekten errichtet wie das alte Adlon, am Kurfürstendamm. Schuld am größten Feuerwehreinsatz der Nachkriegszeit war eine brennende Zigarette, acht Menschen starben in Flammen und Rauch. Der Ku'damm wurde abgesperrt, und Tausende von Menschen drängten auf der jeweiligen Seite des Boulevards in die Geschäfte. An diesem Weihnachtssamstag standen die Kunden bei mir Schlange bis auf die Straße und verschafften mir den höchsten Umsatz, den ich jemals in meinem Leben gemacht hatte. Der Scheich mit seinem Harem war nichts dagegen. Zwanzig Jahre zuvor lief ich noch weinend über den Ku'damm, weil mein Weihnachtsgeschäft ein Fiasko war.

Normalerweise wollen unsere Kunden immer gleich bedient werden, ihre eigene Verkäuferin haben. Alle die, die vom Grunewald, aus Dahlem oder von der Autobahn kamen und eigentlich auf den Ku'damm, vielleicht ins KaDeWe wollten

und schließlich durch den Brand und der Absperrung bei mir hängenblieben, guckten sich von den DDR-Bürgern ab, wie man freundlich und friedlich auf Einlass und Bedienung warten kann. Natürlich erkannten wir die ostdeutschen Käuferinnen sofort, sehen kann man es ja heute immer noch, an den Frisuren, an den Handtaschen. Die ostdeutsche Kundin war anders. Sie war noch nicht so verwöhnt, wie die Kundinnen von »Lady M« es waren. Alles, was gut war, war für meine Stammkundinnen längst selbstverständlich: Ein Superservice, eine sehr gute, kompetente Bedienung, eine Riesenauswahl, immer das Neueste, immer das Gespräch um die Kundin, immer diese Gefühlswelt, die man ihr vermittelt. Die Neukundin erkannten wir immer an ihren »Ahs!« und »Ohs!«. Da war diese Überraschung, was man alles kaufen kann, wie man als Kundin umworben wurde. Die Menschen aus den neuen Bundesländern waren in der »Lady M« zuerst nicht so kaufwillig, weil sie keinen Einzelhandel kannten. Ins Kaufhaus ging man, das war ja ohne Ansprache. Eine bestimmte Schicht kannte sich natürlich aus – die, die in den Exquisit-Läden kaufen konnten, den Bekleidungsgeschäften mit vergleichsweise teuren Angeboten. Später kamen die Kundinnen aus den Puffs in Leipzig und den anderen Städten zu mir. Aber nicht nur die, denn für große Größen gab es im Osten nichts und Auswahl sowieso noch immer nicht.
Mein Personal musste aufgestockt werden, und es bewarben sich keine Frauen aus dem Westteil; als wenn sie sich nun nach dem Mauerfall in ihre Kokons zurückgezogen hätten. Eigenartig, wo blieben unsere Damen? Es bewarben sich nur Frauen aus dem Ostteil der Stadt. Meine Mitarbeiterinnen hatten Visitenkarten, damit sich die Kundin mit ihrer Verkäuferin verabreden konnte. Meine Mitarbeiterinnen

konnten für 3000 D-Mark verkaufen, ohne mit der Wimper zu zucken. Sie selbst wussten manchmal kaum, wie sie den Monat überstehen sollten, obwohl sie von mir übertariflich bezahlt wurden.

Die Ostberliner Verkäuferinnen waren nachmittags gegen 16 Uhr völlig ausgelaugt. Dann habe ich sie einmal um den Block geschickt zum Luftholen, und so ging es weiter bis um halb sieben. Verkaufen mussten sie ja im Osten nicht, da hieß es, sei froh, dass du was hast, was du unterm Tisch verkaufen kannst; was obenauflag, war ja sowieso nicht bedienungswürdig. Mit den Ostberlinerinnen musste man behutsamer umgehen, dafür sorgen etwa, dass sie nicht berlinern. Wie schnell bin ich selbst drin und berlinere frei Schnauze! Und bei meinen Kundinnen musste ich Vorurteile abbauen, die Blicke sagten es deutlich: Von einer aus dem Osten lasse ich mich nicht bedienen. Oder: Die ist ja aus dem Osten. Die aus dem Osten können nicht arbeiten, sind per se unfreundlich. Meine Damen haben das Freundlichsein immer bei mir gelernt. Das Geschäft war von 9.30 morgens bis 18.30 Uhr und samstags bis 14 Uhr geöffnet, dann wurden auf der Westfälischen alle Geschäfte geschlossen. Und auf der Straße breitete sich diese träge, verdiente Wochenendruhe aus.

Ein Bär gerät ins Wanken

Die Wendejahre waren wunderbare Jahre, es ging immer nur aufwärts. Doch es war ja keineswegs so, dass aus Arbeit plötzlich Geld wurde. Es kam kein neues Geld mehr nach. Weil die Arbeitsplätze nicht mehr da waren. Anfangs hätte man glauben können, das Geld falle vom Himmel. Dieser tolle Umtausch. Diese 100 D-Mark Begrüßungsgeld. Bis schließlich die Wirtschaft merkte, dass das eine recht aufgeblasene Geschichte war, die so nicht weiterlaufen konnte. Damals, in den neunziger Jahren, schien endlich und endgültig der Feind beseitigt: Karl Marx, sein Denken, mitsamt seinen kommunistischen Nachfahren Lenin, Stalin, Mao. Der Eiserne Vorhang war endlich weg, und der Kapitalismus als Wirtschaftsform hatte gesiegt auf allen Ebenen. Alles wurde nun gut. Für alle. Aber es wurde nicht gut. Die Euphorie der Wendejahre verflog. Heute demonstriert die Occupy-Bewegung in der Wall Street, heute demonstriert die gut ausgebildete Jugend Europas auf den großen Plätzen in Berlin, Rom, Madrid oder Paris, und die Banker stehen für Skrupellosigkeit und Geldgeilheit ohne jede Moral. Eine Finanzkrise jagt die nächste, und das Risiko, abzurutschen in soziale Schichten, die auf staatliche Hilfen angewiesen sind, betrifft vor allem alleinerziehende Frauen.

Den ersten Tag der Deutschen Einheit am 3. Oktober 1990 erlebten Hans Hermann und ich auf dem matschigen Hobbyfußballerrasen vor dem Reichstag. Ich konnte ihn nicht davon abbringen, Hans Hermann wollte los. Wenn er loswollte, gab es kein Halten mehr, es war, als wenn ein Eiszeitfindling ins Rollen kam. Wehe, es stellte sich ihm etwas in den Weg. In seinen Weg stellten sich der Diabetes und die nicht in Schach zu haltenden Blutzuckerwerte. Jeder Stoß, jedes Hämatom und jeder Ratscher konnten sich zu einer Blutvergiftung ausweiten, die innerhalb von Stunden die gesamten Organe befallen hätte. Ich stand tausend Ängste aus. Hans Hermann stapfte in seinen orthopädischen schwarzen Entlastungsschuhen voran. Die Massen der Schaulustigen schoben sich auf den Reichstag zu. Wenn ihm nun jemand auf den Fuß trat, gegen das Schienbein, ihn anrempelte! Unmöglich war es, diesen großen Mann innerhalb der vielen, vielen Menschen zu schützen. Von hinten spürte ich das Drängeln und Drücken im Rücken; ich traute mich nicht, mich umzusehen, und tat es doch: Wie in einem Alptraum schoben sich die dunklen Gestalten mit den weißen Gesichtern, aus denen »Hoch! Hoch! Hoch!« schallte, voran. Vorne verstopften die Menschenkörper die mir immer schmaler erscheinenden Eingänge. Oh mein Gott, wenn ihm jetzt etwas passierte! Fünfzehn Jahre meines Lebens, von 1989 bis 2004, habe ich unter diesem Druck gestanden: Es darf nichts passieren, und wenn doch, was tun? Wir konnten nur noch spontan leben. Wenn er sich gut fühlte, sind wir sofort los und haben etwas unternommen. Irgendwie bewerkstelligte er es, in diesen plumpen Kindersärgen immer wieder behende über die Tanzfläche mit mir zu gleiten. Hans Hermann wollte nie resignieren. Krank für einen Mann, das geht gar nicht. Vor unseren Freunden verheimlichte er seinen Zustand, er feierte mit ihnen und trank weiter mit ihnen sein Bier im Ruderhaus. Es war einfach nicht machbar für ihn, was ich auch redete. Als ich ihm eines Morgens die Becel-Margarine zuschob, knurrte er nur: »Ich will Butter, sonst lass ich mich scheiden.«

Man weiß, man kann den anderen nicht ändern. Man weiß aber auch, dass man Hilfe leisten muss. Ich merkte, wenn ich noch ein gutes Leben mit ihm haben wollte, dann durfte ich die Krankheit nicht in den Vordergrund rücken. Das war ein schrecklicher Zwiespalt: Okay, das ist sein Leben, und ich sitze dabei und gucke zu. Mein Mann wusste ganz genau, wenn er so weitermachte, würde es nicht lange gehen. Und er war ja ein Mann, der lebte. Nicht nur, dass er präsent war, er lebte und liebte sein Leben in all seinen Facetten, die es überhaupt nur gab.

1987 wurde er das erste Mal operiert. Einen Zeh haben sie ihm abgenommen, daher die Gesundheitsschuhe, damit die Gleichgewichtsschwankungen aufgefangen werden konnten. Durch den Diabetes sterben die Nerven ab, und die Gliedmaßen werden nicht mehr richtig durchblutet. Er brauchte sich nur einmal zu stoßen und fing sich eine lebensgefährliche Blutvergiftung ein. Ich ging als Lady M ins Krankenhaus, das war meine Fassade, und ich sagte, ich möchte mir die Wunde ansehen, weil ich doch die Wunde zu Hause auch verbinden musste. Bloß keine Sorge um mich, ich kann das. Der Arzt setzte an: »Sie müssen die Ernährung umstellen.« Ich sagte: »Das können Sie ihm erzählen, aber ich weiß, dass er es nicht tun wird.«

Es war ein langsamer, schleichender Prozess dahin gehend, dass es immer schlimmer wurde. Niemandem erzählte er von seiner Krankheit, er wollte nicht, dass die anderen ihn bemitleideten, dass sie nicht mehr den strahlenden Hans Hermann sahen.

1992 war ich zwanzig Jahre am Markt. Ich stand kurz davor, fünfzig zu werden. Drehte ich mich im Kreise? Stand ich auf der Stelle? Wie ist »Lady M« am Markt tatsächlich angesiedelt? Ich trat einer Erfahrungsaustauschgruppe bei. Hier mussten wirklich alle die Hosen runterlassen. Alle Mitglieder stimmten dem Neuzutritt zu, jeder wusste alles von dem anderen, auch die Umsätze. Meine waren die zweitkleinsten. Anfang der neunziger Jahre verkaufte ich feine Stoffe, feine Spitzen, eine sehr elegante Mode im gesamten Wäschebereich, gerade auch in der Nachtwäsche. Allzu lange wurde dieses Gefühl für die Schönheit verdrängt. Nach den 1968er Jahren gab es ja nichts Edles für die Frau. Jetzt aber wollte sie sich zeigen, wollte als Frau mondän erscheinen, und dafür hatte sie jetzt die Wäsche. Die Italiener führten den Markt an. Die Frage ist doch: Hat die Frau den Wunsch, oder bringt die Mode sie dazu? Zehn Jahre früher wäre sie dafür nicht empfänglich gewesen. La Perla wurde zu einer Ikone des luxuriösen Lifestyles seit Mitte der achtziger Jahre, und dass das Aufkommen dieser Marke mit dem Mauerfall zusammenfiel, passte wie die Faust aufs Auge.
In Berlin war die Lage immer anders als im süddeutschen Raum. Berlin war verrückt, Berlin war schnell, Berlin blieb unkonventionell. Die Stadt spürte die Veränderungen als erste. Warum verkauften sich plötzlich Hemdchen, Tagwäsche nicht mehr? Weil die Mutti immer sagte, zieh ein Hemd drunter, dann hast du's warm und keiner kann gucken. In Berlin hörten die jungen Frauen schon längst nicht mehr auf ihre Muttis. Hier zog man früh von zu Hause aus, suchte sich eine WG und dachte nicht an Familiengründung. Wir waren in Berlin die Ersten, die Seide verkauften, und die Ersten, die keine Seide mehr verkauften. Wir waren die Ersten, die ohne Weihnachtsgeschäft auskommen mussten, weil

hier zu viele Singles lebten, weil alle viel mehr reisten und dafür ihr Geld ausgaben. In den ländlichen Gegenden, wenn man auf die großen Festtage fiebert und die Wäsche als Geschenk noch Wichtigkeit besitzt, ist das anders als in der schnelllebigen Großstadt mit ihrem geteilten Gesicht. In meiner Erfahrungsgruppe war ich immer diejenige, die sagte, hört mal, das kommt und das war einmal. Hans Hermann musste mich beschwichtigen: »Hör auf, die verstehen dich nicht.«

Anfang der neunziger Jahre gab es fast täglich einen Einbruch in einem Juwelier- oder einem Dessous-Geschäft. Vor allem bei den Luxusartikeln. Die Russenmafia, die Polenmafia trieben ihr Unwesen. Schwärme von Russinnen und Russen mit prall gefüllten Portemonnaies, neureich bis in die letzte Ritze aus meist kriminellen Machenschaften, überfielen die Luxusadressen Berlins. Berlin war ihre erste Anlaufstelle, Nizza, Paris, Rom kamen erst später an die Reihe, aber Berlin war den Russen durch die Besatzungszeit nicht fremd. Die Russinnen hatten ein ausgeprägtes Gespür für gute Qualität – ich weiß gar nicht, woher sie das hatten,

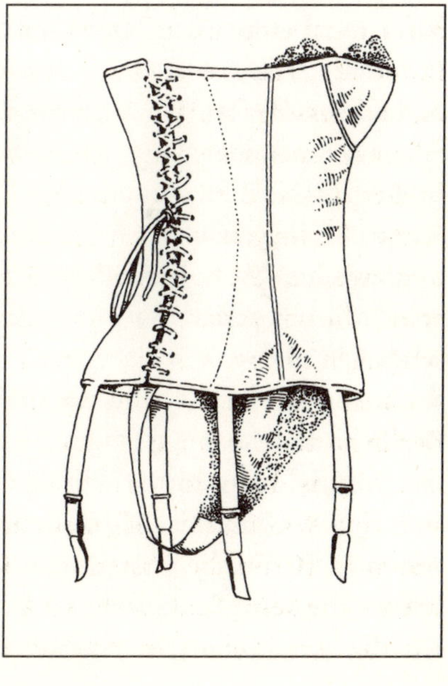

schließlich standen den meisten doch keine internationalen Modemagazine zur Verfügung. Frappierend, weil die deutschen Frauen, die stets in den Frauenzeitschriften darüberstolperten, dennoch die schicken Neuerungen im Dessous-Bereich nicht wahrnahmen. Meistens ging es aber nur noch ums Habenwollen: »Gute Frau, machen Sie, holen Sie biittää, gibb mirrr merrr und nicht derrr da.« Ich will haben, ich, ich. Eine grapschige Mentalität, vor der mir grauste, da kam es nicht darauf an, ob die Verkäuferin gut war oder nicht. Es war eine Zeit, die mit Verkaufen und Service wenig zu tun hatte.

Ich beobachtete, wie ein gutaussehendes Paar durch die Westfälische Straße flanierte, beide groß gewachsen, sie Typ Jerry Hall, er im Kaschmirmantel, sie trug Pelz. Auch zu mir kamen sie. Erwischt habe ich die beiden nach etlichen Besuchen, weil ihm aus dem Kaschmirärmel ein BH hing. Die beiden gehörten zu einem organisierten Polen-Ring. Viele Inhaber aus der Nachbarschaft fragten mich, ob ich nun keine Angst vor einem Rachefeldzug hätte, doch ich hatte keine. So lasse ich mich doch nicht einschüchtern!

Am 10. Dezember 1994, zwei Wochen vor Weihnachten, parkte ich meinen rosafarbenen Mini wie immer in Sichtweite meines Schaufensters, schloss mein Geschäft auf und fiel aus allen Wolken. Regelrecht wie nach einer Bestellliste wurde mein Laden ausgeraubt: Büstenhalter, Nachtwäsche, Korsagen, alles in verschiedenen Größen, alles war weg. Alles hatten sie durchwühlt, trampelten auf der Ware herum, die ihnen nichts wert erschien. Zigarettenrauch hing noch in der Luft. Ich zitterte vor Wut und Entrüstung. Ein Schaden in Form von 230 000 D-Mark, ein Riesenverlust ausgerechnet kurz vor Weihnachten, wenn alle kaufen wollten. Und ich hatte keine Ware mehr. Ein weiteres desaströses Weihnachtsgeschäft in meiner Karriere!

Zwei Jahre später kam die totale Ernüchterung, in einem Jahr setzte ich 400 000 D-Mark weniger um. Das ist für so ein kleines Fachgeschäft enorm viel Geld. Der Umsatz krachte nach unten, genauso schnell und schlagartig, wie er zuvor nach oben zischte. Geschäft auf Geschäft meldete bankrott. Berlin hatte seinen Inselstatus verloren, Hamburg lag mit einem Mal nicht mehr weit. Ich veranstaltete weiterhin meine Modenschauen. Ich hatte weiterhin meine Aktionen. Aber vor allem wollte ich nicht von meiner Philosophie abrücken, Qualität zu verkaufen.

1997 verordnete der Arzt meinem Mann erstmals eine Dialyse. »Nein«, sagte Hans Hermann, »erst mal verreise ich mit meiner Frau.«

Wir fuhren nach Fuerteventura, sein Bein wurde dick. Blutvergiftung. Hans Hermann konnte nicht mehr laufen, lag nur noch da. Er wurde in den Rollstuhl gehievt, das hasste er. Er hasste es, dass er nicht die Koffer tragen konnte, ich rief: »Hans Hermann, das sieht doch jetzt niemand!« Doch er gab nicht nach, »nein, nein, nein«.

Für mich war es furchtbar, immer musste ich mit dem Moment rechnen, jetzt passiert wieder etwas. Ich blieb immer auf dem Level der Habachtstellung. Wenn wir in den Urlaub fuhren, versicherten wir uns von nun an, wo die nächste Dialysestation war. Immer dachte ich: »Mach dies nicht, das nicht, aber sag's ihm nicht.« Die Ärzte wollten seine Beine ruhigstellen, damit er sie nicht mehr belastet, und verpassten ihm zwei Gipsbeine. Jeder Arzt versuchte etwas, Eigenblut, Fremdblut, es gab nichts, was wir nicht probiert haben. Daran denken, was kommt noch auf uns zu, das ist und war nicht meins. Ich nehme die Dinge, wie sie sind. Jede Sepsis, jede Blutübertragung machte etwas kaputt im Körper. Wie oft bin ich losgerannt zu der Stelle, wo man das Blut holen, es reinigen lassen konnte. Da bleibt nicht viel Zeit für Überlegungen. Doch Hans Hermann konnte auch mit Gipsbeinen laufen. Das Schlimmste war für ihn, an seinen Sessel gefesselt zu sein. Er war ein Mensch, der andere Menschen brauchte, der Kommunikation brauchte wie der Fisch das Wasser. Wenn ich nur fünf Minuten später kam, sagte er vorwurfsvoll und traurig zugleich: »Du arbeitest zu lange, warum kommst du nicht früher.« Die Firma musste laufen, zu Hause muss es auch gehen. Jeden Morgen wusch ich ihm die Füße mit warmem Wasser, salbte und verband sie. Es wurde mir immer schwieriger, morgens zu gehen. Hans Hermann rief: »Du hast da was vergessen.« Als ich zurückkam, sagte er: »Ich will nicht so lange alleine sein.«

Gegenüber einem langjährigen Vertreter ließ ich, vielleicht nicht nur hinsichtlich der Umsatzrückgänge, Luft ab: »Jetzt weiß ich nicht mehr, wie es weitergeht.« Als meine Mitarbeiterinnen erfuhren, Heide Meyer weiß nicht mehr weiter, beherrschte sofort eine niedergedrückte Stimmung die »Lady M«. Was passierte jetzt? Ich musste mich hinterfragen. Was strahlte ich aus? Meine Verkäuferinnen seufzten und rechneten mit dem Schlimmsten. Eines Morgens kam ich in die Firma: »Wer noch einmal sagt, es ist furchtbar, der kann seine Tasche nehmen und gehen.« Schluss mit der depressiven Phase, denn wer depressiv ist, kann nicht verkaufen. Meine Damen waren mir dankbar.

Auf Sendung

Wir bedienten die Crème de la Crème, alle, die in der Gesellschaft und in der Wirtschaft eine große Rolle spielten. Die Kunden, etwa die Frau des Immobilienhändlers Willi Bendzko, gaben sehr viel Geld bei uns aus. Diese Kundinnen wollen, dass ich weiß, dass sie bei mir einkaufen waren und ich ihnen beim nächsten Mal noch gratuliere: »Sie haben ja tolle Sachen gekauft.« So ein Verkaufsgespräch lässt sich üben. Die Verkäuferin darf die Kundin nicht mit Informationen überfüttern, die die Kundin gar nicht will. Lieber die Kundin ansehen, was sagt mir ihr Mund, was sagen mir ihre Augen, ihre Haltung, viele sind mit einem Bein schon an der Tür. Wie kann ich die Kundin zu mir holen, wir können ja mal schauen, probieren wir morgen, gar kein Problem. Die Kundin merkt es gar nicht, wenn sie anbeißt, sie reagiert über ihr Unterbewusstsein, nicht darüber, was sie meint zu denken. Wenn ich nicht an ihr Unterbewusstsein herankomme, komme ich an ihre Gedanken schon gar nicht. Viele Mitarbeiterinnen finden keinen Zugang zur Kundin, weil sie viel zu sehr mit sich selbst beschäftigt sind als mit der Kundin. Oder sie möchten besonders gut sein, sie möchten geliebt werden und vergessen dabei, sich zurückzunehmen und auf die Kundin einzustellen. So ungefähr: Die Kundin soll doch merken, was ich alles kann, und die Kundin denkt, oh Gott, ich will hier raus.

Diese Erkenntnisse kosteten meine Mitarbeiterinnen oftmals Tränen, aber ich konnte ihnen immer versichern: »Sie sind wichtig, Sie sind mir wichtig, sonst wären Sie nicht hier.«

Ich hatte einmal eine Verkäuferin, die ständig sagte: »Ich werde nie gut.« Je mehr sie sich das einredete, desto schlechter wurde sie, bis ich sie zu mir ins Büro nahm: »Sagen Sie mal, was denken Sie, warum ich Sie eingestellt habe? Weil ich geglaubt habe, dass Sie nicht gut sind? Glauben Sie, ich habe ein halbes Jahr mit Ihnen gearbeitet, um aufzugeben?«

Ich bin da ziemlich brutal, du musst sie rausholen aus ihrer Denke. Danach war sie eine Top-Verkäuferin. Es macht sich kaum jemand Gedanken, was solch ein Beruf für eine Verkäuferin bedeutet, wenn sie gut sein muss. In meinen langen Berufsjahren hatte ich mir den linken Fuß durchgetreten. Links war mein Standbein. Ich lag im Krankenhaus, Hans Hermann lag zu Hause und eine meiner Verkäuferinnen rief an, sie wolle Urlaub machen, es gäbe da gerade eine günstige Reise. Ich habe ihr noch am Telefon gekündigt. Sechs Wochen humpelte ich an Krücken von den Dessous im unteren Teil des Geschäftes die drei Stufen hinauf zu den Bademoden. Ich stand nun allein im Geschäft. Als die gekündigte Verkäuferin kam, um mir den Schlüssel zu bringen, sagte sie, sie wäre fast aus dem Fenster gesprungen, als sie mich hörte, wie ich ihr am Telefon kündigte. Ich saß da, starrte meinen Fuß an und antwortete nur: »... und, warum haben Sie es nicht getan.« Ein schlechtes Gewissen lasse ich mir nicht machen. Allein, mit den zwei Krücken im Laden machte ich plötzlich vierzig Prozent mehr Umsatz. Das gab mir doch zu denken.

1997 bereitete ich mein fünfundzwanzigjähriges Jubiläum vor. Ich wollte allen und allem zum Trotz zeigen: Hier ist was los. Hier passiert was und wir sind, auch wenn es schwierig wird, immer ein guter Partner. Nachdem ich ein Seminar über Pressearbeit absolviert und gelernt hatte, dass immer etwas Außergewöhnliches präsentiert werden muss, kaufte ich eine rosafarbene Mappe mit der Silhouette einer leicht verhüllten Frau darauf. Ein Hingucker. Es gab keine Zeitung, die die Mappe nicht hatte, keinen Fernsehsender, keine Radiostation. Es musste einfach jeder wissen, dass »Lady M« fünfundzwanzig Jahre alt wurde.
Ein Redakteur vom Sat.1-Frühstücksfernsehen, Herr Feireiss, wurde auf mich aufmerksam. In meiner rosafarbenen Broschüre zitierte ich meinen ersten Chef: »Du bist so schön mollig und fröhlich, du gehörst in die Miederabteilung.« Herr Feireiss beschloss: »Eine Frau, die so über sich schreibt, muss ich kennenlernen!« Schon hatte ich einen festen Sendeplatz. Der Aufnahmeleiter fuchtelte meist zum Ende der Sendung wild mit den Armen in der Luft und schrie: »Aus, aus, aus.« Und ich antwortete immer nur in stoischer Ruhe: »Na, Sie wollen doch jetzt Ihren Zuschauern nicht das schönste Dessous vorenthalten, das ich mitgebracht habe.« Und schon hatte ich wieder die Sendezeit ein bisschen überzogen; ich habe regelmäßig überzogen, denn in der Zeit, die ich hatte, habe ich einfach viel zu viel erzählt. Am Anfang bekam ich drei Minuten extra, zum Schluss hatte ich acht Minuten. Zweimal im Monat war ich auf Sendung als Dessous-Expertin Heide Meyer.

Hans Hermann ging es immer schlechter, wieder eine Sepsis, die den ganzen Körper drohte zu besetzen. Die Abstände zwischen seinen Krankenhausaufenthalten wurden immer kürzer. Wenn er sich denn endlich entschloss, ins Krankenhaus überzuwechseln. Erst musste es drei, vier Tage hintereinander geben, in denen ich dreimal in der Nacht aufgrund der Schweißausbrüche das Bettzeug wechseln musste. Geschlafen haben wir in diesen Zeiten kaum. Ich habe nur funktioniert. Alles musste gemacht werden, alles hing an mir. Ich musste die Starke sein, bis zur Erschöpfung. Auf den fünf Metern Weg vom Fahrstuhl zu seinem Krankenzimmer übte ich Autogenes Training: Heide nimm dich zusammen, Heide weine nicht, Heide lache, Heide sei fröhlich, Heide lass dir nichts anmerken. Bis ich im Türrahmen stand, hatte ich es geschafft, dass er nicht merkte, wie viel Kummer ich hatte.

Wenn ich auf Sendung ging, war es, als würde ein Schalter umgelegt. Das ist der Motor in mir, der vollste Professionalität fordert. Ich kann umschalten. Das ist der Job. Das habe ich gelernt.

Das Frühstücksfernsehen war damals noch mit der Moderatorin Andrea Kiewel besetzt aus dem Moderatorenstamm des legendären Trash-Senders FAB, dem Fernsehen aus Berlin, der in den neunziger Jahren insbesondere mit der unfreiwillig komischen Partnervermittlung für Lacher sorgte, in der wortkarge Männer in einem großen Rattanohrensessel umrankt von künstlichen Blumen saßen und von sich nicht sprechen wollten. Kochen sollte sie aber können. Und Haushalt auch, ja. So ist er, der Berliner, ehrlich, redet nicht drum herum. Raucher hatten die Frauen meist nicht so gerne. Aber wenn er nun muss, naja. Irgendwie hatte man den Eindruck, alles ging, wenn nur der Funke Hoffnung nicht stirbt, die Mauern der Einsamkeit zu durchbrechen. Andrea Kiewel, gedrilltes Leistungschwimmermädchen aus dem

Trainingshexenkessel des Sportforums in Berlin-Hohenschönhausen, war immer ein wenig zu viel, zu laut, immer eine Spur zu fröhlich, zu atemlos aufgedreht, um authentisch zu wirken. Aber wir waren beide blond und so verdammt gut gelaunt, dass wir unsere Witze rissen, während das Männermodel sich im Schein der Studioscheinwerfer aalte, und wir sprachen darüber, dass es für die Männer natürlich etwas Neues gebe, das sei ein ganz besonderes Material und nenne sich »Ausbrenner«. Andrea Kiewel, giggelnd: »Tut das nicht weh?« Und ich: »Meistens haben die Männer das nicht an, wenn das gemacht wird.« Ich pausierte für die Lacher und fuhr fort: »Ausbrenner sind Stoffe, die abwechselnd blickdichte und transparente Musterungen zeigten, weil der Stoff mit Ätzpaste behandelt wurde.« Und das morgens früh um sechs Uhr.
Zur Männermodelsendung hatten wir eine Quote von zweiundvierzig Prozent. Ich bekam einen riesigen Blumenstrauß von der Redaktion. Das Ganze wurde bundesweit ausgestrahlt, und ich hatte einen enormen Zustrom an Kundinnen aus dem ganzen Bundesgebiet. Auf der Straße wurde ich angesprochen: »Ach, Sie sind die, die im Frühstücksfernsehen die Dessous präsentiert.« Wurde am Tag zuvor angekündigt, dass ich in der morgigen Sendung auftrete, war am nächsten Morgen die Quote hoch. Was natürlich auch nicht verwunderlich war, wenn morgens um sechs Uhr die hübschen Mädchen kamen. Die Kameramänner freuten sich über ihre Zoomfunktion, um die Models aus der Nähe zu betrachten. Der Aufnahmeleiter war ganz fröhlich. Der aus der Regie hatte ein freundliches Wort übrig. Wenn Lady M kam, war immer beste Stimmung. Das ist ja das Eigenartige, wenn man mit Dessous kommt, da spielen einfach so viele Geschichten im Kopf eine Rolle.

Ich sprach auf RTL oder Pro7 über Dessous, um aufzuklären. Ich hatte meine drei Models dabei, um Trends oder Farben zu präsentieren. Vor Weihnachten gab ich den Männern Tipps, wie sie am besten die Größe ihrer Angebeteten ausfindig machen können. Oder ich präsentierte diese Gummischalen aus den USA, die sich am Körper festsaugten wie der Pümpel in der Toilette, besonders geeignet für Abendkleider, die so geschnitten sind, dass nichts darunter angezogen werden musste. Also zeigte ich das Kleid am Model mal ohne, mal mit Schalen.
Dann kam noch von 1997 bis 1999 tv.berlin hinzu, um 17 Uhr mit der Sendung »gut beraten«: Ich war die Beratungstante, die weiß wie's geht: Schlank schummeln mit der richtigen Unterwäsche. Ich gab all meine Tricks weiter: »Wenn der BH nicht richtig sitzt, ist das nicht nur unbequem, sondern lässt Sie bis zu fünf Kilo dicker aussehen. Und das nur, weil alles an den falschen Stellen zusammengedrückt wird und dann an anderer Stelle ungewollt zum Vorschein kommt. Umso wichtiger ist es, dass Sie Ihre ideale BH-Größe kennen. Und ich verrate Ihnen, was Ihre Dessous über Sie verraten.«
Zum Jahrtausendwechsel 1999 auf 2000 hatte ich am 2. Januar meine erste Sendung: Die Models trugen transparente Bodys, auf die ich in Brustansatzhöhe eine 2000 mit Pailletten klebte. Ich brachte ganz heiße Mode, das neue Jahr kam mit Pauken und Trompeten. Mit meinen vier bis fünf Minuten Fernsehen erreichte ich achtunddreißig Prozent Quote, und ich fühlte mich als richtige Quotenqueen. 1997 kam dazu die erste Dokumentation in allen dritten Programmen: »Die Unterwäsche der Deutschen«. Ich hatte es geschafft, meine Dessous waren endlich öffentlich.
Mit diesen Sendungen lag ich inmitten des Zeitgeists, einer

sehr körperbetonten, hedonistischen Zeit, als junge Männer und Frauen halbnackt auf Anhängern durch die Stadt fuhren im Rausch des Technobeats und schneller Drogen. Doch der Büstenhalter wurde endlich thematisiert. Für mich ein Triumph! Es ging um die Freiheit. Die Freiheit, die sich Frauen nehmen, um ihren Körper und sich selbstbewusst zu präsentieren. Die Unterwäsche hatte nichts Heimliches mehr, weil der Körper schon öffentlich ist. Der Büstenhalter galt als ein offizieller Teil der Bekleidung. In den Neunzigern war's dann vorbei mit Rebellieren und Emanzipieren im großen Stil. Claudia Schiffer, Cindy Crawford oder Eva Herzigová, Miss Wonderbra, zeigten ihre Rundungen, während gleichzeitig die magere Kate Moss im Heroin Chic posierte. Ein Look, den selbst der damalige US-Präsident Bill Clinton verdammte, der auf mollige Praktikantinnen stand. Endlich wieder »Frau sein«, mit figurbetonter Mode und hinaufgedrücktem Dekolleté. Der 1994 auf dem Markt plazierte Wonderbra versprach pralle Weiblichkeit und verzeichnete Rekordumsätze. Heutzutage kann fast jeder etwas bessere BH einen eingenähten Schlitz vorweisen, in den Schaumstoff-, Silikon-, Öl- oder Luftpolster hineingeschoben werden können; Gel-BHs, die rundum formen und an Zentimetern gewinnen lassen, sind der neueste Renner, und gar aufgerichtete falsche Brustwarzen, Mamillen aus Silikon, werden mittlerweile zum Tragen mit dem Büstenhalter angeboten.

Hans Hermann hatte immer noch seine Handelsvertretung inne, doch die Krankheit richtete sich nicht nach seinen Kundenterminen. Wir luden die Kunden zu uns nach Hause ein, damit er seine Koffer nicht tragen musste, und er erzählte seine Geschichten und machte seine Abschlüsse. Endlich entschloss er sich, für vier Monate ins Martin-Luther-Krankenhaus zu gehen, wo sich die Ärzte bemühten, seinen Fuß zu erhalten. Ich fuhr morgens zu ihm, das Frühstücksei schön eingepackt, damit es warm blieb, kam mittags wieder und brachte abends sein Abendbrot. Gearbeitet habe ich nachts. Silvester 2001 zu 2002 feierten wir auf der Dachterrasse des Krankenhauses. »Bring mir doch mal das neue Geld mit«, sagte Hans Hermann, »ich weiß nicht, wie das aussieht.«

Vom Himmel gefallen

Ich überlegte zu verkaufen, um mehr Zeit für Hans Hermann zu haben. Bald würde ich sechzig Jahre alt werden, er sechsundsechzig. »Mit 66 Jahren, da fängt das Leben an«, sang Udo Jürgens seinen Medley und föhnte sich äußerst lässig das Haar, das ihm noch blieb, um sich abends mit Oma auf den Weg zu machen, rocken gehen, in die Disco.

Noch ein paar gute Jahre miteinander verbringen, reisen, Zeit haben, auf dem Ku'damm frühstücken gehen wie in den achtziger Jahren, mit unseren Ruderfreunden wollten wir noch hinab ins Donaudelta. Nein, es blieb uns keine Zeit mehr füreinander. Zu seinem letzten Geburtstag schenkte mir Hans Hermann einen Ring. In der großen Runde der Freunde und Freundinnen bedankte er sich vor allen bei mir, wie toll unsere Ehe war und was für eine tolle Frau er gefunden hat. Er wusste sicherlich zu diesem Zeitpunkt schon, dass er gehen wollte. Damals verdrängte ich den Verdacht, er wolle sich verabschieden.

Wieder musste ich zur Messe und telefonierte mit ihm. »Ich komm schon wieder raus«, sagte er und meinte die Intensivstation, »mach dir keine Gedanken.« Ich wusste nicht, dass er intensiv lag, regte mich fürchterlich auf und schimpfte ihn aus, weil ich dachte, er wollte ohne mich einfach das Krankenhaus verlassen und allein nach Hause gehen. Abends

fuhr ich zu ihm ins Krankenhaus. In einem abgedunkelten Raum lag er in einer Art OP-Nachthemd. Neben ihm blinkten die Überwachungsgeräte. Hans Hermann sprach davon, wie schön es mit uns war. Das tat er sonst nie. Ich fragte die Ärztin: »Mein Mann reagiert so anders?« Sie sagte: »Herr Meyer, geben Sie mir mal die Hand«, und er drückte fest zu. Bei diesem festen Händedruck sollte ich mir keine Sorgen machen, so die Ärztin. Als ich am nächsten Morgen kam, hing er an der Dialyse und war nicht mehr ansprechbar. Schließlich hieß es, Organversagen. Die Ärzte wollten ihn reanimieren und pumpten ihn hoch. »Bitte, bitte tun Sie es nicht«, bat ich, aber sie hörten nicht auf die Frau, die wusste, nein, er will nicht mehr, er will so nicht mehr weiterleben.
Ich war nur noch Schmerz, der Schmerz peitschte auf mich ein, ich krümmte mich vor Schmerzen, vor seelischem und körperlichem Schmerz. Es war, als hätte man mir das Herz herausgerissen. Hans Hermann war fort, mein Komplize, mein Freund, mein Mann in achtunddreißig Jahren, mein Liebhaber, mein Alles. Da hingen seine Anzüge, da lagen seine Hemden, da lag unser Leben mit allen seinen Erinnerungen. Gegen elf Uhr schaffte ich es, mich in die Firma zu schleppen, spätestens um 17 Uhr musste ich gehen. Auch meine Mitarbeiterinnen litten wie Hunde.
Immer wenn ich Kummer hatte, aß ich Süßes. Nach seinem Tod rührte ich keine Schokolade, keine Pralinen, keine Trüffel, keinen Kuchen an, überhaupt nichts, für ein halbes Jahr. Nudeln, die Dickmacher schlechthin, habe ich immer gemieden, ich ekelte mich vor den weißen Würmern; für meinen Mann kochte ich sie. Für Hans Hermann mussten es immer Nudeln sein. Vier Wochen nachdem er verstorben war, saß ich in einem Seminar und dachte nur noch, du

musst Nudeln essen. Ich hatte einen schrecklichen Appetit auf Nudeln. Nach dem Seminar fuhr ich sofort zu unserem Italiener und aß einen riesigen Berg Pasta.

Nach und nach war es mir, als gingen die Gedanken an unser gemeinsames Leben wie ein Vermächtnis in mir auf: Heidi, wir nehmen keinen Seiteneingang, Heidi, wir sitzen in der ersten Reihe. Mir war, als hätte er mir sein strotzendes Selbstbewusstsein übergestülpt, damit seine kleine Heidi gut durchs Leben kommt. Die erste Zeit fühlte ich ihn noch so nah. Ich glaube, dass diese Verbindung ins Unendliche weiterbesteht.
Wie gut, dass ich meine »Lady M« noch nicht verkauft hatte. Alle Kraft, die ich vorher für meinen Mann verbraucht hatte, konnte ich jetzt in die Firma stecken. Doch es schien mir richtig, mich mit dem Thema Nachfolge auseinandergesetzt zu haben. Denn die Frage, was soll werden mit mir, mit der Firma, verliert etwas von ihrem Schrecken, dass dieser Tag mal kommt, wenn man sie sich überhaupt einmal stellt. Keinesfalls wollte ich zu diesen alten Dickschädeln gehören, die nicht abgeben können und keinen Blick mehr für die Zukunft haben. Auch nicht für die eigene. Lieber in Würde gehen und die Kundinnen sagen »Och, wie schade«, als dass der Moment kommt, in dem hinter der hohlen Hand getuschelt wird, »Wird auch Zeit, dass sie aufhört«.

Ich dachte mir, ich finde niemanden, der so viel Geld hat, um sich so viel Arbeit zu kaufen. Denn ein inhaberinnengeführtes Dessous-Geschäft ist einfach arbeitsintensiv. 2005 stellte ich Katharina, mein Patenkind, als Verkäuferin ein – und als Nachfolgerin in spe. Ich dachte, ich könnte sie ändern. Zwei Jahre standen wir gemeinsam im Geschäft. Ich

fühlte mich in der Verantwortung dem Gesagten meiner langjährigen Freundin und ihrem Kind gegenüber. Im Nachhinein habe ich sie davor bewahrt, alles gegen die Wand zu fahren. Ich habe nicht an sie verkauft.
Bei der Industrie- und Handelskammer besuchte ich einen Kurs zur Nachfolgeregelung. Als ich alles begriffen hatte, was der Coach gesagt hatte, stand ich auf und fragte ihn: »Und wie finde ich jetzt eine Nachfolgerin?« Der Coach fragte mich, wie ich denn meinen Mann gefunden habe. »Ja«, sagte ich, »der ist vom Himmel gefallen.« »Genauso«, meinte der Coach, »werden Sie Ihre Nachfolge regeln. Vielleicht fällt jemand vom Himmel.«

Im Juni 2009 stiefelte Vera Int-Veen in die »Lady M«: »Frau Meyer, Sie stehen immer noch hier? Meine Schwester möchte so gern so ein Geschäft haben.« Die Fabrikanten, die ebenfalls im Spiel waren, um »Lady M« zu kaufen, lachten über meinen angesetzten Preis. Ich habe ihn bekommen. Zusammen mit einer Wirtschaftsprüferin und einer Rechtsanwältin an der Hand setzte ich die Verträge auf, die im November 2009 unterschrieben wurden. Ein Jahr hatte ich zur Übergabe angesetzt, daraus wurde aber nur ein kurzes Vierteljahr; für alle Beteiligten ein schwieriger Prozess. Ständig verwechselten die Mitarbeiterinnen und die Kundinnen, Frau Meyer und Frau Neumann, die Neue.

Für meine Damen organisierte ich etwas ganz Besonderes zum Abschied. Draußen vor der »Lady M« fuhr ein Wagen vor, der Fahrer, ein junger, gutaussehender Mann hielt die Tür auf und Frau Schäfer, seit 2005 bei mir, Frau Förster, seit 1998, Frau Ehrenfeld, seit November 1998, und Frau Eisfeld, die ich im Januar 2009 eingestellt hatte, sowie die Reinigungskraft, Frau Behrend, und Frau Noack, die Bürokraft, saßen kichernd im Wagen. Nichts durfte der Fahrer verraten, und ich sagte nur, wir fahren Richtung Polen, da müsst ihr erst mal das Geld erarbeiten, um das Event abzuzahlen. Erst staunten alle, dann kicherten sie. Wir hatten einen wunderbaren Abend in einem Wellnesshotel am Scharmützelsee mit Diner und Champagner an der Bar und einem Folgetag mit Wellness vom Feinsten. Seit 1976 fuhr ich jedes Jahr nach Bad Zwischenahn zur Erholung, mein Mann ulkte: »Meine Frau fährt auf die Schönheitsfarm, wir haben bei der AOK eingereicht, die haben abgelehnt, lohnt sich nicht mehr, müssen wir selbst zahlen.« Oh Gott, die fährt auf die Schönheitsfarm, hieß es neidvoll bei den Freundinnen, was die sich leistet.

Für alle meine Damen hatte ich ein Geschenk gebastelt, das sie nacheinander öffneten, darin zwei Wellnessanwendungen und eine Puppe, die aussah wie ich mit meiner Perlenkette und der Aufschrift »Ihr Schutzengel«. Meine Damen benahmen sich champagnerlustig wie aufgedrehte Teenager vor dem Konzertbeginn von Justin Bieber, im nächsten Augenblick kullerten die Tränen. Sie schenkten mir ein schönes, von Frau Schäfer gemaltes Bild mit ihren Porträts.

Ende Januar 2010 machte ich mit meinen Damen meine letzte Inventur, und sie überreichten mir einen gemeinsamen Brief, in dem sie ihre Erfahrungen mit »Lady M« zusammenfassten: Dass ich es geschafft habe, ihnen ihre Arbeit und ihren Beruf klarzumachen und sie für die Zukunft fit zu machen. Wieder flossen die Tränen.

An meinem letzten Tag im Geschäft, dem 30. Januar 2010, zelebrierte ich die Schlüsselübergabe und überreichte den Schlüssel auf einem Kissen an Vera Int-Veens Schwester. Ich hatte eine Sängerin engagiert, und ein Klavierspieler saß am weißen Klavier. Eine Perlenkette hat einen Anfang und ein Ende, und für mich schloss sich der Kreis: Ich habe so angefangen, ich habe immer gefeiert. Das musste einfach sein. Der Klavierspieler intonierte Frank Sinatra mit »I did it my way« und ich sang mit. Geweint habe ich erst, als ich allein im Auto saß. Ich musste anhalten, denn ich konnte nichts mehr sehen. Da half keine Schweibenwaschanlage. Wie ein Sturzbach quollen die Tränen aus mir heraus, eine Viertelstunde lang, dann war es vorbei.

Liebeskummer lohnt sich nicht, my Darling

Die neue Freiheit genoss ich, ha, im Bademantel! Bis mittags rumsitzen, durchs Netz surfen, telefonieren, Luxus pur! Und keiner sagt was! Aber das ist nicht meins, ich brauche meinen vollen Terminkalender, ich brauche meine Bühne und ich brauche sie immer noch, das wird mich nicht verlassen.

1998 kaufte ich meinen ersten Computer fürs Geschäft. Ein junger Ruderkamerad, ein Freund, den Hans Hermann und ich seit der Geburt durchfütterten, stellte ihn auf, und ich sagte, kein Problem, und jetzt geht's los mit Learning by Doing. Ich wusste gar nicht, was ich »doing« sollte. Gut, dass das im Hinterzimmer gelegene Büro vergitterte Fenster hatte, ich hätte das Ding hundertmal am Tag rausgeworfen. Hans Hermann konnte handwerklich alles, aber Technik, das war nicht sein Ding. Den Fernseher einzurichten blieb meine Sache. Wir hatten uns wegen des Computers ununterbrochen in den Haaren: »Du machst das falsch, du tippst zu schnell!« Und ich hab's doch gelernt! Hab die Scheu und die Angst, etwa falsch machen zu können, abgelegt. Heute sind mir der Computer und das Internet Mittel, ohne die ich nicht mehr leben möchte. Wie er wirklich funktioniert, will ich gar nicht erst wissen, das war bei meinem ersten Faxgerät, das ich Mitte der Achtziger in Betrieb nahm, anders: »Jetzt müssen Sie mir erklären, warum in Amerika meine Schrift ankommt? Das geht doch gar nicht!« Ich dachte, ich kann das nicht bedienen, wenn ich nur weiß, das sind Wellen.

Ich habe mich auf einer Partnerschaftsinternetplattform angemeldet. Da gibt es ja alle Varianten, die man sich im Leben vorstellen kann, es gibt nichts, was es nicht gibt. Ich dachte, ich kenne die Männer, aber ich muss sagen, in der Zeit habe ich noch eine Menge dazugelernt. Vieles lässt sich zwischen den Zeilen herauslesen. Im Internet lernst du auch keinen Mann kennen. Der wird vom Himmel fallen! Doch ich habe so zwei neue Freunde gefunden, richtige gute Freunde. Aber wie immer, ich finde immer die, die kurz vor der Depression stehen oder sie gerade überstanden haben. Bin ich denn nur für Pflegefälle zuständig? Ich will nicht mehr der seelische Mülleimer für alle sein. Für viele wirke ich als eine, die stark ist, die zu stark ist. Da bekommen die Männer schnell Panik, meine Lebensform ist für viele beängstigend. Wenn ich jemanden so kennenlerne, halte ich schon immer hinter dem Berg und sage erst gar nicht, was ich alles mache und noch machen will. Alle wollen eine intelligente Frau, aber eigentlich wollen sie eine, die nur lieb und nett ist.
Mein Leben lang habe ich daran gearbeitet, dass ich diese selbstbestimmte Frau werde, dass ich diese souveräne Frau werde, die vielleicht nicht so alt wirkt, wie sie ist. Ein neuer Mann muss zumindest Hirn, Herz und Verstand mitbringen. Die Frauen heute wollen keine alten Männer, und die alten Männer wollen keine alten Frauen. Heute in meinem Alter treffe ich nur alte Männer, die sagen, was geht mich das noch an. Mich geht alles an, mich interessiert alles, ich

kann nicht jemanden an meiner Seite haben, der sagt, ich will meine Ruhe haben. Entweder gar keiner oder doch ein jüngerer? Schon ein Kampf mit einem selbst, kann man das, will man das? Du musst ganz viel von deinen eigenen Vorstellungen wegschieben.

Junge Männer, so meine Erfahrungen mit der Internetplattform, kannst du in rauhen Mengen haben, so viele, wie du vertragen kannst. Aber einen Mann zu finden, der nur annähernd altersmäßig vielleicht passen würde, will sicher eine junge Frau. Oder sie sind in dem Alter so alt, dass sie nur eine wollen, die sie bis zum Ende pflegt. Meine Neugierde ist so groß. Meine Interessen sind so groß. Und meine Freude am Leben ist so groß. Damit bin ich eben auch anstrengend.

Als junges Mädchen war ich nicht viel verliebt. Ich habe nicht geschwärmt. Liebeskummer? Ich verdrängte das. In der Beziehung hätte ich ein Mann sein können. Was nicht sein darf, ist einfach nicht. Ich hatte Freunde, aber ich glaube nicht, dass ich darüber den Boden unter den Füßen verloren hätte. Diese vielen Dinge, die ich als junges Mädchen nicht gemacht habe, hole ich jetzt nach. Das Flirten und das Schwärmen. Den Liebeskummer. Alles musste ich nachholen. Verdrehte Welt. Damals war ich zu stark ausgerichtet auf Karriere, heute sage ich, jetzt kann ich es mir leisten, ich hab ja alles andere erreicht. Und ich hatte richtig Liebeskummer, so sehr, dass ich dachte, das hältst du nicht aus. Der Mann war auch viel zu jung. Es geht aber nur mit einem jüngeren Mann, die älteren haben solch verknöcherte Wertvorstellungen, darauf kann ich mich nicht einlassen.

Bei allem, was ich heute tue für die Frauen als Vorsitzende des Landesverbands der Unternehmerinnen in Berlin und

Brandenburg versuche ich einfach das Thema Gleichberechtigung durchzuboxen. Das stinkt mir gewaltig: Das Thema Gleichberechtigung ist nicht in den Köpfen angekommen, weder in denen der Männer noch in denen der Frauen. Also muss das weiter diskutiert werden, aber nicht unter dem Motto, ach, wir reden mal. Entweder wir machen Nägel mit Köpfen – aus der Zeit der Alice Schwarzer sind wir schon lange heraus, oder? »Sie sind doch eine so selbstbewusste Frau«, werde ich oft gefragt, »wieso wollen Sie die Quote?« Weil ich eine selbstbewusste Frau bin, kann ich überhaupt für eine Quote sein. Alle, die nicht dafür sind, sind keine selbstbewussten Frauen. Wir brauchen keine teuren Kurse zu besuchen wie »Mut zur Größe – Frauen in männerdominierten Berufswelten« oder »Can you kick it – Durchsetzen für Harmoniebedürftige«, wir müssen einfach nur den Mund aufmachen. Die Firmen klagen, dass es ihnen schlechtgeht, dabei verschenken sie das Potenzial der Frauen. Ich setze mich jedenfalls dafür ein, nicht nur im Verband, bei den »Best Angels« berate ich ehrenamtlich junge Unternehmerinnen – sie sollen nicht dieselben Fehler machen wie ich. Ich will jungen Frauen das Know-how weitergeben, das ich mir über die Jahre erarbeitet habe. Ich hatte selbst so zu kämpfen, das soll sich doch ändern.

Meine Schwägerin hatte einen jüngeren Mann und verbrachte jede freie Minute vor dem Spiegel, sie wollte immer jung aussehen und überschminkte sich. Ich bin doch viel selbstbewusster, wenn ich zu meinen Falten stehe. Wenn mich jemand mag, dann so, wie ich bin.

Wie will ich leben, wie will ich alt werden? Man kann sich so viel zurechtdenken, wie man will, aber es kommt doch immer anders. Ich bin froh, dass ich so viel zu tun habe und weniger ins Grübeln komme. Dass ich jede Sekunde älter werde, weiß ich. Der Prozess des Älterwerdens ist unaufhaltsam. Gegen mein Alter kann ich mich nicht stemmen. Ich kann nur in Würde alt werden. Es ist nicht immer leicht, die Cremes werden immer teurer. Aber weder mir noch anderen muss ich noch etwas beweisen. Hab mir manchmal eingebildet, dass ich es muss. Die Freiheit, die ich heute habe, nutze ich für mich aus. Da sage ich heute Dinge, die ich früher nicht gesagt hätte. Ich treffe ganz klare Bauchentscheidungen, und vieles lasse ich heute nicht mehr an mich heran. Ich springe nicht auf jedes Pferd und rege mich auf. Alles das, woran ich lange gearbeitet habe, eine Frau mit Format zu sein, wahrgenommen zu werden als eine Frau, nicht nur über ihr Äußeres, sondern als sie selbst – das ist für die meisten Männer ganz, ganz schwierig. Im Prinzip bin ich eine total normale Frau.

Hans Hermann und ich konnten uns so wunderbar zusammen bewegen. Auf der Tanzfläche und im Leben. Nachdem er verstarb, fragte ich mich, wann werde ich, werde ich überhaupt einmal wieder tanzen? Immerhin war ich ja schon sechzig, wurde einundsechzig, mein Gott, du kannst ja nicht alleine auf die Tanzfläche gehen. Ein Jahr nach seinem Tod fand auf der Messe Leipzig wie immer abends eine riesengroße Party statt. Es lief ABBA, »Dancing Queen«, da kann ich einfach nicht sitzen bleiben. Was mach ich denn jetzt, ich würde ja so gerne mal tanzen? Okay dachte ich, alle gehen allein auf die Tanzfläche und nur du nicht, weil du einundsechzig bist? Heidi! Das ist doch Quatsch! Seitdem gehe ich allein auf die Tanzfläche. Einfach war der Weg nicht, gar noch härter, als früher allein in ein Restaurant zu gehen. Ich habe die ganze Nacht durchgetanzt, zum Schluss lief

Techno, und nur noch die jungen Models standen auf der Tanzfläche. Und ich. Am nächsten Tag sagten die Models: »Frau Meyer, das war ja so toll, wie Sie getanzt haben!« Na gut, dafür schäme ich mich auch nicht!

Ich möchte mir nicht von anderen vorschreiben lassen, wie ich etwas zu sehen habe. Deshalb habe ich in den letzten Jahren auch vermehrt Reisen unternommen: Ich war in Indien, in China, in Warschau. Man muss ständig seinen eigenen Horizont erweitern, ja nicht einrosten!

Meine wichtigste Mission ist aber erfüllt: Büstenhalter, ob nun mit Schaumstoffkissen, mit Strassverzierungen oder Silikonpads, ob durchsichtig und elastisch, ob formend oder nicht, sie sind nicht totzukriegen.

Dank

Ich danke allen Menschen, die mich auf meinem Weg begleitet haben und dazu beigetragen haben, dass ich heute so bin, wie ich bin.

Ich danke meinen Ausbildern, meinen Chefs, meinen Fabrikanten, meinen Mitarbeitern und meinen Kunden. Vor allem aber meiner Mutter und Hans Hermann, meinem Mann.

Susa Bobke

Auch ein Mann bleibt manchmal liegen

Profitipps vom Gelben Engel

Starthilfe geben, Glühbirnen tauschen, Reifen wechseln? Alles kein Problem – solange man es nicht selber machen muss ... Doch wie spart man sich den teuren Besuch in der Werkstatt? Und was wollen Autos uns sagen, wenn rote und gelbe Kontrolllampen aufleuchten?
Susa Bobke, Kfz-Mechanikerin und Gelber Engel aus Leidenschaft, wird täglich zu Pannen gerufen, die leicht hätten vermieden werden können – wenn es etwas mehr Verständnis zwischen Autos und ihren Angehörigen geben würde. In diesem Buch erzählt sie von kuriosen Erlebnissen auf dem Standstreifen und gibt obendrein praktische Tipps, wie man die kleinen Fehler und Macken des eigenen Gefährts erkennt und Pannen effektiv vorbeugt.

Knaur Taschenbuch Verlag

Sarah Fischer

Heimatroulette

Durch 160 Länder zu mir selbst

Sarah Fischer wird als Baby von einem deutschen Ehepaar adoptiert. Trotz ihres asiatischen Aussehens ist sie überzeugte Bayerin und stolze Besitzerin von sieben Dirndln. Dennoch lässt sie die Frage nicht los, wo ihre wahren Wurzeln liegen. Und so beschließt die junge Frau, sich auf die Suche zu machen. Sie bricht auf zu einer Reise durch die halbe Welt, in der Hoffnung, sich irgendwo heimisch zu fühlen. Unterwegs findet sie Ruhe im tibetischen Kloster, mimt in Alaska den Eskimo für amerikanische Touristen und vergiftet sich beinahe in der burmesischen Wildnis. Bis sie am Ende tatsächlich ihrer wahren Herkunft auf die Spur kommt – und eine große Überraschung erlebt.

Knaur Taschenbuch Verlag

Justyna Polanska

Nicht ganz sauber

Eine polnische Putzfrau räumt auf

Tote Hamster, verschimmelte Pizza, Sexspielzeug: Putzfrau Justyna Polanska muss starke Nerven haben, wenn sie unter deutschen Betten aufräumt. Was ihr dabei alles begegnet, berichtete sie in ihrem Buch, das auf Anhieb ein Bestseller wurde. Über Nacht wurde die junge Polin von der ignorierten Reinigungskraft zur gefragten Interviewpartnerin. Dabei entdeckte sie im Scheinwerferlicht ganz neue Schattenseiten der Deutschen. Doch natürlich wirbelt Justyna weiterhin Tag für Tag ordentlich Staub auf und nimmt dabei auch künftig kein Blatt vor den Mund. Und so erzählt sie von neuen skurrilen Erlebnissen in den Wohnzimmern ihrer Kunden und verrät, warum viele Deutsche manchmal nicht ganz sauber sind.

Knaur Taschenbuch Verlag

Antje Schendel

Die Tatortreinigerin

Ich komme, wenn das Leben geht

Antje Schendel ist Tatortreinigerin. Ihr Job ist es, Zimmer zu reinigen, in denen Gewaltverbrechen begangen wurden, Wohnungen wieder herzurichten, in denen Leichen über einen langen Zeitraum unentdeckt blieben, und aufzuräumen, wenn Messies vor ihrem Unrat kapitulieren – damit schließlich alles wieder so aussieht, als wäre nie etwas passiert. Dabei haben Diskretion, Respekt und Professionalität höchsten Stellenwert. Bei ihrer Arbeit begegnen Antje Schendel so dramatische wie ergreifende Schicksale, fassungslose Hinterbliebene, deren erste Ansprechpartnerin sie ist, und kuriose Fundstücke. Immer wieder stößt sie auch auf Geheimnisse der Verstorbenen, die sie lieber nie gesehen hätte.

Knaur Taschenbuch Verlag